# 大党风范

大党就要有大党的样子

黄明哲 ◎ 著

民主与建设出版社
·北京·

© 民主与建设出版社,2020

**图书在版编目(CIP)数据**

大党风范 / 黄明哲著 . -- 北京:民主与建设出版社,2020.9(2021.2 重印)

ISBN 978-7-5139-3175-5

Ⅰ.①大… Ⅱ.①黄… Ⅲ.①中国共产党-党史-通俗读物 Ⅳ.① D23-49

中国版本图书馆 CIP 数据核字(2020)第 151927 号

**大党风范**
**DADANG FENGFAN**

| | |
|---|---|
| 著　　者 | 黄明哲 |
| 责任编辑 | 程　旭 |
| 封面设计 | 张合涛 |
| 出版发行 | 民主与建设出版社有限责任公司 |
| 电　　话 | (010)59417747　59419778 |
| 社　　址 | 北京市海淀区西三环中路 10 号望海楼 E 座 7 层 |
| 邮　　编 | 100142 |
| 印　　刷 | 北京盛通印刷股份有限公司 |
| 版　　次 | 2021 年 1 月第 1 版 |
| 印　　次 | 2021 年 2 月第 2 次印刷 |
| 开　　本 | 690 毫米 ×980 毫米　1/16 |
| 印　　张 | 20 |
| 字　　数 | 250 千字 |
| 书　　号 | ISBN 978-7-5139-3175-5 |
| 定　　价 | 58.00 元 |

注:如有印、装质量问题,请与出版社联系。

# 序　言

习近平总书记指出："中国共产党是世界上最大的政党。大就要有大的样子。""大就要有大的样子"，这是一种大党风范。风范可指风度、风格、气韵、气度、风气。大党风范，不由政党的历史年龄决定，不由政党的党员人数决定，不仅要看数量、看规模，更要看其政治领导力、思想引领力、群众组织力、社会号召力，看其是否具有旺盛生命力和强大战斗力。大党风范，它因于近代中国人民的苦难和中华民族的危亡，源于中国共产党立党的初心和使命，来自党在百年奋斗中对初心的坚守、对使命的担当、对责任的自觉。大党风范在中国共产党为中国人民谋幸福、为中华民族谋复兴的恢宏实践中得到充分展现并不断发扬光大，更重要、更本质的是中国共产党政治品格、组织塑造、领导智慧、精神境界等方面的集中体现。开天辟地的大气魄展现出了大党风范，坚如磐石的大理想诠释了大党风范，天下为公的大境界升华了大党风范，人民至上的大情怀凸显了大党风范，运筹帷幄的大视野成就了大党风范，海纳百川的大智慧孕育了大党风范，把舵定向的大定力塑造了大党风范，自我革命的大品格彰显了大党风范，兼济天下的大担当体现了大党风范，彪炳史册的大贡献见证了大党风范。

雄关漫道真如铁，而今迈步从头越。回望起点、展望未来，是为了把握共产党人的根与本、知与行、始与终，党必然因其使命非凡而壮大，必然因其道路壮阔而伟大，必然因其本领高超而强大。大党风范，臻于至善，基业长青。站在新的历史起点上，让全世界看到大党的样子，这也是一种大党风范。

# 目 录
## CONTENTS

## 第一章 开天辟地的大气魄

党的诞生是开天辟地的大事变,是中国革命史上划时代的里程碑。诚如毛泽东同志论述的那样:"中国产生了共产党,这是开天辟地的大事变。"从此,中国大地上出现了以马克思列宁主义为指导的,以实现社会主义和共产主义为奋斗目标的无产阶级政党。经过百年奋斗与拼搏,我们党从小到大、从弱到强,以舍我其谁的大气魄,一路高歌猛进、劈波斩浪。经过一代又一代中国共产党人的努力奋斗,推动中国特色社会主义进入了新时代,中华民族实现了从站起来、富起来到强起来的伟大飞跃,让一个饱经磨难的民族日益接近复兴梦想。一路走来,中国共产党以旺盛的生命力和强大的战斗力,在世人面前展现出了大党风范。

| | |
|---|---|
| 开天辟地的大事变 | 002 |
| 从星火燎原到走向辉煌 | 006 |
| 民族复兴主心骨和领航者 | 010 |
| 战无不胜的奥秘 | 014 |
| 以非凡气质彰显特殊魅力 | 017 |
| 铁肩担道义 | 021 |
| 说到就做到的气魄 | 024 |

## 第二章 坚如磐石的大理想

共产党人的理想信念就是对马克思主义的信仰，对社会主义和共产主义的信念。理想信念是立党之基，是中国共产党团结奋进的精神旗帜，是党凝聚力、向心力和战斗力的集中体现。百年来，我们党始终团结一心、坚如磐石、初心不变，靠的就是坚定的理想信念这个强大的武器。在未来的发展征程中，共产主义理想将始终是我们的总目标，引领一代又一代共产党人接力奋斗。现在，全国9000多万党员紧紧围绕在党中央周围，自觉地在思想上、政治上、行动上同党中央保持高度一致，增强"四个意识"、坚定"四个自信"、做到"两个维护"，以坚定的理想信念、初心不改的担当，沿着中国特色社会主义道路继续前进，直至最终实现共产主义。

| | |
|---|---|
| 理想信念是立党之基 | 032 |
| 把理想信仰刻在心中 | 036 |
| 以行动彰显理想信念的力量 | 040 |
| 共产党人的诗和远方 | 043 |
| 以理想信念照亮奋斗之路 | 047 |
| 用理想信念铸造辉煌 | 051 |
| 以坚定的理想信念引领时代 | 055 |

## 第三章 天下为公的大境界

天下为公是共产党人不变的情怀，党从诞生之日起，就把"全心全意为人民服务"作为根本宗旨，把"为全中国人民谋利益"作为自己唯一的追求。知民情、聚民智、顺民意、得民心、谋民利，只争朝夕，奋发有为，向着实现中国梦的宏伟目标乘风破浪，负重前行。"党除了人民利益之外没有自己的特殊利益"，这是我们党区别于其他政党的显著标志，也是我们党始终赢得人心、凝聚民心，团结带领人民攻克一个又一个看似不可攻克的难关，创造一个又一个彪炳史册的人间奇迹的根本原因。党的十八大以来，以习近平同志为核心的党中央不断为"天下为公"注入新时代内涵，为人民谋幸福，为民族谋复兴，为世界谋大同。

| | |
|---|---|
| 大道之行，天下为公 | 062 |
| 与众不同的先进性 | 066 |
| 我将无我的崇高境界 | 071 |
| 德行天下的典范 | 074 |
| 以作风立起"好样子" | 078 |
| "跟我上"的先锋本色 | 082 |
| 打造共产党人最美"名片" | 086 |

## 第四章　人民至上的大情怀

　　党在民族危难中怀揣初心、肩负使命而来。1921年党应运而生。中国共产党一经成立，就自觉并明确地把"人民解放"和"人民幸福"悬置于价值序列的顶端，把"为民服务"和"人民利益"的旗帜鲜明地写在自己的奋斗旗帜上。这是一个大党的为民大情怀，人民群众是我们党的生存之本和力量之源，党最大的政治优势就是紧密联系群众。"一切为了群众，一切依靠群众""从群众中来，到群众中去"，坚守为民服务宗旨，让我们党始终拥有深厚而广泛的群众基础，这种"东方魔力"成为我们党攻坚克难、接续梦想的力量之源。得人心者得天下，正如习仲勋同志曾深刻指出的："人民就是江山，江山就是人民。"

| | |
|---|---|
| 把人民镌刻在党旗上 | 090 |
| 把民心作为最大的政治 | 094 |
| 唯有党才能喊出"人民万岁" | 099 |
| 永远保持对人民的赤子情怀 | 104 |
| 让人民"当家作主" | 107 |
| 小康路上一个都不能掉队 | 111 |
| 时刻不忘"人民是阅卷人" | 115 |

大党风范：大党就要有大党的样子

## 第五章　运筹帷幄的大视野

南湖一大启明星，运筹帷幄红船中。唤起工农齐举戟，推翻三山救民众。井冈星火燎原势，黄洋界上炮声隆。众志成城反"围剿"，锤镰破竹缚苍龙。万里长征路艰险，叱咤风云气势宏。遵义会议挽狂澜，指挥大权归毛公。宝塔光辉耀神州，北京城楼礼炮鸣。万众欢呼庆胜利，长城内外红彤彤。党运筹帷幄，一次又一次地做出历史性决策，一次又一次拯救人民于水火。新时代，党从中国所处历史方位、所负历史使命，提出"四个伟大"，展示了党的大视野。党的十八大以来，以习近平同志为核心的党中央提出一系列新理念新思想新战略，出台一系列重大方针政策，推出一系列重大举措，充分展现出深谋远虑的政治判断、卓越高超的政治智慧、娴熟老练的政治韬略，同样展示了党的大视野，并诠释了马克思主义政党把握人类历史发展脉络和规律的大格局。

| | |
|---|---|
| 开拓认识规律的新境界 | 122 |
| 从"三大法宝"到"四个伟大" | 126 |
| 善于运用战略思维 | 130 |
| 党指挥枪是不变的军魂 | 135 |
| 由大变强的发展之道 | 139 |
| 从"赶上时代"到"引领时代" | 143 |
| 开启治理国家的新境界 | 148 |

## 第六章　海纳百川的大智慧

中国共产党的大智慧，主要表现在她不断实现理论创新的接续推进，并善于把理论创新成果转化为认识世界、改造世界的强大物质力量。正是由于党的大智慧，才使得科学社会主义在21世纪的中国焕发出强大生机活力，在世界上高高举起中国特色社会主义伟大旗帜。正是由于党的大智慧，历经百年求索而笃定宣示，当代中国的伟大社会变革，不是简单延续我国历史文化的母版，不是简单套用马克思主义经典作家设想的模板，不是其他国家社会主义实践的再版，也不是国外现代化发展的翻版，而是中国特色社会主义的原版。

党的自身性质及其独特优势也彰显党的智慧，理论优势是党的思想灵魂的活力源泉，政治优势是党治国理政的重要法宝，组织优势是党稳定有序的力量支撑，制度优势是党精诚团结的机制保证，密切联系群众的优势是立党兴党的基础。

| | |
|---|---|
| 独特的智慧从哪里来 | 154 |
| 把创新写在党的旗帜上 | 157 |
| 党何以能够一呼百应 | 161 |
| 民主集中制是大智慧 | 167 |
| 彰显智慧的新型政党制度 | 171 |
| 集中力量办大事的豪情与壮志 | 175 |
| 容得下尖锐批评 | 180 |
| 新思想贡献新智慧 | 183 |

## 第七章　把舵定向的大定力

对一个政党来说，有没有定力，直接关系到面对挫折和挑战时能不能咬定目标不动摇，坚定前进方向不移易。"自信人生二百年，会当水击三千里"，昭示着一份不争春的从容、不畏寒的定力。党之所以"千磨万击还坚劲"，始终"咬定青山不放松"，最根本的是因为作为一个人民政党，我们党没有任何自己的私利，抱定的是"为人民谋幸福，为民族谋复兴"的初心，崇尚的是"苟利国家生死以，岂因祸福避趋之"的情操。面对东欧剧变，党义无反顾高举起中国特色社会主义旗帜，表现出充分的道路自信、理论自信、制度自信、文化自信。一路筚路蓝缕，栉风沐雨，涌动着革命血液的共产党人，从不曾停下"赶考"的步伐，始终保持重整行装再出发的精神状态，始终昂扬着"永远在路上"的斗志与执着。

| | |
|---|---|
| 持久定力从何而来 | 190 |
| 坚如磐石的战略定力 | 194 |
| 政治定力是"定盘星" | 198 |
| 伟大旗帜引领方向 | 201 |

| 从制度自卑走向制度自信 | 205 |
| 鞋子合不合脚，穿着才知道 | 210 |
| 文化定力彰显文化自信 | 213 |

## 第八章　自我革命的大品格

我们党之所以能够团结带领人民不断战胜艰险，创造辉煌，非常重要的一条就是始终重视自我革命，始终重视管党治党。以无私斗争精神和无畏政治勇气，开启一场自我革命、自我重塑的伟大征程。党的十八大以来，以习近平同志为核心的党中央以坚定的决心、顽强的意志、空前的力度，推进全面从严治党，坚持思想建党和制度治党相统一，以党的政治建设为统领，全面推进党的思想建设、组织建设、作风建设、纪律建设，把制度建设贯穿其中，拧紧思想"总开关"，架起行为"高压线"。环顾当今世界，没有哪个政党能有如此意志和力度"自己给自己动刀子"，这也充分彰显了我们党作为马克思主义执政党勇于自我革命的大品格，从而使我们党永葆旺盛生命力和强大战斗力，成为始终走在时代前列、人民衷心拥护、勇于自我革命、经得起各种风浪考验、朝气蓬勃的马克思主义执政党。

| 自我革命是最鲜明的品格 | 220 |
| 兴党强党的关键一招 | 224 |
| 坚持真理修正错误的典范 | 228 |
| 永远保持"赶考"状态 | 232 |
| 纪律是推进自我革命的保障 | 236 |
| 以自我革命推动社会革命 | 241 |
| 青春永驻的重要法宝 | 244 |

## 第九章　兼济天下的大担当

马克思主义以实现人的自由全面发展和全人类解放为己任。作为以马克思主义为指导的执政党，其大担当表现在：勇敢肩负起对民族命运的担当、为人民谋幸福的担当、建设美好世界的担当。当前，霸权主义、强权政治时有出现，民族主义、保护主义、逆全球化不断抬头，全球安全问题十分错综复杂，世界很不安宁。国内外形势复杂严峻，看不见的硝烟依然在时时考验着我们，中国特色社会主义前进的道路不会是一帆风顺的平坦大道。我们党依然坚持走和平发展道路，勇担世界经济复苏的重任，承诺改革开放的大门永远不会关闭，以"一带一路"推进人类命运共同体的建设，同世界人民一道同心协力共同创造人类的美好未来。中国方案正在为国际社会摆脱低迷走出困境开辟新的路径、提供新的借鉴、奉献新的智慧，将昭示、吸引并指引着全世界人民朝着普遍向往的美好方向继续前行。

| | |
|---|---|
| 兼济天下的人类情怀 | 250 |
| 千古伟业贵在担当 | 254 |
| 新时代新使命的历史担当 | 258 |
| 担当起人类命运共同体责任 | 261 |
| 推动完善全球治理的责任担当及智慧自信 | 265 |
| 守卫世界和平发展的大国担当 | 269 |
| 始终担当起坚强领导核心 | 273 |

## 第十章　彪炳史册的大贡献

遥想百年前，从上海石库门民居到嘉兴南湖红船，十几位平均年龄不满28岁的年轻人，在南湖之上轻声呼喊"共产党万岁"，从此一船红天下，万众跟党走。中国共产党承载起为人民谋幸福、为民族谋复兴的初心使命，无论是在顺境还是逆境，都风雨兼程、矢志不渝，团结带领人民历经千难万险、付出巨大牺牲、敢于直面挫折、勇于修正错误，在革命、建设和改革的伟大征程中创造出一个又一个"中国奇迹"。今天，中国已经成为世界第二大经济体，成为世界经济增长的主要稳定器和动力源。同时，中国特色社会主义道路、理论、制度、文化不断发展，给世界上那些既希望加快发展又希望保持自身独立性的国家和民族提供了全新选择，这是中国共产党人对中国、对世界、对历史、对人类的大作为、大贡献。

| | |
|---|---|
| 没有共产党就没有新中国 | 278 |
| 动人心魄的三大里程碑 | 281 |
| 走向伟大复兴的三次飞跃 | 285 |
| 全球治理的中国力量 | 289 |
| 中国特色的世界意义 | 292 |
| 改革开放的世界贡献 | 296 |
| 减贫奇迹的世界镜鉴 | 300 |
| 人类共同发展的贡献者 | 304 |

# 第一章

## 开天辟地的大气魄

党的诞生是开天辟地的大事变，是中国革命史上划时代的里程碑。诚如毛泽东同志论述的那样："中国产生了共产党，这是开天辟地的大事变。"从此，中国大地上出现了以马克思列宁主义为指导的，以实现社会主义和共产主义为奋斗目标的无产阶级政党。经过百年奋斗与拼搏，我们党从小到大、从弱到强，以舍我其谁的大气魄，一路高歌猛进、劈波斩浪。经过一代又一代中国共产党人的努力奋斗，推动中国特色社会主义进入了新时代，中华民族实现了从站起来、富起来到强起来的伟大飞跃，让一个饱经磨难的民族日益接近复兴梦想。一路走来，中国共产党以旺盛的生命力和强大的战斗力，在世人面前展现出了大党风范。

## ◎ 开天辟地的大事变

在几千年的历史发展中，中华民族创造了悠久灿烂的中华文明，为人类做出了卓越的贡献，成为世界上伟大的民族。但是近代以后，由于西方列强的入侵，由于封建统治的腐败，中国逐渐成为半殖民地半封建社会，山河破碎，生灵涂炭，中华民族遭受了前所未有的苦难。面对苦难，中国人民没有屈服，而是挺起脊梁、奋起抗争，以百折不挠的精神，进行了一场场气壮山河的斗争，谱写了一曲曲可歌可泣的史诗。

为了挽救垂危的民族，中国人做过种种尝试：洋务运动、戊戌变法、义和团运动，等等。虽然有着各自的作用，却都不能从根本上解决中国的问题，这才有了孙中山领导的辛亥革命。辛亥革命结束了统治中国两千多年的封建君主专制制度，是一次比较完全意义上的资产阶级民主革命，是20世纪中国第一次历史性巨大变化。然而，由于历史的局限，辛亥革命无法完成反帝反封建的任务，没能改变中国的社会性质和人民的悲惨境遇。

党的领导地位是在战火硝烟和和平建设中经过不断地风雨洗礼确立起来的。自从党的一大13名共产党人在嘉兴南湖举手誓言，到遵义会议、七大，再到党的十九大，为了国家的强盛，为了人民的幸福，为了民族的复兴，共产党人冥思苦索，呕心沥血，进行了艰辛的努力和积极的探索。历尽许多年的波折、坎坷、痛苦之后，勇敢地总结经验，纠正错误，振作精神，开创伟业，走进新时代。随着国内外形势发展进入关键时期，紧紧抓住经济建设这个中心，大胆实施战略转移，提出建设中国特色社会主义的宏伟构想，促使中国960万平方公里的辽阔热土，到处都充满了生机与活力，朝气蓬勃，欣欣向荣，社会主义现代化建设新高潮一浪高过一浪。随之经济建设步伐加快，国民素质不断提高，国防实力明显增强，人民生活极大改善，发展道路越走越宽、越走越远。

为什么在100多年屈辱的历史进程中，中国人民能够最终走向胜利，那是因为近代以来无数爱国的仁人志士为国家的前途、民族的命运前赴后继，尤其是中国共产党诞生后，领导中国人民取得了新民主主义革命的胜利，建立了人民民主专政的国家政权，不断带领中国人民走向繁荣富强。诚如毛泽东所论述的那样："中国产生了共产党，这是开天辟地的大事变。"

党的诞生是"开天辟地的大事变"，是符合历史潮流发展的新事物，最为重要的标志就是中国共产党从诞生之日起，就有着中国以往任何政党都不曾有过的鲜明特点：一是先进性，党自成立时起，就明确以最先进的科学理论——马克思主义作为自己的理论基础；二是革命性，党一成立，就定位自己是中国无产阶级革命的政党，而不是改良的政党，中国长期专制统治的国情决定了在落后挨打的近代中国，要寻找正确的救国救民道路，不能走改良的道路，而必须走武装斗争的道路；三是组织性，党在成立初期，就按照列宁的建党原则建设党，强调要把党建设成为一个有严格组织纪律的无产阶级政党，而不能把党变成一个松懈的争论不休的学术团体，在革命战争年代，如果党没有严格的组织纪律，就会变成一盘散沙，不可能有战斗力；四是群众性，党创立后，就重视密切联系广大群众、依靠群众，使党有力量源泉；五是统一性，党成立后，既得到了党内各组织和党员的认可，又得到了中国各个革命阶级和先进革命分子的认同；六是实践性，党成立后不是纸上谈兵，坐而论道，而是立即投身于具体的革命实践，不断将理论转化为现实，并始终走在时代前列。

党的诞生深刻改变了近代以后中华民族发展的方向和进程；深刻改变了

中国人民和中华民族的前途和命运；深刻改变了世界发展的趋势和格局，是中国革命史上划时代的里程碑。党的诞生一方面改变了旧中国一盘散沙的局面，建立并捍卫了独立统一的现代民族国家；另一方面改变了旧中国任人宰割的局面，建立并壮大了现代国防体系。从此，中国大地上出现了以马克思列宁主义为指导的，以实现社会主义和共产主义为奋斗目标的无产阶级政党。经过百年奋斗与拼搏，我们党从小到大、从弱到强，以舍我其谁的大气魄，一路高歌猛进、劈波斩浪。经过一代代中国共产党人的努力奋斗，终于带领亿万人民走过40多年改革开放宏伟征程，推动中国特色社会主义进入了新时代，让中华民族迎来了从站起来、富起来到强起来的伟大飞跃，让一个曾经一穷二白、苦难深重的国家一步步走近世界舞台中央，让一个饱经磨难的民族正日益接近复兴梦想。一路走来，中国共产党以旺盛的生命力和强大的战斗力，在世人面前展现出了"大的样子"。

自党成立以来，为了民族独立和人民解放，先后有300多万名共产党员英勇献身。无论是面对阴暗潮湿的牢房还是敌人寒光闪闪的屠刀，无论是在饥寒交迫中爬雪山过草地还是面对枪林弹雨的战场，一批又一批共产党人像李大钊、方志敏、夏明翰等同志一样，不畏艰险，不怕牺牲，用生命诠释对党的忠诚，用热血捍卫党的信仰。

党的成立，使中国革命的面貌焕然一新。正如毛泽东所说："由于无产阶级的领导，根本地改变了革命的面貌，引出了阶级关系的新调度，农民革命的大发动，反帝国主义和反封建主义的革命彻底性。"从此，领导反帝反封建的革命斗争、争取民族独立和人民解放、实现振兴中华的伟大使命，历史地落到了中国共产党的身上。中国革命进入了崭新的发展阶段。

自从有了中国共产党，灾难深重的中国人民有了可以信赖的组织者和领导者，中国革命有了坚强的领导力量。中国共产党以改造中国为己任，为根本改变中国各族人民被剥削、被压迫的状况，实现民族独立、人民解放和国家富强，为实现共产主义的远大理想，开始了不屈不挠、艰苦卓绝的斗争历程。

翻开中华民族5000多年不朽的光辉史册，无不让人回味思索，无不让人感慨万千，可谓是盛衰相依，荣辱交织，喜泪参半。共产党在中国诞生时开始，红色曙光真正在九州夜空慢慢升起。也就是以那一时刻为起点，中国革命的面目焕然一新。千百万劳苦大众高举起厚重的铁锤、挥舞着尖硬的镰刀，翻江倒海，勇往直前，披荆斩棘。彻底砸碎旧世界，割断枷锁，冲出牢笼，获得自由，走向新生，已成为中华民族的共同声音。积贫积弱、苦难深重、受人摆布的"东亚病夫"开始觉醒，酣睡千年的雄狮终于怒吼，大地震荡，寰宇惊颤，东方亮起来了。

百年的不懈奋斗，中国共产党带领中国人民创造了实现民族独立和人民解放、建立社会主义基本制度、开创中国特色社会主义道路这三件惊天动地的伟业，把贫穷落后的中国建设成为世界第二大经济体，中华民族以昂扬雄姿屹立于世界东方。可以自豪地说："现在，我们比历史上任何时期都更接近中华民族伟大复兴的目标，比任何时候都更有信心、有能力实现这个目标。"

历史如镜、丰碑不朽、信仰永恒。历史选择了中国共产党，人民选择了中国共产党。这一选择改变了中华民族的历史命运，开启了实现中华民族伟大复兴的新征程。在新的起点上，回望历史，展望未来，我们必须更加牢记：没有共产党就没有新中国，只有共产党才能救中国，只有坚持中国共产党的领导才能实现中华民族伟大复兴的强国梦。中国共产党必将从胜利走向新的更大胜利！

## ◎ 从星火燎原到走向辉煌

1921年,一艘红船满载星辉起航,那是满目疮痍的中华大地上的一抹星火。岁月不居,时节如流,悠悠已然百载,百年风云,百年巨变,从最初仅有的50多人发展成为拥有9000多万名党员、460多万个党组织的,得到中国人民衷心拥护的世界第一大执政党,为中国人民谋幸福、为中华民族谋复兴,那抹星火已燎原,中华民族创造了从站起来、富起来到强起来的伟大奇迹。百年的奋斗历程中,是那抹始终不灭的"星火"在共产党人的心中尽情燃烧,照亮前进的道路。

信仰是星火燎原的伟力,战争年代,因为坚持信仰,任何困难面前,共产党人都能做到不退缩、不退后。大革命失败后,毛泽东说:"中国共产党和中国人民并没有被吓倒,被征服,被杀绝。他们从地下爬起来,揩干净身上的血迹,掩埋好同伴的尸首,他们又继续战斗了。"为了达到理想,共产党人抛头颅、洒热血,坚贞不渝、义无反顾,成千上万的老一辈无产阶级革命家献出了宝贵生命。夏明翰在就义前的绝笔诗中写道:"砍头不要紧,只要主义真。杀了夏明翰,还有后来人。"刘胡兰面对敌人的铡刀,慷慨陈词:"共产党员是永远抓不完,杀不完的!"长征中,陈树湘当时29岁,是红34师的师长,红34师是断后部队。红军长征路上遭遇了一场最惨烈的战役——湘江血战,那一战红军差一点全军覆没。红34师本来已经到了江边,但为了掩护大部队过江,返身又扑进了敌人的包围圈,最后全军覆没,陈树湘也因为腹部被手榴弹炸伤而被俘。他被抬在担架上连夜送去报功,路上,抬担架的士兵突然觉得脚下一滑,旁边的人打着火把一看,在场的人都惊得目瞪口呆:年仅29岁的陈树湘竟然用手把自己的肠子拽出绞肠而死。1927年4月28日,李大钊就义前慷慨陈词:"不能因为你们今天绞死了我,就绞死了伟大的共产主义！我们已经培养了很多同志，如同红花的种子，撒遍各地！我们深信，共产主义在世界、在中国，必然要得到光荣的胜利！"李大钊的伟大预言已经并正在变为现实。9000多万共产党人，如同"红花的种子"，扎根在各自的岗位上，矢志不渝地为共产主义的理想而接力奋斗。正是这种对信仰的坚定，对信念的坚持，共产党才能薪火相传，实现了从无到有、从弱小到强大，从星星之火，成长成燎原之势。

对马克思主义矢志不渝的信念，给了星星之火不竭的原动力。信念是风，让火种沿着正确的方向前行。翻看中国共产党的历史，这不仅是一部可歌可泣、雄浑豪迈的人民斗争史，一部前赴后继、继往开来的民族复兴史，更是一部涤荡心灵、无惧无畏的信仰坚守史。中国共产党自诞生之日起，就一直面临着外患内忧：白色恐怖笼罩下的革命队伍不断缩小，仅仅井冈山两年零四个月的斗争，牺牲的先烈就有4.8万之多；陈独秀的右倾机会主义、王明的"左"倾冒进主义以及党内的悲观主义者不断削弱着党的有生力量，革命火种摇摇欲坠。然而，"无论遇到什么样的曲折，历史总按自己的规律向前发展，没有任何力量能阻挡历史前进的车轮"。在党和红军生死攸关之际，遵义会议肯定了毛泽东的军事战略主张，确立了毛泽东在党和红军中的领导地位，曙光在中国革命的黑暗中亮起，中国革命从此走上了通往胜利的轨道。峥嵘岁月，血与火的洗礼，正是无产阶级先烈对马克思主义的不悔信念和执着追求，对救人民大众于水火之中的责任担当，保证了中国革命运动的火种不偏离方向，始终沿着正确的马克思主义道路前进，前进，再前进。

老一辈无产阶级革命家的无穷智慧，让星星之火落地生根。有首歌唱得好："天地之间有杆秤，那秤砣是老百姓，秤杆子挑江山，你就是那定盘的星。"20世纪的中国，实现了从黑暗到光明的大跨越，史册永远铭刻，挑起这改天换地重任的中国共产党人及其开拓者们的不朽贡献。人民不会忘记，红色政权在中国的拓荒之旅是多么地步履维艰：敌人的炮声就在耳畔，同志的热血还未凝固，"夜漫漫，路漫漫，长夜难明赤县天"；人民不会忘记，就是在这样"黑云压城城欲摧"的革命形势中，在党内悲观主义弥漫、军队每天都有逃兵的境遇下，毛泽东的恢宏之作《星星之火，可以燎原》，犹如黑暗海面上高耸的灯塔，给革命的航船指引了方向、鼓舞了士气；人民更不会忘记，"工农武装割据"思想、"支部建在连上"的重要建军原则、"敌进我退，敌驻我扰，敌疲我打，敌退我追"的游击战术、《论持久战》……伟人们无穷的斗争智慧成为中国革命火种得以保存并逐渐燎原，最终走向胜利的利刃和法宝。

不断壮大的革命队伍，成为星火燎原强有力的助推器。"红米饭，南瓜汤，秋茄子，味好香，餐餐吃得精打光。干稻草，软又黄，金丝被儿盖身上，不怕北风和大雪，暖暖和和入梦乡。"这首歌谣，唱出了红军的艰苦奋斗，更唱出了党和军队对胜利无比坚定的革命乐观主义精神。在整个中国革命的历程中，正是这种虽处险境而不惧、虽历困境而不退的乐观和必胜信念，让我们党在艰苦卓绝的斗争环境中赢得了越来越多的支持者。谁能想到，一个建党之初连一支像样武装力量都没有的政党，最终竟然能"百万雄师过大江"；谁又能想到，硬是靠着小米加步枪，我们党领导军队打退了日本帝国主义的侵略，战胜了蒋家王朝的美式装备。从建党之初的50多名党员，到建国时的448万之众，加上其身后的庞大群众队伍，我们党创造了人类历史上队伍壮大的奇迹。奇迹的诞生，靠的是信仰，靠的是自律，靠的是舍身忘我的不懈奋斗。正如毛泽东曾预言中国革命高潮即将到来的那样，"它是站在海岸遥望海中已经看得见桅杆尖头了的一只航船，它是立于高山之巅远看东方已见光芒四射喷薄欲出的一轮朝日，它是躁动于母腹中的快要成熟了的一个婴儿"。伴随着队伍的壮大，革命的火种遍布华夏故土，星星之火在传递中终成燎原之势，胜利在前赴后继和坚持不懈中终于降临，20世纪的中国成功地实现了自我救赎和新生。

《没有共产党就没有新中国》这首歌唱出了中国百姓的心声，相信在未来，中国人民在中国共产党的领导下，一定能在复兴之路上彰显出中国梦的风采，让中国强大，让中国百姓过上好日子，中国共产党永远不会让人民失望。

从一穷二白到世界第二大经济体，中国GDP增长170多倍创奇迹，经济总量已经占到世界经济总量的16.1%，对世界经济增长贡献率超过30%。今天的中国，已经跃居世界货物贸易总额第一、外汇储备余额第一、高铁里程第一、银行业规模第一。从大规模"引进来"到大踏步"走出去"，再到共建"一带一路"，在全球治理体系变革中贡献了中国智慧，展现了大国担当。新中国成立70多年来，一代又一代共产党人坚守初心牢记使命，推动中国走上人民幸福和民族复兴的中国特色社会主义道路，从根本上改变了中国的面貌、中华民族的面貌、中国人民的面貌、中国共产党的面貌，使得中华民族迎来了从站起来、富起来到强起来的伟大飞跃。这是对中国共产党从星火燎原到走向辉煌的最好诠释。

百年已过去，"弹指一挥间"，曾经的波澜壮阔，早已消失在历史的天空。当我们享受和平带来的幸福时，当我们为个人前程奋斗时，当我们为民族复兴尽力时，请不要抹去那段被血与火洗礼过的记忆，那段"星星之火，可以燎原"的奇迹，将是整个民族的宝贵财富，更是中华儿女战胜一切艰难险阻的力量源泉！无论我们走得多远，都不能忘记来时的路，要牢记红色政权是从哪里来的、新中国是怎么建立起来的，不忘历史、不忘初心。现在，我们正在进行中华民族伟大复兴的新长征，共产党人必须牢记党的理想信念和根本宗旨，必须弘扬伟大的长征精神，必须发扬革命战争年代那种敢于战斗、不怕困难的奋斗精神，勇于战胜各种艰难险阻、风险挑战，奋力夺取新时代中国特色社会主义新胜利。

## ◎ 民族复兴主心骨和领航者

中国共产党成立于1921年7月。中国共产党的成立是中国历史上开天辟地的大事变。中国是一个有着5000多年悠久历史的文明大国，曾长期走在世界前列。只是到近代，由于外国列强的入侵和封建统治者的腐朽，才渐渐落伍了。1840年爆发的鸦片战争，英国帝国主义用坚船利炮打开了中国闭关锁国的大门，中国的社会性质开始变为半殖民地半封建社会。从鸦片战争到五四运动的近80年间，中国社会的各个阶级、各个阶层、各种政治力量都曾登上历史舞台，想挽救中国于危亡之中。中国的农民阶级要救国，发动了太平天国起义，最后失败了；中国的资产阶级改良派要救国，进行了戊戌变法，最后也失败了；中国的资产阶级革命派要救国，进行了辛亥革命，最后还是失败了。孙中山领导的辛亥革命虽然推翻了长达2000多年的封建帝制，在中国建立了资产阶级共和制度，但是，这次革命并没有改变中国的社会性质，人民依然处在悲惨境地。

"千淘万漉虽辛苦，吹尽狂沙始到金。"高举马克思主义旗帜的中国共产党人，带领人民走上了沿着中华民族复兴前行的正确道路。从此，中华民族的精神为之一振，炎黄子孙的面貌为之一新，古老大国的前景由暗淡转入光明。辛亥革命后，政党政治在中国兴盛起来，1912年之后全国曾出现过大大小小300多个政党和政治团体。但最终大都昙花一现，很快在中国政治舞台上消失了。到抗战前后，资产阶级中间派再度活跃，纷纷组党，在中国又形成了一个除国民党和共产党之外的第三大政治力量，他们希望走建立英美式资产阶级共和国的"第三条道路",但由于国民党蒋介石的专制统治,不允许他们合法存在,最终他们转变态度,加入到了中国共产党的阵营。而国共两党及其领导下的两大军事力量的较量,最终以国民党军队在大陆的彻底失败而告终。近代中国历史表明,中国的农民阶级和资产阶级改良派、革命派都没有能力承担起领导中国革命的责任,不可能领导中国人民完成反帝反封建的民主革命任务。

20世纪上半叶之前先后建立起来的不同性质的政党、政团都未能提出正确的纲领并发动人民群众,以解决近代中国社会所面临的迫切问题。中国共产党一经成立,就义无反顾肩负起救国救民、实现民族复兴和人民幸福的历史使命。历史表明,只有中国工人阶级领导的政党中国共产党才能担负起这个艰巨的历史任务。党团结带领人民完成了新民主主义革命,实现了民族独立和人民解放;完成了社会主义革命,确立了社会主义基本制度并取得了社会主义建设的巨大成就;进行了改革开放新的伟大革命,创立、坚持和发展了中国特色社会主义。这三件大事,从根本上改变了中国人民和中华民族的前途命运,不可逆转地结束了近代以后中国内忧外患、积贫积弱的悲惨命运,不可逆转地开启了中国建设富强民主文明和谐美丽的社会主义现代化强国、走向中华民族伟大复兴的新征程。

先进政党是追寻中华民族复兴的领导力量。真正把中国人民和中华民族带上追寻中国梦的人间正道的,是中国共产党。自从有了中国共产党,中国革命就有了正确前进方向,中国人民就有了强大领导力量,中国命运就有了光明发展前景。中国共产党的奋斗和探索,把中国人民从黑暗引向了光明。先进性是马克思主义政党的本质属性。中国共产党的性质、理想和宗旨,注定了她必须以实现民族独立、国家富强为己任,为实现民族复兴倾注全部的智慧和心血;注定了她必须紧紧团结和依靠最广大的人民群众,从中获取推动历史进步的巨大力量。中华民族是在付出了屈辱的沉重代价、历经了长期的艰苦探索之后，才最终在中国共产党的带领下，走上了民族繁荣昌盛的复兴之路。

科学理论是追寻中华民族复兴的指导思想。十月革命一声炮响，给中国送来了马克思列宁主义。毛泽东在《反对本本主义》中指出："我们说马克思主义是对的，绝不是因为马克思这个人是什么'先哲'，而是因为他的理论，在我们的实践中，在我们的斗争中，证明了是对的。"中国近代以来，差不多世界上有代表性的理论、学说、主义都在中华大地上被尝试过，但都没有解决这个国家面临的历史性课题，也没有在中华大地上真正扎下根来。历史反复证明，一个国家实行什么样的主义，关键要看这个主义能否解决这个国家面临的历史性课题。中国走向伟大复兴的历史进程，必须以马克思主义为指导，必须不断推进马克思主义中国化，这是由中国近代以来社会历史发展的内在逻辑所决定的。

浴血拼搏是追寻中华民族复兴的有效途径。中国共产党自诞生之日起，为了完成民族独立、人民解放的历史任务，团结和带领人民浴血拼搏，改变了国家和民族的命运。1927年大革命失败，面对国民党反动派的大屠杀，党领导人民奋起反抗，掀起了土地革命战争的风暴。1937年"七七事变"后，中国面临空前的民族危机，党领导的人民军队紧紧依靠广大人民群众，在极其艰苦的条件下开辟和坚持了广大敌后战场。抗日战争胜利后，经过三年多的解放战争，党领导人民以摧枯拉朽之势推翻国民党的反动统治，夺取了新民主主义革命的胜利。党开辟中国道路：党在历史变革中的伟大觉醒——使中国人站起来；党坚持中国道路：党在复杂局势中的清醒自立——使中国人富起来；党发展中国道路：党在全球化条件下的稳步推进——使中国人自信起来；党创新中国道路：党在新历史条件下的战略谋划——使中国人强起来。

在追寻中华民族复兴的道路上，一代又一代中国共产党人抛弃一切，不顾生死，书写了惊天地、泣鬼神的壮丽史诗。

党百年历史的主题主线，就是肩负起了两大历史任务，即实现民族独立、人民解放和国家富强、人民幸福。第一大历史任务，随着新中国的成立已经完成。第二大历史任务我们已经奋斗了70多年，70多年中有40多年是改革开放。这个历史任务还没有完成，我们现在还在继续努力奋斗。党的十八大以来，经过长期努力，中国特色社会主义进入了新时代。我们比历史上任何时期都更加接近实现中华民族伟大复兴的目标，比历史上任何时期都更有信心和能力实现这个目标。历史充分地表明，我们党干革命、搞建设、抓改革，都是为了让中国人民过上幸福美好的生活，都是为了中华民族的伟大复兴。最终是为了"天下大同"，实现共产主义。

今天，中国共产党已经发展壮大成为一个拥有9000多万党员的世界第一大党，在世界人口第一大国长期执政，领导全国各族人民在社会主义革命和建设的基础上取得了改革开放和社会主义现代化建设举世瞩目的伟大成就。一部中国共产党的历史，就是为实现中华民族伟大复兴而奋斗的历史。党是中华民族伟大复兴事业的推动者、领导者、组织者和实施者。中国人民在党的领导下，已经大踏步地赶上了时代的潮流，谱写了中华民族发展史上的辉煌篇章。我们相信，只要在以习近平同志为核心的党中央的坚强领导下，我们团结一致，万众一心，沿着中国特色社会主义道路奋勇前进，我们就一定能如期全面建成小康社会，如期把我国建设成为富强民主文明和谐美丽的社会主义现代化强国，实现中华民族伟大复兴的中国梦！

## ◎ 战无不胜的奥秘

从党的一大，到党的十九大，百年来，中国共产党经历了太多的不易。几度苦苦追寻，几多艰辛探索，一路走向辉煌。从在嘉兴南湖红船上寻找光明的摆渡者，到新中国成立之初"一穷二白"基础上的创业者，再到世界第二大经济体的领航者……曾经，这个被称为"山沟里出不了马克思主义的政党"，遭受的嘲讽、谩骂、诋毁一直不绝于耳：蒋介石逃离大陆到台湾时曾断言"中国共产党解决不了中国人的吃饭问题"；东欧剧变后"社会主义终结论"；国际金融危机"中国崩溃论"；等等，中国共产党人高举信仰的火炬，扛起开路先锋的旗帜，带领她的人民奋勇走在实现民族复兴的最前列，力挽狂澜、击楫奋进，中国共产党战无不胜创造了地球上最大的政治奇迹，给了世人太多的意料之外。

光辉历程，彰显真理。经过血与火洗礼的伟大历程和辉煌成就证明，中国共产党是领导中国人民在各个历史时期夺取党和人民事业伟大胜利的核心力量。习近平总书记指出，中国特色社会主义最本质的特征是中国共产党领导，中国特色社会主义制度的最大优势是中国共产党领导。没有中国共产党就没有新中国，没有中国共产党就没有中国改革开放的光辉成就，没有中国共产党就没有中国特色社会主义事业的伟大胜利！

共赴国难，拯救危亡。中国共产党的成立是中国历史上开天辟地的大事变。自近代以来，中华民族陷入内忧外患、战乱频仍、山河破碎、生灵涂炭、民不聊生的境地，中华民族遭受了奇耻大辱。为了民族复兴，无数仁人志士进行了不屈不挠、前仆后继、可歌可泣的斗争，尝试了各式各样的救国道路，但终究未能改变旧中国的社会性质和中国人民的悲惨命运。中华民族面临着亡国灭种的危险，谁来拯救中华民族于水火？谁来扶大厦于将倾？中国共产党一经成立，就把实现共产主义作为党的最高理想和最终目标，义无反顾肩负起实现中华民族伟大复兴的历史使命，团结带领人民进行了艰苦卓绝的斗争，谱写了气吞山河的壮丽史诗。历史雄辩地证明，只有中国共产党才能扛起这一历史的重担！

沧海横流，英雄本色。以毛泽东同志为主要代表的中国共产党人，带领全党全国各族人民经过28年的浴血奋战，推翻了"三座大山"，建立了新中国，使中国人民站起来了。以邓小平同志为主要代表的中国共产党人，带领全国各族人民，在粉碎"四人帮"、拨乱反正之后，开启了中国走向改革开放之路，开创并坚持走出了一条中国特色社会主义道路，中国人民富起来了。党的十八大以来，以习近平同志为核心的党中央，在改革发展稳定、内政外交国防、治党治国治军等多个领域推行了一系列重大改革，解决了许多长期想解决而没有解决的难题，办成了许多过去想办而没有办成的大事，使中国取得历史性成就，发生历史性变革，越来越走近世界舞台的中央，昂首阔步迈向强起来的新时代。

沧海横流显砥柱，万山磅礴看主峰。百年来，从一个50多人的小党成长为拥有9000多万党员、执政70多年的大党；从播下救亡图存革命火种的小小红船，到领航中华民族复兴伟业的巍巍巨轮，是什么力量让中国共产党由小变大、由弱变强，百折不挠、革故鼎新，中国共产党何以走向更大胜利，成为始终走在时代前列、人民衷心拥护、勇于自我革命、经得起各种风浪考验、朝气蓬勃的马克思主义执政党？

面对当今西方政治党派纷争、内乱不止、相互倾轧、社会撕裂等种种乱象，中国共产党自信而坚定："大就要有大的样子。"因为我们党不仅是世界上最大的政党，也是最为坚强有力的政党。中国共产党何以走向更大胜利？因为一路走来，她始终坚守"一个理想"，为共产主义而奋斗，建立一个没有剥削、没有压迫，人人自由平等富裕等"大同世界"，尽管梦想如此遥远，但从社会主义初级阶段到高级阶段、从共同理想到远大理想，一步一个脚印，从未改变；始终为了"一个宗旨"，除了全心全意为人民服务，中国共产党没有任何自己的利益，是一个真正的"全民党"，"人民对美好生活的向往就是我们的奋斗目标""小康路上一个都不能少"这铿锵有力的宣誓，与西方代表形形色色利益集团的党派形成鲜明对比；始终信仰"一个真理"，牢牢掌握马克思主义真理的力量，并坚定不移地中国化，与时俱进地进行理论创新，从毛泽东思想、邓小平理论、"三个代表"重要思想、科学发展观，到习近平新时代中国特色社会主义思想，不断用科学理论指引航程；始终抓好"一个工程"，不断把党的建设新的伟大工程向纵深推进，以思想建设"加油""补钙"，以组织建设打造坚强战斗堡垒，以作风建设正风肃纪，以纪律建设"打虎拍蝇"，以"刀口向内"的勇气不断清除机体的"毒瘤"，使党永远焕发生机与活力。

历史选择，不负苍生。为了实现中华民族伟大复兴的历史使命，无论是弱小还是强大，无论是顺境还是逆境，我们党都初心不改、矢志不渝，团结带领人民历经千难万险，付出巨大牺牲，敢于面对曲折，勇于修正错误，攻克了一个又一个看似不可攻克的难关，创造了一个又一个彪炳史册的人间奇迹。中国共产党成为领导各项事业的核心力量，这是历史的选择、时代的选择、人民的选择。回望来路，展望未来，中华民族之所以实现和迎来从站起来、富起来到强起来的伟大飞跃，关键在于中国共产党的领导。历史和现实以无可辩驳的事实，雄辩地证明：历史和人民选择中国共产党领导中华民族伟大复兴的事业是正确的，中国共产党领导中国人民开辟的中国特色社会主义道路是正确的，中国共产党和中国人民扎根中国大地、吸纳人类文明优秀成果、独立自主实现国家发展的战略是正确的。没有中国共产党，就没有现代中国的一切；没有中国共产党，就没有中华民族伟大复兴。

回顾百年来党团结带领人民进行的战胜风险、力挽狂澜，从胜利走向更大胜利的实践，我们有理由更加坚定对中国特色社会主义的信念、对实现中华民族伟大复兴中国梦的信心。历史必将进一步证明：心系人民群众、把握历史大势、勇立时代潮头的中国共产党，在应对国内外各种风险和考验的历史进程中，在发展中国特色社会主义的前进征程中，一定能够永葆青春活力、战胜各种困难、创造更大辉煌！

## ◎ 以非凡气质彰显特殊魅力

"没有共产党就没有新中国"，这是在中国家喻户晓的一句名言，也是得到中国人民认可的实情，这句话饱含着中国人对中国共产党的无限爱戴之情。每每谈起中国共产党的时候，许多国际人士可能有种复杂的心情，怀疑、困惑、不理解、敬佩等各种情绪交织在一起。但当你真正了解中国共产党的伟大历程之后，你可能更多的是由衷的敬佩，一定理解中国人民为什么会选择中国共产党。

习近平总书记曾深刻指出，中国产生了共产党，这是开天辟地的大事变。这一开天辟地的大事变，深刻改变了近代以后中华民族发展的方向和进程，深刻改变了中国人民和中华民族的前途和命运，深刻改变了世界发展的趋势和格局。

历史是最好的教科书。透过中国共产党百年的辉煌历程，我们更加深刻地体悟到，没有共产党就没有新中国，就没有国家的富强、民族的振兴和人民的幸福；更加由衷地认识到，中国共产党不愧是一个伟大、光荣和正确的马克思主义先进政党，不愧为领导中国人民不断开创事业发展新局面的核心力量。

"江河万里总有源,树高千尺总有根。"中国共产党一路走来,经历了闹革命、干建设、搞改革三个历史时期。每个时期都有坎坷和曲折,却干成那么多大事,将来还要干更多的事。在今天,她的党员人数已达9000多万名,相当于整个德国的人口数量。这就引出一个问题:她是怎样干事的?靠什么来说服人们和自己一起去干各种各样的大事?回答这个问题,中国共产党之所以能够成为中国特色社会主义伟大事业的领导核心,之所以能够赢得人民的坚决拥护和高度信赖,最根本、最核心、最关键的是因为中国共产党人身上的非凡气质,让其拥有和具备特殊的魅力。

非凡的崇高信仰。"志不立,天下无可成之事。"我们党从成立之日起,就把为共产主义、社会主义而奋斗确定为自己的纲领,坚定共产主义远大理想和中国特色社会主义共同理想。百年来,正是在共产主义远大理想的激励下,一代又一代共产党人英勇奋斗,以对真理与道义的不懈追求,以对国家与民族的勇敢担当,不断把为崇高理想奋斗的伟大实践推向前进。这种超越个体与小我、把自己的命运与国家、民族和人民的前途紧密联系融合在一起的崇高理想信仰,怎能不令人敬仰。

非凡的精神气质。中国共产党一路走来,在各个历史时期以非凡精神气质彰显特殊魅力,在革命时期彰显"愚公"人格。中国共产党重视思想理论建党,也重视精神道德建党。她一路走来创造的精神很丰富。其中讲得最多的是要为人民服务。所谓为人民服务,就是做事情是为了人民大众的利益,而不是为了自己的利益,自己要走在前面带头为大家的事情奋斗奉献。人民大众看她还不错,真是为他们着想,于是,就愿意和她一起去干事,这样,跟着她干事的人就越来越多,许多大事就办成了。在建设时期彰显创业风采。革命年代要挖掉的大山,是帝国主义、封建主义和官僚资本主义,而在建设时期要挖掉的大山,是贫穷落后。为了挖掉这座山,"愚公"们的人格气质,主要体现在自力更生、奋发图强、艰苦创业、无私奉献上面。改革时期彰显开拓担当。改革开放年代的先锋们,除了传承革命和建设时期的优良传统,还拥有开拓创新、锐意进取、勇于担当、求真务实这样一些新的精神品格。中国共产党一路走来,还靠制度建党、靠规矩管党。规矩就是纪律,中国共产党目前对其成员制定的纪律,包括政治纪律、组织纪律、工作纪律、群众纪律、生活纪律、廉政纪律等方面纪律。

非凡的牺牲奉献。有责任就要有作为,有奋斗就会有牺牲。回望百年的峥嵘岁月,一代又一代中国共产党人,紧紧依靠、团结和带领人民,跨过一道又一道沟坎,取得一个又一个胜利,为中华民族做出了伟大贡献。回望百年中国走过的历程,中国人民和中华民族走过的历程,是中国共产党和中国人民用鲜血、汗水、泪水写就的,充满着苦难和辉煌、曲折和胜利、付出和收获,凝结着中国共产党的巨大牺牲和奉献,生动展示了共产党人的为民情怀、高尚情操。这种为了国家、民族和人民的利益将个人利益甚至生命置之度外的精神境界,怎能不令人感动。

非凡的强烈忧患。"生于忧患,死于安乐。"带领人民创造幸福生活,是我们党始终不渝的奋斗目标。面对百年来党团结和带领人民所取得的辉煌成就,习总书记指出,今天,我们回顾历史,不是为了从成功中寻求慰藉,更不是为了躺在功劳簿上、为回避今天面临的困难和问题寻找借口,而是为了总结历史经验、把握历史规律,增强开拓前进的勇气和力量。坚持和发展中国特色社会主义是一项长期而艰巨的历史任务,要时刻准备应对重大挑战、抵御重大风险、克服重大阻力、解决重大矛盾,要永远保持建党时中国共产党人的奋斗精神,永远保持对人民的赤子之心。这种一以贯之的深沉忧患和永不懈怠的奋斗精神,怎能不令人信赖。

非凡的治党气魄。办好中国的事情，关键在党。党能否坚强有力，事关中国特色社会主义伟大事业的兴衰成败。回望百年的历史，我们党祛病疗伤，激浊扬清，以自我革命的政治勇气，坚持党要管党、从严治党，坚持有案必查、有腐必惩，同一切弱化先进性、损害纯洁性的问题做斗争，不断增强党自我净化、自我完善、自我革新、自我提高的能力，永葆共产党人拒腐蚀、永不沾的政治本色。面对"四大考验""四种危险"，我们党决心从中央政治局常委会、中央政治局、中央委员会抓起，从高级干部抓起，持之以恒加强作风建设，坚持抓常、抓细、抓长，使党的作风全面好起来，确保党始终同人民同呼吸、共命运、心连心。这种打铁还得自身硬的管党治党的决心气魄，怎能不令人拥护。

非凡的世界胸襟。开放的世界没有封闭的中国。和平与发展是当今世界的两大主题。为人类不断做出新的更大的贡献，是中国共产党和中国人民早就做出的庄严承诺。回望百年的历史，中国共产党和中国人民从苦难中走过来，深知和平的珍贵、发展的价值，把促进世界和平与发展视为自己的神圣职责，向世界树立和彰显出负责任大国的良好形象。面对并非一片太平的世界局势，中国共产党人决心在和平共处五项原则的基础上同所有国家发展友好合作，扩大同各国的利益交汇点，推动构建以合作共赢为核心的新型国际关系，推动形成人类命运共同体和利益共同体。这种胸怀全球、放眼世界的责任担当，怎能不令人折服。

历史总是要前进的，历史从不等待一切犹豫者、观望者、懈怠者、软弱者。只有与历史同步伐、与时代共命运的人，才能赢得光明的未来。我们坚信，有这样一个与时俱进的伟大、光荣、正确的党的坚强领导，有全体中华儿女的勠力同心、团结奋斗，中国共产党人就能无往而不胜，中华民族的明天定将更加美好。

## ◎ 铁肩担道义

  1921年7月，中国共产党成立的那一刻，新的革命火种在沉沉黑夜的中国大地点燃了。百年过去了，在中国共产党的领导下，一个曾经"覆屋之下，漏舟之中，薪火之上"的国家，已经巍然屹立在世界的东方；一个曾经"积弱积贫，九原板荡，百载陆沉"的民族，正在实现伟大复兴的光荣和梦想。人们不禁会问，中国共产党是怎么做到了这一切，历史的意义，常常在回望与对照中更为深刻地显现。回眸百载辉煌历程，我们党创造了"地球上最大的政治奇迹"。前无古人的伟大实践，震撼世界的辉煌成就，历史和人民的选择一再昭示：在关系国家和民族前途命运的一个个重要关口，中国共产党总是挺身而出，肩负天下兴亡，这是"中流砥柱"的力量彰显，是"铁肩担道义"的精神诠释。

  1916年9月的一天，革命先驱李大钊给友人挥毫泼墨一副对联"铁肩担道义，妙手著文章"。这并非李大钊原创，而是源自明代文化名人杨继盛写下的名联："铁肩担道义，辣手著文章。"李大钊巧妙地将"辣"改成"妙"，并赋予这10个字新的含意，"铁肩担道义"就是以救国救民为己任，表达了一种崇高的革命理想与志向，"妙手著文章"意为要写出更多更好的文章，在中国宣传马列主义、宣传革命思想。

  铁肩担道义，是一种事不避难、勇于担当的精神，是共产党员的优秀品质，也是一种时代责任。追溯中国共产党走过的百年的艰辛历程，我们看到一代代共产党人团结带领全国各族人民战胜各种艰难险阻，取得了新民主主义革命和社会主义革命、建设、改革的伟大胜利。从中我们不难发现，各个时期各条战线共产党员的共同特质就在于"铁肩担道义"，其核心是"责任"二字，责任之所在，即道义之所归，我们自当以"铁肩"担之，使其成为每个共产党人的自觉追求。在烈火中永生——邱少云。抗美援朝战场上，埋伏的草丛被燃烧弹击中起火。为了不暴露目标，他在火海之中一动不动，任凭大火吞噬。他用生命诠释了一往无前的英雄气概，他是一个民族的脊梁，一个时代的精神坐标。为了世界革命，为了战斗的胜利，我愿意献出自己的一切！

以铁肩担道义，诠释坚定信仰。信仰是一种精神力量，是支撑共产党人不懈奋斗的原动力。人不能没有信仰，缺失信仰，精神就会空虚，灵魂就无所依存。中国共产党的主要创始人之一李大钊堪称铁肩担道义的楷模，他坚信"人生之最高理想，在求达于真理"，"率先在中国大地上高举起马克思列宁主义的旗帜，为中国昭示了新的社会主义的发展方向"，激励着一代代共产党人把民族独立、人民解放，民族复兴、人民幸福的大任扛在肩上，迎难而上、前赴后继。仅1921~1949年，就有300多万共产党员为国捐躯，他们以宝贵的生命诠释着理想和信仰。方志敏在狱中，一直描摹着心中"可爱的中国"，虽然他不曾看过一眼今日可爱的中国。驻赣公署军法处密报蒋介石："方志敏冥顽不化，见佛灭佛。劝导者昂然而进，颓然而归，更有为之倾倒者。狱卒争相为之奔走。"蒋介石下令：秘密处死！在共产党人的哲学里，只有高贵的生、壮烈的死，绝无苟且，绝无偷生。共产党刚成立时，中国几乎每天都有政党诞生，每天都有政党消亡，多少政党喊了两句理想，叫了两声主义，旋即消失在历史的暗夜中。抗战救亡时之中国，相比南京、上海、重庆，延安荒凉闭塞，关山重重。为何成千上万有识之士追日逐梦般穿越战火千里万里来奔？他们为何要追随共产党？因为他们发现了一个真理：只有共产党才能救中国。共产党人胸怀的理想，才是这个民族的希望和未来。

以铁肩担道义，诠释责任担当。担当是一种责任，是共产党人必须具备的基本素质。中国共产主义运动先驱——李大钊。国家与民族危亡时刻，他挺身而出，探索救国救民之路。他坚守以青春之我创建青春之国家的信念，把马克思主义引入中国。他提携后辈，被毛泽东视为"真正的老师"。白色恐怖下，他第一个走向绞架，从容就义。他一生都在为正义而歌，为国家、为民族而活。吾殉国成仁杀身救民之先烈，所以舍生命以赴之者，亦曰：是固为斯民易共和幸福也。担当大小体现着干部的胸怀、勇气、格调，有多大担当才能干多大事业。每当历史转折的重大关头，共产党人总是担当着国家和民族的使命，无论多么艰难曲折，始终不忘初心。在历史长河中，方志敏、瞿秋白、恽代英、刘志丹、赵一曼、焦裕禄、孔繁森、李保国等一批批优秀共产党人，肩负起党和国家赋予的时代重任，勇于担当、甘于奉献，给人民群众以勇气和希望。新形势下，我们党的干部都要敢想、敢做、敢当，敢于承担责任、勇于面对矛盾、善于解决问题，不辜负组织重托，不让群众失望，一如习近平总书记所强调，"是否具有担当精神，是否能够忠诚履责、尽心尽责、勇于担责，是检验是否真正体现了共产党人先进性和纯洁性的重要方面"。

以铁肩担道义，诠释为民务实。为民务实是一种公仆情怀，是一种良好作风，是共产党人特有的"红色气质"。为民就要全心全意为人民服务，务实就要脚踏实地、真抓实干，实现好、维护好、发展好人民群众的根本利益。穷尽一生书写为民情——杨善洲。绿了荒山，白了头发，他志在造福百姓。退休后，他带领家人和群众扎根大亮山义务植树造林20多年。将边陲保山打造成了全国闻名的"滇西粮仓"，把一片荒山秃岭育成价值3亿多元的浩瀚林海。他始终一心为民，一心想着群众，一切为了群众，诚心诚意为群众谋利益。"我真正退休就是我死的那天"，他如是说。我们常说"党员要有党员的样子"，这个样子很重要，主要体现在为民务实的作风上。作风问题绝无小事，作风正则百官皆守，作风差则百弊皆生。在我们的记忆中，不乏为民务实的典范,无论是"心中装着全体人民,唯独没有他自己"的焦裕禄,还是"心系群众、扎实苦干、奋发作为、无私奉献"的李保国,无论是"先祭谷公,后拜祖宗"的谷文昌,还是公正为民的好法官邹碧华,还是共产党人牛玉儒、兰辉、张广秀……这些曾被习近平总书记点赞的各条战线上的优秀党员干部,其身上最大的闪光点就是为民务实,他们把自己的一切都献给了党和人民的事业。

栉风沐雨,春华秋实。今天,中国以世界第二大经济体的实力,托举起覆盖14亿人的全球最大社会保障网,创造了每年减贫1300多万人的脱贫奇迹,书写下幼有所育、学有所教、劳有所得、病有所医、老有所养、住有所居、弱有所扶的民生篇章,亿万人民携手冲刺全面小康的百年梦想……这一项项巨大成就、一串串亮丽数字的背后,挺立的是中国人民顶风冒雨的钢铁脊梁,浸透的是中国人民风雨兼程的辛勤汗水,凝结的是中国人民对美好生活的追求与梦想。

## ◎ 说到就做到的气魄

历史岁月,苍茫大地,党的理论和实践的主题告知我们"共产党说了什么,就能做到什么"。在电视连续剧《特赦1959》中,经过改造的这些国民党的高级战犯的心灵悄然发生了变化。他们开始学习马克思主义、毛泽东思想,分析胜负之道,反思国民党为什么失败,共产党为什么胜利。杜聿明、王耀武等人深有感悟地说:"共产党说了什么,就能做到什么。"这些人在抗日战争之中有战功。毛泽东主席就称赞国民党军将领王耀武抗战有功,功归功,过归过。

党从1921年建党到新中国成立,直到抗美援朝,在这些战犯所经历的

30余年的人生岁月的光景中，中国共产党可不就是"说了什么，就能做到什么"吗？土地革命时期，共产党提出"打土豪，分田地"，做到了；面对国民党的一次又一次围剿，预言"星星之火，可以燎原"，实现了；抗日战争时期，坚持持久战，将日本帝国主义埋葬在人民战争的汪洋大海中，胜利了；解放战争时期，党中央发出"打倒蒋介石，解放全中国"的号召，成功了。新中国刚建立，在百废待兴、内忧外患、千疮百孔的艰难时期，美国纠集十几个国家组成联合国军侵犯朝鲜，并妄图以此做跳板，将新中国扼杀在摇篮中。在此危难时刻，中国共产党发出"抗美援朝，保家卫国"的号召，一时间，全国上下迅即形成妻送郎、母送儿上前线去打美国野心狼的热烈场面。在装备极为悬殊的情况下，中国人民志愿军依靠炒面加步枪、手榴弹，战胜不可一世的美国佬，打得他们不得不在停战书上签字。"共产党说了什么，就能做到什么"，再次得到验证！共产党人说得到做得到，一以贯之，表里如一，让世人信服。极为关注并极度怀疑志愿军战胜不了美军的这些战犯们，不得不由衷佩服中国人民志愿军之勇敢顽强，佩服中国共产党的决策之英明，佩服中国共产党"说了什么，就能做到什么"。

"共产党说了什么，就能做到什么"，这是真言，更是至理！作为拥有百年历史的中国共产党，之所以青春永驻、活力四射，之所以赢得人民衷心拥护、长久执政，之所以世界仰慕、倍加推崇，正在于中国共产党人真实如一、说到做到。尤其是在攸关党和国家前途命运、人民群众根本利益问题上，中国共产党更是"说了什么，就能做到什么"。

中国共产党说，马克思主义是自己的"老祖宗"，"老祖宗"永远不能丢，做到了吗？完全做到了。中国共产党自打建党之日起，就把马克思主义写在自己的旗帜上，把马克思主义视为自己的"老祖宗"，并誓言"老祖宗"永远不能丢。党所经历的炼狱地火般的磨难，几乎在世界上无任何政党可比。

环境无论多么险恶、斗争无论多么艰苦、道路无论多么坎坷、考验无论多么严峻，党从来就没有放弃自己的信仰。"革命理想高于天""砍头不要紧，只要主义真"，无数革命先烈抛头颅洒热血，前赴后继英勇献身。仅毛泽东同志一家就有六人献出生命。1927年大革命失败后，蒋介石发动"四一二"反革命政变，共产党人尸横遍野，血流成河，李大钊、罗亦农、赵世炎、陈延年等党的早期领导人相继遇害。那时节，党内的领导人，像被割韭菜一样一茬一茬地被敌人杀害。周恩来同志曾感慨："敌人可以在三五分钟内消灭我们的领袖，我们却无法在三五年内将他们造就出来。"长征路上、抗日前线、解放战争，又有多少共产党人和党领导的八路军、新四军、解放军将士，为着追求理想、坚守信仰而流血牺牲？在中华人民共和国取得政权后，共产党人并没有据此而放弃信仰，而是一如既往地将马克思主义中国化、时代化、大众化，总是结合本国国情，实现马克思主义新飞跃。比如，诞生了中国化的成果——毛泽东思想、中国特色社会主义理论体系。也正是这样的指导思想指导全党全军全国各族人民，使得中国经济社会发展蓬勃向前，取得历史性成就与历史性变革。

中国共产党说，全心全意为人民服务是自己的宗旨，宗旨意识永远不能忘，做到了吗？完全做到了，充分展现了党与人民的利益的一致性。世界上无论哪类政党，只要是正规的，必有其宗旨。党的宗旨就是全心全意为人民服务，始终代表中国最广大人民的根本利益，既不是寻求自身任何利益，也不代表哪一个或哪几个利益集团的特殊利益，密切联系人民群众、一切从实际出发、紧紧地依靠人民群众、全心地服务人民群众，成为中国共产党区别于其他政治势力的最大特色所在，也是党的最大优势、最佳能力所在。恰如毛泽东主席所指出的："共产党是为民族、为人民谋利益的政党，它本身决无私利可图。""为人民服务"书写在历次党章里，体现在各项决策上，落实在所有行动中。毛泽东主席的一篇《为人民服务》，成为全党的座右铭，周恩来总理终身佩戴着"为人民服务"的胸章，成为全民的楷模。

革命战争年代，共产党人及其领导的人民军队，为拯救人民大众于水火之中，不惜牺牲自己。新中国建立以后，党作为执政党，但并非傲然以领导者自居，而是时时处处摆正与人民群众的鱼水关系，血浓于水、血肉相连，时时处处提醒自己牢记"为了谁，依靠谁，我是谁"，从而始终保持一种服务人民、感恩人民、敬畏人民的政治立场观点方法，一直情为民所系、权为民所用、利为民所谋。面对人民群众摆脱贫困、走向富裕的期盼，特别是党的十九大制定"三步走"战略，把全面建成小康社会使命扛在肩上，把万家忧乐放在心头，领导7亿多人民在较短时间内脱贫、开创人类历史奇迹的基础上，又在实施精准扶贫、脱贫，使14亿人将同步迈入小康。"没有共产党就没有新中国""没有共产党就没有小康全家福"，在人民大众心中已深深扎根，它已经成为一种价值认同。正是有了这种认同，中国共产党充满自信地推行各类大政方针，人民是中国共产党执政的最大底气！

中国共产党说，中国特色社会主义是民族振兴之路，这条道路永远不能变，做到了吗？完全做到了。党执政前的中国是什么样？与我们的近邻印度相比就可知晓：1949~1950年，印度的当时人口是3.5亿人，中国当时是5.4亿人，但印度的就业人员却比中国高，它的人均GDP高出中国三分之一。印度的钢、生铁、糖、水泥、硫酸、原油这些方面都是中国的1倍、2倍、3倍、4倍、5倍一直到8倍之多；纱、布、发电量也都比中国高。那时，虽然中印都是穷国，中国则更穷一些。1949年刚解放时，中国总共有12.3万家私人工业企业，其中雇佣10人以上的只有1.48万家。连火柴、铁钉都不能生产，所以，那时老百姓用洋火、洋钉。专利，更为可怜，一年只有 10 余件，技术该有多落后！直到 1954 年 6 月，毛泽东主席还有这样的忧虑："现在我们能造什么？能造桌子椅子，能造茶碗茶壶，能种粮食，还能磨成面粉，还能造纸，但是，一辆汽车、一架飞机、一辆坦克、一辆拖拉机都不能造。"中国不仅人均 GDP 比印度低，放到全世界各国里去比，中国也是非常低的。世界银行有 1950 年 126 个国家的数据，按它们各自人均 GDP 的水平由高到低进行排列，中国位于倒数第 7 位，也就是属于世界上最落后的国家之列。这就是我们经济的起点。

"一唱雄鸡天下白，换了人间。"1949 年 10 月 1 日，毛泽东主席在天安门上向全世界庄严宣布："中华人民共和国、中央人民政府今天成立了！"在中国共产党的领导下，选择社会主义道路。很快，在百废待兴、百乱待理的状况下，开启社会主义改造，并推行国民经济发展"五年计划"，156 个重点项目建设如火如荼。由此，建立起自己的工业体系。虽然后来走过弯路，但经济建设取得的成就令西方刮目相看。"两弹一星"试验成功，大庆油田、万吨巨轮、万吨水压机相继诞生；农田建设、水利设施，都有很大进展，光是水库，就修建了八万座，为全国防洪、发展农业生产发挥了极其重要的作用。

中国向哪里去？党的十一届三中全会，吹响改革开放的集结冲锋号。到 1982 年党的十二大，首次提出建设有中国特色社会主义的命题。自此，"中国特色社会主义"，连续多次出现在党的代表大会政治报告的主题中。这在世界任何政党建设中都是绝无仅有的。一代接着一代想，一届接着一届干，一年接着一年办，日复一日，年复一年，西方国家有的是政党之间搞"拳击赛"，而我们中国共产党却是做着"接力赛"。这是党顺应历史潮流规律的正向性。

党怀着"为中国人民谋幸福、为中华民族谋复兴"的初心使命，带领中国人民筚路蓝缕、辟除榛莽，走向辉煌、走向复兴。中国对世界经济增长的贡献率年均达到30%，中国让7亿多人口摆脱贫困，对全球减贫贡献率超过70%，我国的经济高速增长，经济总量已经跃居世界第二，成为第一大工业国、第一大货物贸易国、第一大外汇储备国，成为世界经济增长的主要稳定器和动力源。国家统计局数据显示，中国GDP从1952年的679亿元跃升至2018年的900 309亿元，实际增长了175倍，中国GDP占世界GDP的比重从1952年5.2%上升到2018年近16%，提升了10个百分点，稳居世界第二大经济体。中华民族实现了从站起来、富起来到强起来的伟大飞跃，世界格局实现了从西方主导到东西方均衡的百年巨变。建立了一个独立完整的工业体系，包括以"两弹一星"为核心的国防体系，为中华民族伟大复兴奠定了坚实的物质基础。没有人会怀疑这样的判断：坚持党的领导是当代中国最高政治原则，是实现中华民族伟大复兴的关键所在。习近平总书记深刻指出，只有社会主义才能救中国，只有中国特色社会主义才能发展中国。这两个"只有"、两个"才能"，充分表明社会主义在革命中的中国、建设中的中国、改革开放中的中国、中华民族伟大复兴中国梦中的中国的强大力量。

党的十八大后，以习近平同志为核心的党中央以"得罪千百人，不负十三亿"的勇气和担当，将全面从严治党纳入"四个全面"战略布局之中，探索始终保持党的先进性和纯洁性的有效途径，向着夺取反对腐败压倒性胜利的目标砥砺前行。这是党毅然决然的蜕变，这是一个国家朗朗乾坤的希望，这是新时代新形势下，建设一个什么样的党、怎样建设党的思想理论的丰富与发展，这是坚持和发展中国特色社会主义的根本保证。

上下同欲者胜。我们党有9000多万党员和460多万个基层党组织，只要始终守初心、担使命，那就无坚不摧；只要始终言出必行、矢志奋斗，那就永远年轻。牢记船到中流浪更急、人到半山路更陡，把不忘初心、牢记使命作为终身课题，自觉同人民想在一起、干在一起，我们就一定能无往而不胜，为成就伟大梦想凝聚更加磅礴的力量。

## 第二章

# 坚如磐石的大理想

共产党人的理想信念就是对马克思主义的信仰，对社会主义和共产主义的信念。理想信念是立党之基，是中国共产党团结奋进的精神旗帜，是党凝聚力、向心力和战斗力的集中体现。百年来，我们党始终团结一心、坚如磐石、初心不变，靠的就是坚定的理想信念这个强大的武器。在未来的发展征程中，共产主义理想将始终是我们的总目标，引领一代又一代共产党人接力奋斗。现在，全国9000多万党员紧紧围绕在党中央周围，自觉地在思想上、政治上、行动上同党中央保持高度一致，增强"四个意识"、坚定"四个自信"、做到"两个维护"，以坚定的理想信念、初心不改的担当，沿着中国特色社会主义道路继续前进，直至最终实现共产主义。

## ◎ 理想信念是立党之基

理想信念是一个人的世界观、人生观和价值观的集中体现。崇高的理想信念是人生的支柱和前进的灯塔。确立了崇高的理想信念，就有了正确的方向和强大的精神支柱，就会"富贵不能淫，贫贱不能移，威武不能屈"，就能抵御各种腐朽思想的侵蚀，永葆共产党人的先进性，矢志不渝地献身于伟大的事业而不畏任何艰险。

共产主义远大理想和中国特色社会主义共同理想，是中国共产党人的精神支柱和政治灵魂，也是保持党的团结统一的思想基础。理想信念，是一个政党的行动引领和精神支柱，标志着政党的奋斗目标、价值追求和精神动力，是党员政治觉悟、思想境界和道德情操的集中体现。崇高的理想信念，以其强大的目标吸引力、道德感召力和价值凝聚力，集聚了志同道合的人们为共同的事业不懈奋斗。只有始终高扬理想信念的旗帜，伟大事业才能获得不竭动力和强大支撑。

理想信念是立党之基。共产党是为信仰而生、为信仰而行的政党。理想信念是党成立的基础。陈独秀、李大钊等以马克思主义为中国革命的理论基础，引导众多先进分子树立共产主义理想信念，克服艰难险阻凝聚在一起，缔造了中国共产党。理想信念是党壮大的保障。理想信念是党发展的动力。马克思主义政党一旦放弃理想信念，就会土崩瓦解。在党未来的发展征程中，共产主义理想将始终是我们的总目标，引领一代又一代共产党人接力奋斗。

大革命失败后，白色恐怖笼罩全国，到处是血雨腥风，中国革命遇到了

## 第二章 坚如磐石的大理想

难以想象的困难，处于低潮。这个时候，敢不敢继续革命，是中国共产党人和革命群众必须回答的根本性问题。在严峻的考验面前，中国共产党人表现出了坚定的革命立场和大无畏的革命气魄。他们并没有被吓倒，坚信革命的未来是光明的。共产党人从哪里跌倒，就从哪里站起来，擦干身上的血迹，继续投入新的战斗。广大共产党人对革命前途充满信心，对革命的胜利保持坚定信念。

在井冈山斗争中，红军取得了一个又一个的胜利，但也遭遇过较大的挫折。在遭遇挫折时，红军内部曾经出现过悲观情绪，对革命现状认识不到位。当时，有一部分同志提出了"红旗到底打得多久"的疑问。面对中国革命的长期性、艰巨性、复杂性，毛泽东对革命形势仍然充满信心，对革命前景满怀憧憬，信念坚定。他指出："边界红旗子始终不倒，不但表示了共产党的力量，而且表示了统治阶级的破产，在全国政治上有重大的意义。"毛泽东对当时革命形势所做的正确判断、科学分析，表现出他对革命事业有崇高的理想，对革命前景有坚定的信心，并做出了"星星之火，可以燎原"的论断。毛泽东曾总结革命的成功经验道："世界上出现过许多类似的情况，在紧要的关头，就看你坚定不坚定，坚持不坚持。你咬紧牙关坚持一下，就可以取得胜利。对方熬不下去，挺不住了，他就失败了。我自己就经历过许多次这样的情况。"坚定信念，就是坚信中国革命一定会胜利。当时，毛泽东确信"山沟里的马克思主义"能够引导中国革命走向成功，对"革命山大王"——袁文才与王佐充满信任，在赣南、闽西成立了中央苏区，引导中国革命走向新的辉煌。

中国工农红军的长征是一项世界性的奇迹，是一部史诗，充满革命英雄主义的精神。我党我军历史上的万里长征，是什么力量支撑着我们的红军战胜千难万险，胜利到达陕北。世界上不曾有过像中国工农红军这样的军队：

指挥员的平均年龄不足 25 岁，战斗员的平均年龄不足 20 岁。在长征征途上，武器简陋的红军所面对的往往是装备了飞机大炮且数十倍于己的敌人。年轻的红军官兵能在数日未见一粒粮食的情况下，不分昼夜地翻山越岭，然后投入激烈而残酷的战斗，其英勇顽强和不畏牺牲举世无双。在二万五千里的征途中，平均每 300 米就有一名红军牺牲。

世界上不曾有过像中国工农红军这样的军队，官兵军装是一样的，头上的红星是一样的，牺牲时的姿态也是一样的。在中国工农红军中，无论是政治和军事精英，还是不识字的红军战士，官兵如同一人的根本是他们都坚信自己是一个伟大事业的奋斗者，他们都坚信中国革命的队伍"杀了我一个，自有后来人"，他们激情万丈、前赴后继、视死如归，决心为每一个红军战士所认同的理想牺牲生命。因为付出了太多的牺牲，因为在难以承载的牺牲中始终保有理想和信念，所以，一切艰难险阻皆成为一种锻造——中国工农红军的长征在人类历史进程中留下的是：坚定的信念、坚强的意志以及无与伦比的勇敢。这些都是可以创造人间奇迹的精神。长征精神，是党及其领导下的工农红军为实现民族独立和人民解放，为维护全国人民和中华民族的根本利益，在万里征途中坚定理想信念、克服重重困难而萌发产生的伟大革命精神，展示了中华民族自强不息的民族品格，充分体现了以爱国主义为核心的民族精神。

抗日战争时期，面对日本帝国主义的侵略与践踏，共产党人仍然坚强不屈，胸怀民族大义，坚持统一战线中的独立自主原则，坚守党的政治信念，保持党组织的政治独立性。1941 年至 1942 年，日本帝国主义对抗日根据地进行扫荡，国民党顽固势力对根据地进行封锁，抗战处于困难时期，中国共产党坚持抗战必胜的信念，依然坚持团结、反对分裂，坚持抗战、反对投降，与国民党展开了有理、有利、有节的斗争。由于敌人的封锁，抗日根据地面临严重困难，党中央发出了"自己动手，丰衣足食"的号召，发起了大生产运动。毛泽东、朱德等亲自参加生产。陕甘宁边区的军民在党的统一领导下，信念坚定，战胜了种种困难，农业生产得到恢复，人民生活水平得以提高。这一时期，共产党人始终胸怀马克思主义信仰，对革命充满必胜的信心，心怀建设共产主义大厦的理想，以维护中国人民的根本利益为目标，形成了独特的延安精神。延安精神的核心就是要树立远大的理想和坚定的信念。在延安精神的鼓舞下，大批青年学生积极响应党的号召，不远千里奔赴革命圣地，投身于抗日战争的伟大事业。

新民主主义革命在中国共产党的领导下不断取得胜利，党为中国人民指明了前进的方向，使群众看到了国家富强、人民幸福的希望。回顾历史，我们发现，在任何时候，坚定的信念都是我们战胜各种困难的精神支柱。总之，坚定的理想信念是共产党人不忘初心的灵魂和精神支柱，共产党人一直都对革命抱有必胜的坚定信念，对马克思主义抱有坚定信仰，"这种信仰是党领导人民进行革命、建设、改革的精神支柱"。

这是一组令人震撼的数字：1921~1949年，在党领导的革命中牺牲的烈士，有名可查的就达370万人。正是这些忠于党、忠于国家、忠于人民的革命先烈，以"愿拼热血卫吾华"的信念与行动，为中国今日之成就打下了坚实基础。"本根不摇，则枝叶茂荣。"信念是立党之基，更是每一个共产党人行动的指南。共产党人要时刻把对马克思主义的信仰作为毕生追求，不忘初心，牢记使命，砥砺前行，用信仰之光谱写中国特色社会主义新时代发展的华美篇章。

大党风范：大党就要有大党的样子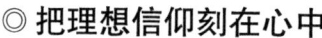

## ◎ 把理想信仰刻在心中

信仰是共产党人的灵魂，是高举过头顶的信念。不管是在革命年代的烽火硝烟中，还是在和平建设时期的困难挑战面前，共产党人以信仰作为自己的精神之基，以身许党，以身报国，忠心为民。从这些共产党人身上，感受到一种力量，并吸收这种力量，使自己面对坎坷，砥砺前行。

信仰、信念、信心，任何时候都至关重要。小到一个人、一个集体，大到一个政党、一个民族、一个国家，只要有信仰、信念、信心，就会愈挫愈奋、愈战愈勇，否则就会不战自败、不打自垮。信仰是内心深处的追求和坚持。大浪淘沙，唯真信仰不会被黑暗吞没，这是历史的启示，也是颠扑不破的真理。1930年8月27日，临刑前的几分钟，共产党员裘古怀有感于"每一个同志在就义时都没有任何一点惧怕，他们差不多都是像完成工作一样跨出牢笼的"，匆匆写下《给中国共产党和同志们的遗书》，诠释自己对信仰的理解："我满意为真理而死！遗憾的是自己过去的工作做得太少，想补救已经来不及了。"陈望道翻译《共产党宣言》时，忘情地将墨汁当红糖吃。这种信仰的味道，才让血肉之躯拥有了超越艰难险阻的力量。思想上坚定忠诚，意志上就会坚韧不拔；理想上坚实熔铸，行动上就能坚定不移。

把理想信仰刻在心中体现在理论上清醒，信仰坚定离不开理论的坚定。理论上清醒，政治上才能坚定。坚定的理想信念，必须建立在对马克思主义的深刻理解之上，建立在对历史规律的深刻把握之上。1918年8月～1920年夏天，青年毛泽东两次来到北京。在陈独秀、李大钊的影响下，他研读了《共产党宣言》《阶级斗争》《社会主义史》这三本书及大量相关的文章，进一步了解和接受了马克思主义。毛泽东曾回忆说："到1920年夏天，我已经在理论上和在某种程度的行动上，成为一个马克思主义者，而且从此我也自认为是一个马克思主义者了。"毛泽东用理论筑牢了坚实的信仰根基,为党和人民的事业传承精神基因、凝聚磅礴力量,领导中国人民推翻了"三座大山",建立了崭新的中国。

周恩来1919年在日本留学时,通过河上肇创办的《社会问题研究》了解了《共产党宣言》。1920年10月,周恩来赴法留学,与蔡和森等人一起继续学习《共产党宣言》。抗战时期,他随身带着的公文包内装有《共产党宣言》等马列著作,只要有空余时间就研读。1949年7月,他对陈望道说:"陈望道先生,我们都是您教育出来的。"

朱德由一个讲武堂的普通学员成长为辛亥革命的先锋、护国战争的爱国名将,最后转变为伟大的马克思主义者。在青年时期,他创作《顺庆府中学堂留别》诗:"祖国安危人有责,冲天壮志付飞鹏。"通过这首壮烈的诗词,朱德立下了报效国家的初心和宏大志愿。1976年,已是90岁高龄的朱德收到中共中央党校顾问成仿吾翻译的《共产党宣言》新译本,如获至宝。他用了一整天时间,认真对照旧译本,重新读了一遍,第二天一大早,还登门看望成仿吾,称赞他做了一件很有意义的工作:"新译本通俗易懂,可以一口气读下来。有了好译本,才便于弄懂马克思主义。"

把理想信仰刻在心中体现在革命与建设的具体行动中。信仰愈坚定,人的革命意志就愈坚强。面对绞刑架,方志敏烈士大义凛然,在牢房里写下:"敌人只能砍下我们的头颅,决不能动摇我们的信仰!因为我们信仰的主义,乃是宇宙的真理!"中国革命的先驱马骏,从1927年起担负中国共产党北京市委的组织恢复和重建工作。在危险重重的关头,他总是说:"党既然给我这个任务,赴汤蹈火在所不辞,不能知难而退。"不久,他被奉系军阀拘捕。面对敌人的诱逼和酷刑,他坚定地回答:"只要我还有一口气,叫我不宣传马列主义,不搞革命,这比太阳从西边出来还难。"1928年,马骏英勇就义。

他光辉而短暂的一生，始终坚守着一个革命先锋忠贞不渝的信仰。

在社会主义建设时期，也涌现出许多共产主义理想信仰坚定的模范人物——雷锋、王杰、焦裕禄、欧阳海、王进喜、赵春娥、蒋筑英、罗健夫、邓稼先……他们的事迹和精神，激励、鼓舞、感召着更多共产党人为共产主义奋斗。航天科技的重要开创者和主要奠基人、著名科学家钱学森1955年回国。他怀着一颗拳拳报国之心，参与推动和领导我国导弹事业的创建和发展工作，在很短的时间里就和科研团队研究出火箭、导弹和原子弹。在研究过程中，他深深感到，这样的速度是他在美国不敢设想的。只有在党组织的领导下，依靠人民群众的力量，才能将梦想化为现实。这更加坚定了他的革命信仰。他常说："一切成就归于党，归于集体。"可谓肺腑之言。

把理想信仰刻在心中体现在真正同人民结合起来。"要牢记群众是真正的英雄，任何时候都不能忘记为了谁、依靠谁、我是谁，真正同人民结合起来。"毛泽东指出："看一个青年是不是革命的，拿什么做标准呢？拿什么去辨别他呢？只有一个标准，这就是看他愿意不愿意、并且实行不实行和广大的工农群众结合在一块。"延安时期的街头，时常可以看到毛泽东等中央领导与农民并肩而行，无拘无束地聊天谈心。周恩来则到三五九旅家属驻地，召开孩子妈妈座谈会。朱德在"抗大"经常召集青年人席地而坐，与大家探讨问题，关心他们的生活。"只见公仆不见官"，使得拜访延安的陈嘉庚感慨："中国的希望在延安。"

周恩来是把共产党人的信仰同人民结合在一起的典范。1956年1月，周恩来说：我们所以要建设社会主义经济，归根结底，是为了最大限度地满足整个社会经常增长的物质和文化的需要。他多次强调要处理好工业和农业的关系、重工业和轻工业的关系、国家建设和人民生活的关系，一切都要为人民着想。三年困难时期，许多省市严重缺粮，周恩来几乎每天晚上都找相关部门精心计算粮食安排,从晚上谈到第二天凌晨。有一次,他回到分别多年的延安,了解到人民生活很苦,含着眼泪说:"延安的小米哺育我们,使我们取得了全国革命的胜利。延安人民还吃不饱肚子,我这个总理有责任啊!"

理想信念,这一崇高的词条,充满着共产党人对人民的拳拳之心。2017年10月31日,习近平总书记来到上海和浙江嘉兴,在一大会址追寻我们党的根脉,深情阐释"红船精神"。习近平总书记庄严宣誓,"随时准备为党和人民牺牲一切"。誓词激荡信仰,有着一颗为党为人民矢志奋斗的心的共产党人,矗立起民族的精神丰碑。习近平总书记在同意大利众议长菲科举行会见时有一段精彩的对话,充满浓厚的人文情怀。菲科议长问:"中国这么大,您作为世界上如此重要国家的一位领袖,是怎么想的?"习近平总书记语气坚定地说:"这么大一个国家,责任非常重、工作非常艰巨。我将无我,不负人民。我愿意做到一个'无我'的状态,为中国的发展奉献自己。"

把理想信仰刻在心中体现在"我将无我,不负人民"。这是领袖的铿锵誓言,也是共产党人的不懈追求。在共产党人的行列中,从焦裕禄、孔繁森、郑培民,到李保国、廖俊波、黄大年,我们的事业是靠千千万万党员的忠诚奉献不断铸就的。重温这些感人的故事,你会听到县委书记的榜样焦裕禄在临终时向党组织的倾诉:"我活着,没有治好兰考的沙丘,希望死后把我埋在兰考的沙丘上看兰考人民把沙丘治好。"这就是共产党人把理想信念刻在心中的真实写照。

唯有心中有信仰,脚下才有力量。我们将传承革命先辈铸就的伟大精神,坚定理想信念,在新时代展现新作为,创造新业绩,为全面建成小康社会,实现中华民族伟大复兴的中国梦奋勇向前,向着新时代中国特色社会主义的目标矢志前行。

## ◎ 以行动彰显理想信念的力量

共产党人的理想信念是什么？习近平总书记指出："对马克思列宁主义的信仰，对社会主义和共产主义的信念，是共产党人的政治灵魂，是共产党人经受住任何考验的精神支柱。"党从诞生之日起就把马克思列宁主义写在自己的旗帜上，把实现共产主义的最终目标确立为最高理想。

理想信念是思想行动的"总开关"，是共产党人精神上的"钙"，是引领共产党人不断前行的精神动力源。中国共产党是用马克思主义武装起来的政党，马克思主义是中国共产党人理想信念的灵魂，其最高理想和最终目标是实现共产主义。正因为始终坚守共产主义远大理想，党才保持了刀刃向内的自我革命精神，保持了昂扬向上的精神状态，我们党才推动中国特色社会主义建设事业不断从胜利走向胜利。共产党人理想信念的力量，来自其指导思想的强大真理力量，更来自共产党人对理想信念的努力践行。大道至简，实干为要，理想信念必须体现为每个共产党员的实际作为，才能有所依归、有其载体，才能真正变为现实。习近平总书记告诫全体党员："今天，衡量一名共产党员、一名领导干部是否具有共产主义远大理想，是有客观标准的，那就要看他能否坚持全心全意为人民服务的根本宗旨，能否吃苦在前、享受在后，能否勤奋工作、廉洁奉公，能否为理想而奋不顾身去拼搏、去奋斗、去献出自己的全部精力乃至生命。"这表明，共产党人理想信念是否真正牢固，不能光凭其话语来判断，而要靠实践来检验，要看实践中的具体表现。换言之，共产党人有没有理想，初心变没变、使命记得牢不牢，不能自己说了算，要体现在行动上，由群众来评价、由实践来检验。

在实现为民宗旨中彰显理想信念的力量。党章指出："中国共产党党员必须全心全意为人民服务，不惜牺牲个人的一切，为实现共产主义奋斗终身。"

能否坚持全心全意为人民服务的宗旨，关系到党的兴衰存亡，也是检验一个党员是否真正不忘初心、牢记使命的重要标尺。共产主义远大理想，必须体现在共产党人全心全意为人民服务的日常行动上，必须体现在为人民服务的实际效果上。坚持全心全意为人民服务的根本宗旨，必须牢固树立起人民利益至上的意识，始终以最广大人民的根本利益作为一切工作的立足点，决策部署必须顺民心、尊民意，真正做到"民之所欲聚之，民之所恶勿施"。必须在一切工作中紧紧依靠人民，坚持从群众中来、到群众中去，切实做到问政于民、问需于民、问计于民。必须用"人民拥护不拥护""人民赞成不赞成""人民高兴不高兴""人民答应不答应"来衡量工作的对错与好坏。

在践行苦乐观中彰显理想信念的力量。中国人自古就有"先天下之忧而忧，后天下之乐而乐"的忧乐情怀。"党在任何时候都要同群众同甘共苦；党员必须吃苦在前，享受在后。"这是当代共产党人的苦乐观。不忘初心、牢记使命，必须准确把握和真正践行共产党人的苦乐观。但在现实中，有人将"吃苦在前，享受在后"误解为"先吃苦，后享受"，认为吃过一番苦之后，就应理所当然地享受，导致身居高位者出现"年轻时吃了不少苦，有职有权之后就应该好好享受"的补偿心理和特权思想。这种错误的思想，对手中权力来自哪里、要为谁服务缺乏正确理解，从根本上说，是因为其忘记了初心，忘记了使命担当。回顾中国共产党的发展史，从革命战争年代到新中国成立，从改革开放到新时代，中国共产党取得的所有成就都离不开艰苦奋斗。革命战争时期，毛泽东同志就教导广大党员："享受让给人家，担子拣重的挑，吃苦在别人前头，享受在别人后头。这样的同志就是好同志。"吃苦，是共产党人的一种传统。中国共产党自诞生以来就强调乐于奉献、甘愿吃苦。有人曾问主动放弃进省城安享晚年的机会扎根大亮山义务植树造林的杨善洲："放着好日子不过，何必自讨苦吃？"他回答："入党时我们都向党宣过誓，干革命要干到脚直眼闭,现在任务还没有完成,我怎么能歇下来?共产党人就是要'自讨苦吃'!"不论我国社会生产力水平多高,对共产党员尤其是领导干部来说,吃苦在前、享受在后,这个光荣传统都不能丢。不能淡忘了吃苦精神,思安逸、图享乐、求快活,更不能与民争利、与老百姓比享受。

在坚持廉洁品格中彰显理想信念的力量。廉者,政之本也。廉洁自律是对党员的基本要求,是做人、做事的基本准则,更是共产党人为官从政的底线。能力再强,工作再勤奋,如果在廉政上出了问题,就丧失了根本。在党的十九届一中全会上,习近平总书记强调:"清清白白做人,就是要一身正气、两袖清风,自觉遵守廉洁自律准则……拒腐蚀、永不沾,决不搞特权,决不以权谋私,做一个堂堂正正的共产党人。"这些要求为党员在廉洁自律方面划定了底线,其目的就是要教育引导广大党员不忘初心、牢记使命,始终保持为民务实清廉的政治本色。方志敏一生恪守"清贫",虽身居高位、手握大权,又掌握着巨额公款,但从不随便动用公家一块铜板,以至于身上连"一个子儿都没有",因为他坚信"清贫,洁白朴素的生活,正是我们革命者战胜许多困难的地方!"焦裕禄同志曾经亲自起草了《干部十不准》,规定干部在任何时候都不能搞特殊化。方志敏、焦裕禄等都是廉洁奉公的典型代表,是胸怀共产主义远大理想的优秀共产党人。

在发扬牺牲精神中彰显理想信念的力量。每一个共产党人都曾经宣誓:"为共产主义奋斗终身,随时准备为党和人民牺牲一切。"具有共产主义理想是共产党员先进性的重要标志,但远大理想要体现在日常的工作中努力拼搏不断奋斗,最终要体现在勇于献身的奉献精神上。在关键时刻能挺身而出,不惜付出鲜血和生命。刘少奇同志说:"一个人,特别是一个党员,为了党,为了社会进化与人类解放,为了千百万劳苦大众的共同长远的利益而奋斗到底,直至终身,甚至牺牲自己的生命,是最值得。"周恩来也说过:"在任何艰难困苦的情况下,都要以誓死不变的精神为共产主义奋斗到底。"从雷锋到郭明义,从黄大年到黄群、宋月才、姜开斌,他们都是理想高于天、责任重如山,用行动践行入党誓词,真正具有奉献精神、不惜牺牲自己生命、全身心投入实现崇高理想奋斗中的真正的共产党人。

马克思认为"一个行动胜过一打纲领",毛泽东强调"实事求是,力戒空谈",习近平告诫"空谈误国,实干兴邦"。共产党人坚定理想信念,既要明初心、守初心,更要在"找差距、抓落实"中担使命。在新时代,只有每一个共产党人发扬钉钉子精神,把理想信念落小落细落实,才能在平凡而伟大的行动中,汇聚成推进中国特色社会主义伟大事业、实现中华民族伟大复兴的中国梦的磅礴力量!

## ◎ 共产党人的诗和远方

美好的事物总让人憧憬,就像近来许多人常说的"诗和远方"。"诗和远方"是相对"眼前的苟且"而言的,喻义为高远的精神追求。共产党人以马克思主义为信仰,正是这种信仰,让无数革命先烈摆脱庸碌生活和物质利益的羁绊,为了心中的"诗和远方"而不惜血沃中华;让众多党的优秀儿女抛却个人名利得失,为了信仰追求而甘于默默奉献,把毕生心血付诸党的事业和国家建设。

党的理想信念,是马克思主义真理信仰、共产主义远大理想和中国特色社会主义共同理想,这是共产党人的精神支柱和政治灵魂。中国共产党的百年,由小到大,从各种艰难困苦中走来,从接续不断的风险与考验中前行,从一个一个来之不易的胜利中积蓄无穷的能量,千千万万个原因,最值得思考与感悟的是信仰的力量。

建党初期，许多共产党员家庭殷实。如写下"砍头不要紧，只要主义真。杀了夏明翰，还有后来人"千古绝唱的夏明翰，就出身豪绅家庭，毛泽东戏称夏明翰"比《红楼梦》中的贾宝玉强多了"。1921年冬，经毛泽东、何叔衡介绍，夏明翰加入中国共产党。为什么像这样的人都投身革命，就是因为有坚定的信仰。李大钊曾豪情万丈地说"试看将来的环球，必是赤旗的世界"，从容就义。大革命失败后，蒋介石屠刀下的白色恐怖，血流成河，坚贞的共产党人没有屈服。恽代英说："我们的理想社会主义、共产主义实现了，那时世界多么美妙。""我们吃尽了苦中苦，而我们的后一代则可以享到福中福。为了最崇高的理想——共产主义，我们是舍得付出一切代价的。"他牺牲时年仅36岁。

透过"托孤遗书"的内容，我们重温其背后的故事：1948年6月，因叛徒出卖，江竹筠同志被捕，关押于重庆军统集中营渣滓洞监狱，面对敌人惨无人道的酷刑摧残和死亡威胁，她始终坚贞不屈，傲然宣告："你们可以打断我的手，杀我的头，要组织是没有的。""毒刑拷打，那是太小的考验。竹签子是竹子做的，共产党员的意志是钢铁！"1949年11月14日，重庆解放前夕，江竹筠同志壮烈牺牲，为共产主义理想献出了年仅29岁的生命，生动诠释了红岩精神。

二万五千里长征的风雪严寒，平均300多米就要倒下一个红军战士，但红旗仍然到达了陕北。写《长征——前所未闻的故事》的美国记者哈里森感慨地说："阅读长征故事让人认识到，人类的精神一旦唤起，其威力是无穷无尽的。"连天烽火的抗日战争和排山倒海式的解放战争，许多共产党员倒在胜利门槛前，1921~1949年，统计有名有姓的烈士就有300多万。所以，真正的英雄就是这些只参与耕耘而不参与收获的人，如果没有信仰，你很难想象他们的坚韧与毅力。

在社会主义建设和改革开放时期,许多共产党员为了"两弹一星"隐姓埋名一辈子;许多共产党员坚守在寸草不长的边关;许多共产党员在危急的时刻献出了宝贵的生命;许多共产党员在平凡的岗位上做出了不平凡的业绩……如果要列一个名单的话,将会很长很长。

习近平总书记在长征出发地江西于都提出的长征"三问":"长征中能活下来的有多少人?""红军战士靠的是什么?""图的是什么呢?"这"三问",问出了中国共产党人的理想信念,连接起了中国共产党、中华民族和中国人民,指明了我们党的立党之基、力量之源和成功之本,发人深省。二万五千里长征途中,面对"天上每日几十架飞机侦察轰炸,地下几十万大军围追堵截",面对"平均每300米就有一名红军牺牲,平均每天都有一场遭遇战"的严峻考验,疲惫不堪、缺衣少粮的红军指战员之所以依然选择前进,根本原因不外乎两条:其一,认准了红军是为包括自己在内的穷苦人打天下的队伍,走的是一条要北上抗日、拯救中华民族、让老百姓过上好日子的希望之路;其二,认准了只要跟党走,就会有前途,"只要听从党中央的指挥,红军就能打胜仗"。而理想信念的最终体现和落脚点,就是坚信党的领导,坚信有"马列路线指航程"。心中有信仰,脚下有力量。无论形势多么危急、环境多么险恶、斗争多么惨烈,红军将士始终保持了"革命理想高于天"的昂扬斗志,这是长征胜利最重要的力量源泉,也就是习近平总书记在江西考察时所说的:星星之火可以燎原。理想信念之火一经点燃,就永远不会熄灭。只要理想信念在,党的事业一定会成功。这是历史的必然。

信仰让人找到方向,提升了人生境界。在党百年的漫漫历史中,这么多共产党员义无反顾、舍生忘死,就是因为他们有远大的理想和奋斗的目标,认为自己为这样的目标而奋斗很有意义。马克思曾经说过:如果我们选择了最能为人类谋福利而劳动的职业,那么,重担就不能把我们压倒。因为这是为大家而献身，那时我们所感到的就不是可怜的、有限的、自私的乐趣。有了这样的信仰，就会让人思考自己的人生意义。"我活着是为了什么？我能够做什么？"常言道，人无法改变生命的长度，但能增加生命的厚度，有了信仰，人就能增加生命的厚度。

信仰能够铸就坚韧毅力，让人充满力量。人生事业之成败，除了取决于各种各样客观条件之外，还受到一个重要因素的制约，就是有没有坚韧不拔的毅力。有信仰的人，对待自己奋斗的事业会有一种坚韧性和持久力，能凭着锲而不舍的精神迎难而上，冲破重重阻碍拨云见日。从我们党的历史来看，红军长征就是中华民族不屈不挠精神的典范。红军战士凭着对党、对革命的忠贞信仰，在敌军围困万千重的逆境中，转战二万五千里，终于杀出一条生路，谱写了一曲不畏艰难、坚韧不拔的革命乐章。

信仰让人心胸宽广，更加乐观豁达。在党的历史上，许多共产党员面对各种艰苦卓绝的斗争仍然充满革命乐观主义。如老一辈革命家邓小平同志，一生中历经坎坷，虽然经历三落三起的磨难，但凭着对党和国家事业的高度责任感和使命感，始终用自己最初的信念与信仰，为人民建立了不朽的功勋。信仰，能够解决人的眼界与胸怀问题。坚定的信仰，让我们的眼界更加宽广，在重重迷雾中看到黎明的曙光；也让我们的心胸更加开阔，为我们观察世界、认识国情、把握大局指明了方向。

信仰能够塑造良好的精神世界，培养人的道德情操。法国启蒙思想家孟德斯鸠曾经说过："道德是最高的法律，法律是最低的道德。"社会生活有两条线：法律线和道德线。道德水准是人类行为的上线，代表着真、善、美的价值取向；法律是下线，也是人的底线，限制着假、恶、丑等不良行为蔓延。信仰是一种标尺，能够让人守住法律线、提升道德线。百年来，多少共产党员吃苦在前、享受在后；公而忘私、先人后己；立党为公、执政为民；鞠躬尽瘁、死而后已，这是因为有信仰的支撑。

历史和实践一再证明，一个政党有了远大理想和崇高追求，才能坚强有力，无坚不摧；共产党人有了坚定的理想信念，才能心胸开阔，勇往直前。共产党人的理想信念，从来都不是虚无缥缈的，而是始终体现在为人民谋幸福、为民族谋复兴的初心使命当中，体现在恪尽职守、勤勉工作的担当作为之中。站在新中国成立70多年的今天，面对世界百年未有之大变局，共产党人更应坚定理想信念、牢记初心使命，锐意进取、奋发有为，造福人民，以对党和人民事业的赤胆忠心，逢山开路、遇水搭桥，奋力开创中华民族伟大复兴的新天地。

## ◎ 以理想信念照亮奋斗之路

理想信念绝不是虚无的概念和空洞的口号，而是对共产主义远大理想、对党的宗旨意识的坚定不移。有什么样的信仰，就有什么样的选择；有什么样的理想，就有什么样的方向。百年来，共产党人坚定理想信念，勇于攻坚克难，团结带领全国各族人民取得了中国革命、建设和改革的一个又一个胜利。党是用马克思主义武装起来的政党，始终把为中国人民谋幸福、为中华民族谋复兴作为自己的初心和使命，并一以贯之体现到党的全部奋斗之中。百年来，共产党人坚守着这份初心和使命，前赴后继，披荆斩棘，为实现中华民族伟大复兴的宏伟目标奋勇拼搏。党正是凭着这份初心，带领中华民族踏上复兴之路，屹立在世界强国之林。

理想信念如磐，不畏牺牲，创建新中国。在中华民族濒临危机的时刻，为求得人民幸福与中华民族独立，无数的中国共产党人挺身而出，抛头颅、洒热血，以大无畏的革命勇气展开斗争。面对敌人的一次次围剿和迫害，面对艰苦的生活，面对灭顶的绝境，中国共产党初心坚定，带领全国各族人民，经过28年的浴血奋斗，完成了新民主主义革命，建立了中华人民共和国。"中国人民从此站起来了"，中国共产党用实际行动和成果践行了初心和使命。

理想信念如磐，不畏艰难，建设新中国。新中国成立之初，内部是长期战争遗留下的千疮百孔、一穷二白的烂摊子，外部是西方国家的重重封锁，中国共产党没有放弃为中国人民谋幸福，没有停止为中华民族谋复兴的步伐，不畏艰难，带领全国各族人民，坚持自力更生，迅速医治战争创伤，恢复国民经济，建立起独立、完整的工业体系和国民经济体系，确立了社会主义基本制度，实现了中国历史上最广泛最深刻的社会变革。尤其是党的十一届三中全会之后，中国共产党认真总结前30年社会主义建设的经验教训，同时借鉴国际社会先进理念，以巨大的政治勇气、理论勇气、实践勇气实行改革开放，建立和完善社会主义市场经济体制，推动社会主义现代化建设，取得了举世瞩目的伟大成就。一个繁荣、富裕的中国屹立在世界东方，中国共产党依旧坚守着自己的初心和使命。

理想信念如磐，不畏挑战，富强新中国。党的十八大以来，面对世界经济复苏乏力、局部冲突和动荡频发、全球性问题加剧的百年未有之大变局，面对中国经济发展进入新常态等一系列深刻变化，以习近平同志为核心的党中央迎难而上，不畏挑战，开拓进取，中国特色社会主义事业步入新时代。党的十八大以来取得的辉煌成绩，对党和国家事业发展具有重大而深远的历史性影响，百余年来无数仁人志士翘首期盼的富而强的中国正向我们走来。全面建成小康社会、全面深化改革、全面依法治国、全面从严治党，正是体现了中国共产党"不忘初心、牢记使命"，对人民、对国家、对民族的深情承诺。

以理想信念照亮奋斗之路，就要甘于奉献、不怕牺牲。面对革命战争的枪林弹雨，他们浴血奋战、视死如归；面对建设年代的艰难局面，他们激情燃烧、无私奉献；面对"文化大革命"十年浩劫，他们信念执着、从不消沉；面对改革开放的千钧重担，他们不畏艰险、勇敢担当。1929年1月29日，国民党反动派军队偷袭井冈山革命根据地，把小井红军医院的130多名重伤病员和医护人员重重包围起来。面对敌人的严刑拷打和威逼利诱，红军战士们宁死不屈，谁也没有说出红军主力的去向，最后全部英勇就义。据统计，自革命战争以来，约有2000万名烈士为中国革命和建设事业牺牲，他们用宝贵的生命诠释了对理想信念的坚守。无数英雄儿女凝聚在信仰的旗帜下，勇往直前以赴之、断头流血以从之；无数志士仁人凝聚在真理的旗帜下，实事求是以谋之，殚精竭虑以成之，他们挺起了民族的脊梁，谱写了可歌可泣的壮丽篇章。

"为了抉择真理，我们应当回去；为了国家民族，我们应当回去；为了为人民服务，我们应当回去；……为我们伟大祖国的建设和发展而奋斗！"怀着一腔报国之志的邓稼先，在1950年取得美国普渡大学物理学博士学位九天后，毅然放弃优越的工作和生活条件，选择回到百废待兴的新中国。1958年秋天，领导找邓稼先谈话，告诉他"国家要放一个'大炮仗'"，征询他是否愿意参与这项严格保密的工作。邓稼先没有丝毫犹豫地同意了。回家后，他只是简单地对妻子说自己要调动工作，以后家里的事就不能管了。从此他隐姓埋名长达28年之久。直到国家公开表彰"两弹一星"功臣，人们才知道这28年里，他为国家的安宁和人民的幸福做出了何等巨大的贡献和牺牲。从钱学森、邓稼先到蒋筑英，从焦裕禄、谷文昌到杨善洲，从雷锋、王杰到罗阳，从王进喜到郭明义……无数中国共产党人用奋斗书写信仰，用鲜血浸染信仰，用生命守护信仰，正是有了这样的党员，中国共产党才能领导人民在中华大地描绘出气壮山河的革命、建设和改革的崭新画卷。

以理想信念照亮奋斗之路，要清正廉洁、秉公用权，坚决抵制任何不正当利益的诱惑。中组部原副部长曾志一生清廉。井冈山斗争时期，出于革命需要，她将刚生下不久的男婴托付给当地人代为抚养。直到1952年，她才再次见到儿子石来发。出乎意料的是，曾志并没有将石来发留在身边，而是让他返回井冈山，并叮嘱他秉承革命遗志、造福井冈人民。石来发回到井冈山担任护林员工作，一干就是数十年。改革开放后，石来发之子向时任中组部副部长的曾志提出了"农转非"的请求，她不但不批准，还鼓励孙子要扎根农村做贡献。"开怀天下事，不言身与家"，尽管身居高位，曾志始终初心不改，永葆共产党人大公无私的政治本色，是共产党人学习的榜样。

以理想信念照亮奋斗之路，要一心为民、勇于担当。共产党人"一切为了人民、为了人民的一切"的公仆情怀体现出践行初心和使命的崇高性。共产党人的初心和使命从来就是与维护最广大人民根本利益的目的导向高度一致的。百年风雨兼程，百年奋斗不止，靠的是人民，为的也是人民。"全心全意为人民服务"是党的根本宗旨。"全心全意"四个字，彰显了中国共产党人大公无私的崇高品质。党章中指出："党除了工人阶级和最广大人民群众的利益，没有自己特殊的利益。党在任何时候都把群众利益放在第一位。"中国共产党人是完全的利他主义者，个人利益完全服从党和人民利益，为了党和人民的利益甚至不惜牺牲个人利益。这就是习近平总书记所说的"我将无我，不负人民"的崇高精神境界。焦裕禄"心中装着全体人民，唯独没有他自己"，不顾病痛带领兰考人民治理"三害"，奋力改变当地的贫困面貌；谷文昌怀揣"不把人民拯救出苦难，共产党来干什么"的坚定信念，带领东山干部群众苦战风沙十余载，把荒岛变成了绿洲……从这些共产党员身上，我们看到，理想信念绝不是虚无的概念和空洞的口号，而是对共产主义远大理想、对党的宗旨意识的坚定不移的追求。

"志不立，天下无可成之事。"共产党人对信仰的坚持来源于马克思主义这面精神旗帜的引领。点亮理想信念之灯，坚持把马克思主义基本原理同当代中国实际和时代特点紧密结合起来，推进理论创新、实践创新，不断把马克思主义中国化推向前进，这样才能筑牢信仰之基、补足精神之"钙"、把稳思想之"舵"。要用理想信念指导自己的行动，树牢全心全意为人民服务的宗旨意识，强化责任担当，把心思用在推动改革发展上，把精力花在为人民谋幸福上，在神州大地上书写逐梦复兴的历史新篇。

## ◎ 用理想信念铸造辉煌

理想信念是一个国家、民族和政党团结奋斗的精神旗帜，理想信念动摇是最危险的动摇。中国共产党把马克思主义作为自己的指导思想，使党一成立就得以用先进的理论武装起来，以唯物辩证的科学精神、无私无畏的博大胸怀，领导和推动中国的革命、建设和改革。我们党之所以能够从小到大、由弱到强，一路走到今天，有很多原因，其中理想信念坚定是一个最主要的原因，奠定了革命、建设和改革胜利之基。百年来，共产主义远大理想激励了一代又一代共产党人英勇奋斗，成千上万的烈士为了这个理想献出了宝贵生命。"砍头不要紧，只要主义真"，"敌人只能砍下我们的头颅，决不能动摇我们的信仰"，这些视死如归、大义凛然的誓言生动表达了共产党人对远大理想的坚贞。理想之光不灭，信念之光不灭，坚定的理想信念是党不断创造辉煌的重要原因。

靠理想信念，成功夺取了新民主主义革命的伟大胜利，成立了中华人民共和国。中国共产党因对马克思主义信仰而成立，也因对马克思主义信仰而发展壮大。其光辉文献——马克思和恩格斯起草的《共产党宣言》指出："无产阶级的运动是绝大多数人的,为绝大多数人谋利益的独立的运动。"这是马克思主义的根本宗旨。对这一根本宗旨,毛泽东提出了一系列关于群众工作、密切联系群众的新论述,而"全心全意为人民服务"是其核心。邓小平强调,中国共产党党员的含义或任务,如果用概括的语言来说,只有两句话:全心全意为人民服务,一切以人民利益作为每个党员的最高准绳。习近平总书记指出,党之所以叫共产党,就是因为从成立之日起,我们党就把共产主义确立为远大理想。我们党之所以能够经受一次次挫折而又一次次奋起,归根到底是因为我们党有远大理想和崇高追求。中国共产党从诞生之日起,就把马克思主义写在自己的旗帜上,把实现共产主义确立为最高理想。正是这种由信仰而生的凝聚力,吸引了一批又一批中国工人阶级和中国人民、中华民族的先进分子加入中国共产党的队伍,造就了一批又一批不爱财、不为官、不怕死,就为这个事业、为心中的主义的"真人"。第一个革命根据地井冈山建立后,毛泽东写下《星星之火,可以燎原》等著作,指明了中国革命的发展方向,坚定了共产党和人民军队的理想信念。正是共产党人坚定的理想信念,才夺取了新民主主义革命的胜利,实现了中国从几千年封建专制政治向人民民主的伟大飞跃。

靠理想信念,成功"完成社会主义改造和确立社会主义基本制度",为当代中国奠定了根本政治前提和制度基础。新中国成立至党的十一届三中全会召开的29年里,党始终带领全国各族人民进行社会主义革命和建设。29年中,我们党坚持远大理想和崇高追求,面对新中国成立之初经济凋敝、满目疮痍的烂摊子,面对西方国家对我国的长期敌视、封锁包围、经济制裁、军事威胁、政治孤立、外交压迫等压力,坚定理想信念,积极探索中国自己的社会主义建设道路,基本实现国家的工业化,对农业、手工业、资本主义工商业进行社会主义改造;坚持独立自主、自力更生地开展科技创新,重视科学体系的建设,努力赶超世界先进水平。毛泽东同志说,我们对人类的贡献不大,那就要从地球上开除你的球籍。事非经过不知难。正是共产党人坚定的理想信念,不畏艰难曲折,为当代中国一切发展进步奠定了根本政治前提和制度基础,为中国发展富强、中国人民生活富裕奠定了坚实基础,实现了中华民族由不断衰落到根本扭转命运、持续走向繁荣富强的伟大飞跃。

依靠理想信念,"进行改革开放新的伟大革命",成功探索中国特色社会主义道路。党的十一届三中全会,从根本上冲破了长期"左"的错误严重束缚,端正了党的指导思想,重新确立了马克思主义的思想、政治和组织路线,实现了新中国成立以来党的历史上具有深远意义的伟大转折。邓小平从共产党的理想、信念与建设中国特色社会主义的关系,改革开放与维护和执行党的纪律的关系,深刻阐述了中国共产党按照马克思主义揭示的人类社会发展规律,树立正确的社会主义信念和共产主义理想的重要性和必要性。改革开放以来,我们国家一直致力于建设中国特色社会主义,所赖以成功的也是中国特色社会主义,取得的成就归根到底都是中国特色社会主义的胜利。70多年的砥砺奋进,沧海桑田,中国经济发展创造了人类历史上前所未有的伟大奇迹。今日之中国是全球第二大经济体、第一大工业产品制造国、第一大货物贸易国、第一大外汇储备国。权威部门的统计数据显示,2018年,中国国内生产总值突破90万亿元,稳居世界第二。近几年,中国对世界经济增长的贡献率为30%左右,日益成为世界经济增长的动力之源、稳定之锚。改革开放以来,中国经济年均增长9.3%,GDP规模实现平均每八年翻一番,远高于同期世界经济不到3%的年均增速。我国财政收入为促进经济发展、保障改善民生、调整经济结构、有效防范风险提供了坚实的资金保障。中国经常项目盈余快速积累,吸引外资不断增加,已成为深度融入世界经济的全球第一货物贸易大国、主要的引进外资大国及对外投资大国。只有中国特色社会主义，才能发展中国。正是共产党人坚定的理想信念，开辟了中国特色社会主义道路，形成了中国特色社会主义理论体系，确立了中国特色社会主义制度，使中国赶上了时代，实现了中国人民从站起来到富起来、强起来的伟大飞跃。

坚定理想信念，为实现中华民族伟大复兴中国梦继续前行。中国共产党从建党的"开天辟地"，到新中国成立"改天换地"，从改革开放的"翻天覆地"，到今天带领全国人民创造举世瞩目的"中国奇迹"，这些伟业都是在共产主义、社会主义理想和纲领的引领下取得的。进入新时代，特别是党的十八大以来，以习近平同志为核心的党中央坚守初心、牢记使命，围绕着坚持和发展什么样的中国特色社会主义，怎样坚持和发展中国特色社会主义这一重大时代之问，创立了习近平新时代中国特色社会主义思想，解决了许多长期想解决而没有解决的难题，办成了许多过去想办而没有办成的大事，中国特色社会主义道路、理论、制度、文化焕发了新的生机和活力，马克思主义真理的光芒更加璀璨迷人，中国特色社会主义的美好前景更加令人向往，马克思主义信仰和中国特色社会主义信念得到进一步巩固增强。

"有两种东西，我们越是时常反复地思索，越是在心中灌注了永远新鲜和不断增长的赞叹和敬畏：我头上的星空和我心中的道德法则。"康德所说"头上的星空"和"心中的道德法则"，对共产党员来说，就是"忠诚与信仰""性质、宗旨和本色"，这既是党员干部的共同初心，也是中国共产党不断走向辉煌的关键所在，更是党领导人民实现伟大民族复兴的根本保障。从中国共产党成立到今天，党无论是领导人民进行革命战争、夺取全国政权，还是社会主义革命、建设和改革，之所以能够经受一次次挫折而又一次次奋起，归根到底，就是因为有远大理想和崇高追求。今天，西方许多人都在研究、追问当今世界发生的"中国奇迹"。其实，改革开放40多年来中国和平崛起，有我们党的指导思想与时俱进、路线方针政策正确，充分调动人民群众积极性、创造性等诸多原因，但真正的奥秘、核心密码，在于中国共产党人不忘初心，始终坚守和不懈追求自己的理想信念。基于此，就能始终坚持党的宗旨本色，勇于进取、不断探索，找到符合中国国情的正确道路，制定正确的路线和发展战略，带领人民在攻坚克难中不断把为崇高理想奋斗的伟大实践推向前进，为实现中华民族伟大复兴的中国梦而奋斗。

## ◎ 以坚定的理想信念引领时代

远大理想是革命、建设、改革成功的根本保证。人是要有一点精神的，人无精神不立；党也是要有一点精神的，党无精神不强。对马克思主义的信仰，对社会主义和共产主义的信念，是共产党人的政治灵魂，也是共产党人能够经受住任何考验的精神支柱。中国共产党之所以叫共产党，就是因为从成立之日起我们党就把共产主义确立为远大理想。

百年来，一代代中国共产党人正是凭借着共产主义远大理想和中国特色社会主义共同理想，经受住了战争年代血与火的洗礼，经受住了国际风云变幻带来的风险挑战，团结带领人民进行了三次"伟大革命"，实现了三次"伟大飞跃"。为此，无数革命先烈不怕牺牲、前仆后继，献出了宝贵生命；无数党员干部为了实现崇高理想，艰苦创业、努力奋斗，洒下了辛勤汗水。革命战争年代，夏明翰的"砍头不要紧，只要主义真"，方志敏的"敌人只能砍下我们的头颅，决不能动摇我们的信仰"，这些视死如归、大义凛然的誓言，生动表达了共产党人对远大理想的坚贞。在建设和改革时期，焦裕禄、王进喜……一个个闪光的名字，用自己的实际行动诠释了"为共产主义奋斗终身"的誓言，展示了共产党人的为民情怀和高尚情操。

理想之光不灭，信念之光不灭。我们党能够走过百年的光辉历程，团结带领全国各族人民不断取得革命、建设和改革的成功；能够不断发展壮大，从最初的几十人发展成今天拥有9000多万党员的世界第一大党，就是因为始终有远大的理想和崇高的追求。有这样的远大理想和崇高追求做保证，我们党在前进的道路上就没有迈不过去的门槛，就没有克服不了的困难。

理论上清醒，政治上才能坚定。党从成立之日起，就把马克思主义作为自己的指导思想，把实现共产主义作为自己的奋斗目标。早在民主革命时期，毛泽东就旗帜鲜明地提出，"每个共产党员入党的时候，心目中就悬着为现在的新民主主义革命而奋斗和为将来的社会主义和共产主义而奋斗这样两个明确的目标"。进入改革开放历史新时期，邓小平特别看重理想信念的作用。他认为我们要想建成中国特色社会主义，"一靠理想，二靠纪律"，并指出"我们共产党人的最高理想是实现共产主义，在不同的历史阶段又有代表那个阶段最广大人民利益的奋斗纲领。因此我们才能够团结和动员最广大的人民群众，叫做万众一心"。党的十八大以来，习近平总书记反复强调，"革命理想高于天"。他要求共产党员特别是党员领导干部要做共产主义远大理想和中国特色社会主义共同理想的坚定信仰者和忠实实践者，矢志不渝为实现中国特色社会主义共同理想、中华民族复兴伟大梦想和共产主义远大理想而奋斗。

坚定理想信念，是建立在对人类社会历史发展规律的深刻理解之上。共产主义社会作为人类社会发展的最高形态，是"各尽所能、按需分配"的社会，是最和谐、最美好、最高级的社会。在共产主义这一崇高理想的强大感召下，千千万万的共产党人为了国家富强、民族振兴和人民幸福而艰苦奋斗、不懈努力，带领人民实现了我国近现代史上翻天覆地的巨大变化，深刻改变了近代以后中华民族发展的方向和进程，深刻改变了中国人民和中华民族的前途和命运,深刻改变了世界发展的趋势和格局。历史发展到今天,共产主义的崇高理想依然是我们党的凝聚力、向心力、战斗力的重要源泉,依然是共产党人团结奋进的精神动力。时代前行,风云变幻,马克思主义科学理论不会过时,"两个必然"不会改变。全党上下只有深刻理解这一历史发展的客观规律,才能在任何艰难困苦的情况下都保持理论的清醒与政治的坚定,有效应对"四大危险",顺利通过"四大考验"。

不断坚定理想信念继续前进。伟大时代孕育伟大理想,伟大理想铸就伟大辉煌。历史发展到今天,中华民族伟大复兴的梦想与中国特色社会主义共同理想和共产主义远大理想,已经内在地统一起来了。今天,我们比历史上任何时期都更接近中华民族伟大复兴的目标,比历史上任何时期都更有信心、有能力实现这个目标。这就需要当代共产党人更加坚定理想信念,保持对远大理想和奋斗目标的清醒认知和执着追求,以此激发我们战胜前进道路上的一切艰难险阻,乘势而上、锐意进取,逐步把伟大理想变为美好现实。

理想因其远大而为理想,信念因其执着而为信念。要实现中华民族伟大复兴的中国梦,就必须把理想信念教育作为党的思想建设的战略任务抓牢抓好,保持全党在理想追求上的前进动力,使共产党人在任何情况下都能做到政治立场不变、政治方向不偏,守住自己的远大理想,守住自己的崇高信念;都能牢牢占据推动人类社会进步、实现人类美好理想的道义制高点,自觉做共产主义远大理想和中国特色社会主义共同理想的坚定信仰者、忠实实践者;都能不断增强其对中国特色社会主义的道路自信、理论自信、制度自信和文化自信,在实现中华民族伟大复兴中国梦的历史进程中充分发挥先锋模范作用。

世上最快乐的事,莫过于拥有美好的人生理想,而崇高伟大的理想,唯有经过忘我的斗争和牺牲才能实现。在确保全面建成小康社会、开启社会主义现代化建设新征程的关键阶段，我们唯有胸怀"自信人生二百年"的奋斗豪情，发扬"为有牺牲多壮志"的革命精神，才能够冲破一切艰难险阻，谱写出精彩华章，实现中华民族伟大复兴。

坚定理想信念，实现伟大复兴。理想信念作为指引和支撑中国人民站起来、富起来、强起来的强大精神力量。在任何时候我们都应坚守崇高的思想，以一份执着的信念去坚守我们内心的梦想，支撑我们做事的动力，共产党人要带头坚定理想信念，团结带领人民不懈奋战，不断实现人民对美好生活的向往。

党的伟大事业有今天的成就，无不因为各级仁人志士胸怀信念，奋力打拼，生动诠释着共产党人的精神追求，对马克思主义的坚定信仰。坚守新时代信仰，就是要以习近平新时代中国特色社会主义思想为指导，武装头脑、指导实践、推动工作，在学懂弄通做实上下功夫，全面掌握这一科学理论的基本观点、理论体系，切实把这一科学理论落实到实际工作中去。今天的奋斗、明天的成就必将继续证明，中国特色社会主义道路是实现中华民族伟大复兴的唯一正确道路。前进道路上，共产党人必须坚定对中国特色社会主义的信念，坚定中国特色社会主义道路自信、理论自信、制度自信、文化自信，不为任何风险所惧，不为任何干扰所惑，统筹推进"五位一体"总体布局，协调推进"四个全面"战略布局，更有定力、更有自信、更有智慧地坚持和发展新时代中国特色社会主义，确保中华民族伟大复兴的巨轮始终沿着正确航向破浪前行。

实现中华民族伟大复兴，是近代以来中华民族最伟大的梦想，是激励中国人民接续奋斗、开辟未来的精神旗帜。在接续奋斗中有效汇聚磅礴力量。历史是不断向前的，要达到理想的彼岸，就要沿着我们确定的道路不断前进。每一代人有每一代人的长征路，每一代人都要走好自己的长征路。没有牢不可破的理想信念，没有崇高理想信念的有力支撑，要取得长征胜利是不可想象的。任何伟大事业，都始于理想，成于实干。在通向共产主义"接力赛"中，每一棒都是共产主义的必经阶段，在这个意义上，共产主义就在我们脚下，就在我们点点滴滴的奋斗之中。只有用崇高的理想信念不断巩固全党全国人民团结奋斗的共同思想基础，凝聚起"永远为了真理而斗争，永远为了理想而斗争"的激昂斗志，才能有效汇聚起实现远大理想和伟大事业的磅礴力量，向着中华民族伟大复兴的目标奋进！

# 第三章

# 天下为公的大境界

　　天下为公是共产党人不变的情怀，党从诞生之日起，就把"全心全意为人民服务"作为根本宗旨，把"为全中国人民谋利益"作为自己唯一的追求。知民情、聚民智、顺民意、得民心、谋民利，只争朝夕，奋发有为，向着实现中国梦的宏伟目标乘风破浪，负重前行。"党除了人民利益之外没有自己的特殊利益"，这是我们党区别于其他政党的显著标志，也是我们党始终赢得人心、凝聚民心，团结带领人民攻克一个又一个看似不可攻克的难关，创造一个又一个彪炳史册的人间奇迹的根本原因。党的十八大以来，以习近平同志为核心的党中央不断为"天下为公"注入新时代内涵，为人民谋幸福，为民族谋复兴，为世界谋大同。

大党风范：大党就要有大党的样子

## ◎ 大道之行，天下为公

"大道之行也，天下为公"，这句出自《礼记·礼运》中的古语，为人们刻画、描绘了美好的社会愿景。天下为公，是中华传统文化的重要内容，寄寓着人们对治国理政的美好期盼。

立天下之正位，行天下之大道。党成立之后，坚持以"为人民谋幸福、为民族谋复兴"为己任，继承和发扬中华传统文化中"天下为公"的思想，坚持把马克思主义基本原理特别是其关于"人的解放"的理论同中国具体实际相结合，建立并不断完善人民当家作主的社会主义制度，带领人民翻身得解放、致富奔小康。无论是革命、建设时期，还是改革开放时代，中国共产党始终秉持以人民为中心的发展理念，时刻做到发展为了人民、发展依靠人民、发展成果由全体人民共享。

"党除了人民利益之外没有自己的特殊利益"，这是我们党区别于其他政党的显著标志，也是我们党始终赢得人心、凝聚民心，团结带领人民攻克一个又一个看似不可攻克的难关，创造一个又一个彪炳史册的人间奇迹的根本原因。"以天下论者，必循天下之公。"循天下之公，就意味着要摒弃一己之利、一己之私，不计一己之亏、一己之憾，胸怀国家、心系天下，殚精竭虑、锲而不舍；要不以一己之荣辱、一己之得失定取舍，始终坚持以国家和人民的长远利益、根本利益为重。

党的十八大以来，以习近平同志为核心的党中央不断为"天下为公"注入新时代内涵，行天下之大道，习近平总书记多次谈及"天下为公"，在党的十九大报告中郑重宣言"为中国人民谋幸福，为中华民族谋复兴"的初心使命，强调要"大道之行，天下为公"。2017年12月，他在中国共产党与世界政党高层对话会上强调，中国共产党所做的一切，就是为中国人民谋幸福、为中华民族谋复兴、为人类谋和平与发展。2018年4月，他在会见联合国秘书长古特雷斯时指出，我们所做的一切都是为人民谋幸福，为民族谋复兴，为世界谋大同。三"为"三"谋"的提出与凝练，是习近平总书记领导中国共产党人赋予"天下为公"的新时代内涵，真正将人民群众、中华民族、世界全体的共同利益作为"公"的精神实质和"为公"的责任追求，实现了理论逻辑与实践逻辑相统一，体现共同推进中华民族伟大复兴的中国梦与人类命运共同体的美好愿景更加紧密地彼此相依、携手并进、交相辉映，体现了马克思主义的唯物辩证法和唯物史观，是对"天下为公"内涵的高度升华与创新发展。

"为中国人民谋幸福"凸显"天下为公"的奉公为民精神。夫民者，万世之本也。"天下为公"倡导"以民为本""乐民之乐""忧民之忧"等奉公为民精神。作为马克思主义政党，人民立场，是中国共产党的根本政治立场。马克思主义所秉持的"为绝大多数人谋利益"的价值立场所彰显的真理的力量、人民的力量、道义的力量告诉我们，要遵循规律、服务人民、天下为公行大道。党章指出："党除了工人阶级和最广大人民群众的利益，没有自己特殊的利益。"我们党在各个时期形成的中国化的马克思主义政党理论，都把为人民谋幸福作为党的指导思想及理论体系的重要内容。从毛泽东的"为人民服务"到习近平总书记的"以人民为中心"的发展观，这既是"公"的核心内容，又是实现"天下为公"的根本途径。从党的十二大提出的"人民日益增长的物质文化需要同落后的社会生产之间的矛盾"，到党的十九大指出的"人民日益增长的美好生活需要和不平衡不充分的发展之间的矛盾"，30多年后我国社会主要矛盾实现新转化，都是源于中国共产党人秉持"天下为公"的人民性理念，坚守为人民谋福祉的不懈奋斗。面对新时代社会主要矛盾的变化，我们党提出要在教育、工作、收入、社保、医卫、居住、环境、文化生活等方面，更加精准地把握、最大限度地满足人民群众对美好生活的新需求与新期盼。这些表明，为中国人民谋幸福，是新时代的中国共产党人站在最广大人民群众的立场上，将人民的自由全面发展作为根本，对"天下为公"做出的新诠释。

"为中华民族谋复兴"凸显"天下为公"的民族使命担当。不以一己之利为利，而使天下受其利。"天下为公"倡导，天下是天下人公有共有的，要出以公心，坚持公平、公正、公开，从共同立场出发，确定共同的目标，着眼于共同利益，谋求共同发展。义之所在，天下赴之。面对鸦片战争后中华民族遭受"三千年未有之大变局"，谋求民族独立、人民解放和国家富强、人民幸福，实现中华民族伟大复兴，成为近代以来中华民族最伟大的梦想，这就是实现最广大人民群众共同利益的价值目标。历史发展逻辑表明，正是由于中国共产党"义无反顾肩负起实现中华民族伟大复兴的历史使命"的价值旗帜，团结带领人民进行了艰苦卓绝的斗争，谱写出"近代以来久经磨难的中华民族迎来了从站起来、富起来到强起来的伟大飞跃，迎来了实现中华民族伟大复兴的光明前景"的壮丽史诗，有力地推进我国进入"全国各族人民团结奋斗、不断创造美好生活、逐步实现全体人民共同富裕"的新时代。当前，为中华民族谋复兴，就是要实现"把我国建设成为富强民主文明和谐美丽的社会主义现代化强国"。推进这个目标的实现，一方面，顺应了人民对美好生活的追求，为人民群众更好地感受经济、政治、文化、社会和生态文明五位一体建设成就，奠定了坚实的基础。另一方面，迈向伟大复兴的中华民族，不断为人类做出更大贡献、为解决人类问题贡献"同天下之利"的中国智慧和中国方案。正如诺贝尔经济学奖得主科斯为《真实的中国》所做的序言里说："中国的奋斗就是全人类的奋斗。"可见，为中华民族谋复兴，是人民幸福价值理想与民族复兴远景目标的内在统一，是连接人民幸福美满与人类共同发展价值的桥梁，充分展示了我们党"天下为公行大道"的民族使命与价值担当。

"为世界谋大同"凸显"天下为公"的人文主义情怀。"能与人共之者，仁也。"习近平总书记指出，中华民族历来讲求"天下一家"，主张民胞物与、协和万邦、天下大同，憧憬"大道之行，天下为公"的美好世界。历史学家吕思勉先生认为，"中国人总愿意与天下之人，同进于大道，同臻于乐利"。从"天下国家"疆域扩展到整个世界的人文主义"天下"情怀，已深深地融入一代代中国人的血脉，"天下为公行大道"更是作为马克思主义者的共产党人始终不渝的价值理想追求。新中国建立以来，中国向世界贡献了"和平共处"五项原则等理论与实践。党的十八大以来，面对"人类将向何处去"等世界难题，习近平总书记提出的"构建人类命运共同体""一带一路""共商共建共享"等中国的理念、主张和原则，已陆续写进联合国的相关决议中；强调要弘扬"和平、发展、公平、正义、民主、自由"的全人类共同价值与"和平合作、开放包容、互学互鉴、互利共赢"的丝路精神，越来越为国际社会所认同和接受。中国共产党人"为世界谋大同"的理念及行动，蕴含着马克思关于"自由人联合体"思想和以全人类解放为己任的价值追求，充分彰显出中国共产党人"乐以天下，忧以天下"的情怀和"世界之中国，天下之担当"的使命感。为世界谋大同，秉持的是"天下一家""和而不同"的理念，寻求的是人类和平发展的最大公约数，谋求的是让不同国家、不同阶层、不同人群共享经济全球化带来的机遇，以推进"大道之行"的"天下"更加开放、包容、普惠、平衡、共赢。它是"天下为公"的中国共产党人为实现"建设持久和平、普遍安全、共同繁荣、开放包容、清洁美丽的世界"目标向全世界高扬的旗帜。

事实上,为人类谋和平与发展我们一直在行动:人类命运共同体思想、"一带一路"、促进缩小南北发展差距、中国共产党与世界政党高层对话共商人类发展大计等等,这些都是为世界和平安宁、共同发展以及文明交流互鉴做贡献的具体行动。新时代,我们仍需秉承世界眼光、世界意识和世界情怀,为构建普遍安全、共同繁荣、开放包容和美丽清洁的美好世界接续奋斗。

## ◎ 与众不同的先进性

追寻党的历史,可以得出一个基本结论:党之所以能够成为领导中国革命、建设和改革事业的核心力量,之所以能够承担起中国人民和中华民族的历史重托,之所以能够在剧烈变动的国际国内环境中始终立于不败之地,根本原因是党始终高度重视并不断保持和发展自己作为马克思主义政党的先进性和纯洁性。

斯大林曾说过,"共产党人是由特殊材料制成的"。这种特殊不是有特殊权力,也不是搞特殊待遇,而是有一种特殊的品质,为民、担当、清廉、坚毅……这是共产党人的内涵。百年奋斗历程,印证着人心所向的历史选择、深沉厚重的历史自信、矢志不渝的历史担当,集中体现了党与众不同的先进性。

"吹尽狂沙始到金"的历史选择:彰显中国共产党的先进性。从鸦片战争这个悲怆的历史拐点开始,中国人民就陷入了战乱频仍、山河破碎、民不聊生的深重苦难。为改变这种状况,实现中华民族伟大复兴,无数仁人志士尝试各种救国救亡道路,但均功败垂成。直到中国共产党诞生,中国革命才走上了康庄大道,中华民族伟大复兴才开启新的征程。事实证明,中国共产党诞生并领导革命、建设和改革的成功,是近现代中国历史发展的必然结果,是人心所向的历史选择,彰显了党的先进性。

打铁必须自身硬。党是中国工人阶级的先锋队,同时是中国人民和中华民族的先锋队。中国共产党成立时,中国政治舞台上约有300多个政治团体,先后登台谢幕。自中国共产党成立起,她就成为吸引和汇聚中国最先进分子的组织。从一大到十九大,全国党员从50多名增至9000多万名。革命战争时期,延安成为中国进步青年心中向往的红色革命圣地,数以万计的学者、艺术家、知识青年、国际友人奔向延安。社会主义建设时期,尤其是中国特色社会主义建设时期,在共产党员先锋模范作用引领下,几千万人选择加入中国共产党。进入中国特色社会主义新时代,党坚持党要管党、全面从严治党,为我们党凝聚各类英才产生了积极影响。谁能想到,作为党的中高级领导干部的孔繁森,却要靠献血换钱度日;当不幸发生时,在他的遗体上只找到了8元6角钱。这便是一个共产党人对清廉的坚守。

得道多助,失道寡助。中国共产党革命和建设的理论、实践,深刻影响着中国最广大的人民群众,使他们衷心拥护中国共产党,选择团结在党的周围,共同进行中国革命和建设的伟大实践。中国共产党深刻解读了中国革命的核心问题,找到了农民阶级这个坚定的同盟军,走上了农村包围城市的道路,最后夺取全国政权,建立了人民民主专政的社会主义国家。中国共产党团结一切可以团结的力量,带领各民主党派同国民党反动派进行"两种命运、两个前途"的斗争并取得了胜利;新中国成立后,与各民主党派"和平共处、长期共存、肝胆相照、荣辱与共",积极支持各民主党派参政议政。进入新世纪新时代,中国梦凝聚了十几亿人实现中华民族伟大复兴的磅礴力量。

"革命理想高于天"的历史自信:催发党的先进性。志不立,天下无可

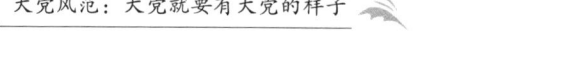

成之事。党自成立起,就把共产主义确立为远大理想,肩负起实现中华民族伟大复兴的历史使命。事实证明,党对于实现中华民族伟大复兴,具有深沉厚重的历史自信,从而进一步催发了党的先进性。

先进理论指导中国的发展。指导思想是一个政党的精神旗帜。党从马克思列宁主义的科学真理中看到了解决中国问题的出路,坚持马列主义和中国实际结合起来,致力于马克思主义的中国化,形成了指导中国革命、建设和改革事业的毛泽东思想、邓小平理论、"三个代表"重要思想、科学发展观、习近平新时代中国特色社会主义思想,集中反映了我们党始终保持先进性的根本所在。

先进道路引领中国的发展。方向决定道路,道路决定命运。太平天国运动妄图建立一个新的封建王朝,洋务运动不触动封建势力的利益,维新变法妄图建立限制皇权的君主立宪制,辛亥革命走资产阶级共和国的希望被西方列强扼杀,中间路线派的第三条道路缺乏生存土壤,注定都是失败的结局。百年来,一代代共产党人前赴后继,走在建立和建设社会主义道路上,使"社会主义主张在世界上人口最多的国家成功开辟出具有高度现实性和可行性的正确道路,让科学社会主义在 21 世纪焕发出新的蓬勃生机"。

先进制度保障中国的发展。中国特色社会主义政治制度是党和中国人民的伟大创造。70 多年来,党领导人民创造了人类社会发展史上惊天动地的奇迹,经济结构不断优化,经济总量稳居世界第二,人民生活不断改善,民主法治建设迈出重大步伐,国际地位日益上升,强军兴军开创新局面,党的建设成效卓著,执政能力和领导水平不断提高……站在中国特色社会主义新时代的历史方位,我们可以自豪地说:只有坚持社会主义制度才能保障中国的发展。

先进文化引领中国的发展。文化兴则国运兴,文化强则民族强。没有高度的文化自信，没有文化的繁荣兴盛，就没有中华民族伟大复兴。我们党从成立之日起，既是中国先进文化的积极引领者和践行者，又是中华优秀传统文化的忠实传承者和弘扬者，始终代表着中国先进文化的前进方向，引领着中国的发展。百年来，党植根于中华民族5000多年文明历史所孕育的中华优秀传统文化，熔铸党领导人民在革命、建设和改革实践中创造的革命文化和社会主义先进文化，坚持创造性转化、创新性发展，不断铸就中华文化新辉煌，形成和发展了中国特色社会主义文化，始终将中国人民凝聚在党的周围，引领中国发展。

"钢脊铁肩担道义"的历史担当：铸就党的先进性。中国近现代以来的历史深刻揭示：正是因为党敢于担当、勇于修正错误，才成为凝聚亿万人民的坚强领导核心。百年来，面对不同历史时期赋予的历史任务，我们党筚路蓝缕、勠力同心、砥砺前行，始终以"赶考"姿态，熔铸践行历史使命的责任和情怀，铸就党的先进性。

从履职尽责的大义看，党不负人民的信赖和重托。党在大义面前，始终坚持以人民为中心，践行全心全意为人民服务的根本宗旨，把党的群众路线贯彻到治国理政全部活动之中，把人民对美好生活的向往作为我们的奋斗目标。大革命时期，党顺应人民呼唤，秉持大义，"打倒列强，除军阀"，与国民党开始了第一次合作。抗日战争时期，中国共产党面对民族大义，表示"如果国民党停止内战，党愿意把自己的军队改编成国民革命军的一部分，愿意把自己的根据地变成国民政府统一管辖下的边区"，呼吁停止内战，一致对外。此后，国共第二次合作，建立抗日民族统一战线，中国工农红军改编成八路军、新四军，深入敌后抗日，消灭和牵制大量日伪军，对中国乃至世界反法西斯战争的胜利做出巨大贡献。中国共产党边区政府建立"三三制"政权，扩大了社会基础，团结了抗日力量，激发了各阶层人民群众的抗日热情。在中国特色社会主义建设时期,面对人民对美好生活的向往,在"贫穷不是社会主义"的清醒认识中,开启了改革开放的伟大征程;进入新时代,继续全面深化改革、坚持和发展中国特色社会主义的伟大事业。

从纠错纠偏的勇气看,党牢记真理的坚持和发展。面对大革命失败,党深刻认识到"枪杆子里面出政权",展开了对国民党反动派的武装斗争;面对土地革命时期"左"倾错误,我们党内部进行了反复斗争,在遵义会议上进行了根本性的解决,挽救了党,挽救了中国革命;面对"文化大革命"所犯错误,我们党拨乱反正,十一届三中全会决定实行改革开放,实现工作重心转移,实现了新中国成立以来具有深远意义的伟大转折;进入新时代,我们党既不走封闭僵化的老路,也不走改旗易帜的邪路,以"自信"和"自觉"使社会主义焕发出蓬勃生机和活力。

从巨大牺牲的付出看,党正视成功的艰难和曲折。中华民族伟大复兴,绝不是轻轻松松、敲锣打鼓就能实现的。为实现新民主主义革命的胜利,共产党人实践着"砍头不要紧,只要主义真""敌人只能砍下我们的头颅,决不能动摇我们的信仰"的铮铮誓言,300多万共产党员献出了宝贵生命;在社会主义革命时期,为镇压反革命分子、敌特土匪,成千上万共产党人献出了宝贵生命;在社会主义建设和改革时期,为保证社会稳定、生活改善,共产党人冲在第一线。在中国革命、建设、改革的重大历史关头,共产党人从来都是先锋模范,不惧做出牺牲。

今天,世界正处于百年未有之大变局,尽管中国共产党取得了巨大的成就,但面临的内外挑战仍然异常艰巨。唯有不忘初心、牢记使命,唯有始终保持党的先进性,不断提高党的执政本领,团结带领广大人民进行伟大斗争、建设伟大工程、推进伟大事业、实现伟大梦想,党才能始终成为中华民族伟大复兴的坚强领导核心。

## 第三章 天下为公的大境界

◎ **我将无我的崇高境界**

俗话说,境界决定格局。党章的总纲中规定:"我们党除了工人阶级和最广大人民群众的利益,没有自己特殊的利益。"可以说,共产党人的"无我"不仅仅是体现为心中无私,更是体现在"心中有民"。早在建党之初,中国共产党人就把为人民服务确立为党的宗旨。在漫长的奋斗历程中,面临血与火的考验,共产党人一直用实际行动坚持为人民服务的宗旨。夏明翰等先烈们怀着"主义真"的追求,可以不惧生命安危;陈毅等老一辈革命家在"断头"的紧要关头也坦然吟唱"意如何"。毛泽东则是用"无非一念救苍生",生动展现了共产党人干革命那种"牺牲自我、服务人民"的大无畏精神。

"无我"是一种崇高的思想境界,是一种高尚的道德情操,更是一种无私的奋斗情怀。它体现了人民领袖爱人民、人民领袖为人民,人民领袖始终将人民放在心中最高的位置,与人民心心相印、与人民同甘共苦、与人民团结奋斗的责任担当和政治品格。

"无我"是一种"乐民之乐者,民亦乐其乐;忧民之忧者,民亦忧其忧"的崇高的思想境界。我们党的根基在人民、血脉在人民、力量在人民。人民就似载舟的水、枝叶的根,正是因为紧紧依靠人民,我们党才走过了百年的光辉历程,创造了一个又一个彪炳史册的中国奇迹。更好的教育、更稳定的工作、更满意的收入、更可靠的社会保障、更高水平的医疗卫生服务、更舒适的居住条件、更优美的环境……这些都是关乎百姓切身利益的大事,广大党员干部要将智慧奉献于人民、力量根植于人民、情感融汇于人民,将解决这些民生大事放在一切工作的首位,多察民之苦、去民之患、解民之忧。将"人民"二字深深铭刻于心中,以人民满意不满意、答应不答应、高兴不高兴作为一切行动的准绳,多照照群众这一面镜子,多比比群众这一把尺子,让人民参与、受人民监督、请人民评判,永葆鱼水情。

"无我"是一种"功成不必在我,功成必定有我"的高尚的道德情操。发展不平衡不充分的一些突出问题尚未解决,发展质量和效益还不高,创新能力不够强,实体经济水平有待提高,生态环境保护任重道远,社会矛盾和问题交织叠加……国家治理千头万绪,深化改革繁重复杂。当今中国,正面临绕不开、躲不过的"惊险一跳"。广大党员干部当以"功成不必在我"的正确的政绩观为指导,不回避矛盾、不掩盖问题,不问前程、埋头苦干、久久为功,多做让人民群众看得见、摸得着、得实惠的实事,多做为后人做铺垫、打基础、利长远的好事;广大党员干部也当有"功成必定有我"的使命和担当、责任和追求,为求事业功成,不计个人功名,"为官一任,造福一方",保持历史耐心,发扬"钉钉子"精神,一张蓝图绘到底,一任接着一任干,为干成事业添砖加瓦,在接力赛跑中接好棒、传好棒。

"无我"是一种"鞠躬尽瘁,死而后已"的无私的奋斗情怀。"活着我没有治好沙丘,死了也要看着你们把沙丘治好"的县委书记焦裕禄,"干工作要为油田负责一辈子,要经得起子孙万代的检查"的"铁人"王进喜,"我要回到家乡施甸种树,为家乡百姓造一片绿洲"的"优秀共产党员"杨善洲,"活着就是为了改变世界"的"时代楷模"邹碧华……他们都是对党忠诚、热爱人民,忠于职守、勤勉尽责,担当作为、敢于斗争,清正廉洁、群众满意的人民公仆,他们为广大党员干部树立了一座精神丰碑。现在,面对十分复杂的国内外环境,肩负繁重的执政任务,以及"为中国人民谋幸福,为中华民族谋复兴"的初心使命,广大党员干部当发扬求真务实、真抓实干的优良作风,保持"聚焦、聚神、聚力抓落实"的战略定力,把岗位当责任,把工作当使命,"在位一分钟,干好60秒",逢山开路,遇水搭桥,以奋斗为帆,以奉献为桨,一步一个脚印朝前走。

"无我"是一种超凡脱俗的光荣担当。爱美之心，人皆有之。毕竟我们都食人间烟火，都有七情六欲，都想"封狼居胥、勒石燕然"，俗语常说"雁过留声，人过留名"，因而，为他人作嫁衣裳的事，前人栽树后人乘凉的事，就看起来似乎"很傻"。但实际上，古往今来却总有很多人在自觉地干着这种事，"只问耕耘，不问收获"，这是因为他们有超越功利之心的觉悟，有无私奉献服务人民的崇高精神境界，有舍我其谁的历史担当，这也是社会得以不断进步的巨大动力。共产党人就是人民的公仆，理应牢记"两个务必"，一切为了人民，一切服务人民，情为民所系，利为民所谋，权为民所用，把"不负人民"作为自己的人生最高追求。在服务人民的辛勤劳作中忘我奉献，净化灵魂，实现人生价值。

我将无我的崇高境界就是只有一条棉被也要分半条给群众的人。难道分的仅仅是半条棉被？更多的是一种把人民群众摆在最高位置的情怀，这便是共产党人的根本。坚持全心全意为人民服务的宗旨，把人民的利益摆在第一位，是每位共产党人的责任和义务，更是共产党人的深刻内涵。"赚钱的事让群众干，不赚钱的事让党委政府来干"，这是共产党人廖俊波的信条，于是他勤政为民，不知苦、不觉累，因为一切都是应该的，最终地区发展了，人民富裕了。群众都说，"他是党派下来帮助我们的救星"。他是一位合格的共产党人，也是其他共产党人的榜样。

我将无我的崇高境界就是拼命也要拿下大油田的人。其实拿下的不仅是一座油田，而是战胜了阻碍前进发展的困难，这股拼劲是一种攻坚克难、担当作为的精神，也是共产党人的特有内涵。二万五千里长征难不难？我们胜利会师了！两弹一星难不难？也成为我们的囊中之物；全面建成小康社会难不难？我们正向着那个目标而不懈奋斗，也定会如期完成。这便是共产党人，

大党风范：大党就要有大党的样子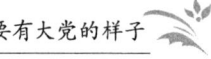

不服输、不怕难。

我将无我的崇高境界就是我自岿然不动的人。岿然不动不只是临危不乱的镇定，更该是一种在诱惑面前，不为所动的自律品质。古有"梨虽无主，我心有主""坐怀不乱""暮夜却金"，今有领导人吃饭付账，买鞋给钱。清廉是共产党人的"红线"，越不得。综观那些问题干部，就是没能抵制住金钱美女的诱惑，一点点丧失了共产党人的清廉内涵，一步步地走向了贪腐的不归路，最终等待他们的只有党纪国法的严惩。

回顾历史，中国共产党何以赢得人民拥护并取得革命、建设和改革的胜利？绝不是仅仅凭借"枪杆子"等硬实力，更重要的还在于具备以人民利益至上、以空前的牺牲和奉献精神勇立时代潮头的强大"软力量"！展望征途弥漫的前方，中国共产党要想凝聚起全党全社会意志和力量，缔造摧枯拉朽的磅礴之势，赢得"两个一百年"奋斗目标的胜利实现，必须切实遵循党的建设、社会主义建设以及人类社会发展的规律性要求，以"我将无我，不负人民"的核心价值观塑造为着力点，以中国特色社会主义先进文化建设为载体，全力打造21世纪中国的马克思主义思想道德体系，以牢牢占据和引领当今世界发展的道义制高点！

## ◎ 德行天下的典范

一个具备崇高道德追求的人，一定是一个能在平凡的事业中做出不平凡业绩的人；一个在道德上自觉自律的共产党人，一定是一个清廉有为、敢于担当的干部。自觉做精神家园的守望者、社会价值的风向标、道德航船的压舱石，秉持高尚的道德自觉，一定能为党和国家的事业注入持久不衰的精神能量。

党历来重视道德在治党、治国中的地位和作用。民主革命时期，毛泽东写下了《反对自由主义》《为人民服务》《纪念白求恩》等名篇，刘少奇则写下了被人们赞誉为"中国共产党人的道德经"的《论共产党员的修养》，他们的著作奠定了中国共产党人的新型道德观。党执政以后，特别是当历史进入改革开放新时代后，我们党一直在强调"两手抓"，一手抓物质文明建设，一手抓精神文明建设。中国改革开放的总设计师邓小平在改革开放之初就指出："没有共产主义理想，没有共产主义道德，怎么能建设社会主义？"进入新时代，习近平总书记强调指出，建设一支德才兼备的高素质执政骨干队伍，是我们党的事业成功的根本保证。

德行天下的典范是共产党人赢得人心和成就事业的独特优势。众所周知，无产阶级政党是没有自己特殊利益、为最广大人民群众谋利益的最大公无私的政党，天然具有独特而强大的道德优势。共产党员作为这个党的成员，理应具备全心全意为人民服务的宗旨意识，具有无私奉献的道德境界，具有比一般社会成员高得多的道德素质。无产阶级政党只要充分利用和发挥自己的道德优势，最大限度激发自身道德力量，时时处处为人民着想，全心全意为人民谋利益，就能赢得人民群众最大的信任、拥护和支持，从而团结带领人民群众战胜风险挑战、推进事业发展。

中国共产党自诞生之日起就勇敢担当起团结带领人民实现中华民族伟大复兴的历史使命。在百年的奋斗历程中，深刻认识到力量的源泉是人民的中国共产党人，以艰苦朴素平易近人的工作作风、全心全意为人民服务的高尚品德，使广大人民认识了党，认识了革命，看到了过上幸福生活的希望。中国共产党人正是以这种前所未有的道德力量，实现了对亿万人民最充分的组织动员，取得了革命、建设、改革的一个又一个伟大成就。

中国共产党作为马克思主义政党，共产党人不但需要党员具有道德，更由于自身特殊的使命、宗旨和阶级性质决定了共产党的显著特点之一便是鲜明的道德要求。对共产党来说，党员的道德是力量的源泉，是纯洁的保证，是抗腐的良药，是走向一个又一个新的更大胜利的根本保障。回首党领导中国人民为实现民族解放和国家独立而进行艰苦卓绝的奋斗的革命战争年代，党员的道德素质对革命事业起到了突出性的作用，没有千千万万党员对党、祖国和人民的道德责任感和使命感，中华民族的解放独立就不可能实现的。

明大德以报国。大德即是国家之德，明大德对每一个人来讲就是要立志报效祖国，更是要以国家和人民利益为干事创业的出发点。在党的奋斗历程中，方志敏在《可爱的中国》中写下"假如我还能生存，那我生存一天就要为中国呼喊一天"，慷慨激昂；被尊称为"延安五老"之一的徐特立一生为革命鞠躬尽瘁，死而后已，毛泽东在延安时期就称自己这位可敬的老师为党的"坚强的老战士"，高度评价他是"革命第一，工作第一，他人第一"。这三个"第一"是毛泽东1937年11月30日在延安为徐特立60岁生日时写下的祝贺信中的核心观点，概括了徐特立光辉的一生。这位1927年5月在白色恐怖中毅然加入中国共产党、同年8月参加南昌起义并以57岁高龄参加二万五千里长征的老战士，真正是"革命第一，工作第一，他人第一"的模范实践者。令人回味的是，毛泽东在称赞徐特立"革命第一，工作第一，他人第一"的同时，也尖锐指出了"有些人却是出风头第一，休息第一，与自己第一"。习近平总书记指出，中国共产党人的初心和使命，就是为中国人民谋幸福，为中华民族谋复兴。国家和人民的利益高于一切，这就是最大的"德"。

守公德以润民。对共产党人来讲，守公德就是要践行党的宗旨，全心全意为人民服务，把人民对美好生活的向往作为我们自始至终的奋斗目标。在

## 第三章 天下为公的大境界

《平"语"近人——习近平总书记用典》第一集《一枝一叶总关情》中，就围绕"以人民为中心"，从"什么是为民""为什么为民""怎么样为民"三个方面详细阐释了"民心就是最大的政治"。而"政之所兴在顺民心，政之所废在逆民心"和"国无德不兴，人无德不立"这两句话也相互呼应，映照出只有守住公德，才能汇聚民心，才能让国家兴盛。"大学之道，在明明德，在亲民，在止于至善"，只有把人民利益举过头顶，把人民的一点一滴记在心间，为人民谋实事、解难事、办好事，才能真正得到人民认可和拥护。毛泽东给老农祝寿这个故事就是一例证。毛泽东在战争年代曾多次拒绝为自己祝寿，但却亲自为一些普通农民祝寿。1945年元宵节的前一天，毛泽东在延安的枣园外散步，看到几个老农在地头休息，于是就走过去与他们交谈。当得知有两位老人同岁，当年都是60岁，正月十五就是他们的生日后，便建议为他们祝寿。一位老农说："咱们穷苦人过生日贺啥寿呢！"毛泽东说："如今翻了身，生产得好，人寿年丰嘛。明天正好是元宵节，请你们到我那里坐坐，大家一起祝个寿。把村子里所有的老人都叫来吧，千万不要客气。"第二天，毛泽东做了准备，请来了枣园村的24位60岁以上的老人。毛泽东给他们一一敬酒，给每人还送了一条毛巾、一块肥皂。老农们感动得流下了热泪。

严私德以正己。对于共产党人来讲，严私德就是要严格约束自己的操守和行为，严把"私"字。周恩来：治家无私正直。周恩来总理掌握着党和国家的大权，他兢兢业业为人民大众谋利益，权力和无私伴随了他的一生，在公私分明方面堪称楷模。他给自己和身边工作人员早就"约法三章"：私人的事不坐公车，不沾国家的便宜；亲属来机关探亲，就餐自己买票，不沾集体的财富；不得以总理的名义接待或收受礼品，不沾机关和个人的利益。不仅如此，周恩来与邓颖超还对亲戚晚辈进一步约定了《十条家规》：

晚辈来一律住国务院招待所；晚辈不准丢下工作专程来看望他；不许动用公家的车子；不可说出与总理的关系；不许请客送礼；凡个人生活上能做的事，不要别人代办；看戏以家属身份买票入场，不得用招待券；一律到食堂排队买饭菜，有工作的自己买饭菜票，没工作的由总理代付伙食费；生活要艰苦朴素；不谋私利，不搞特殊化。1973年，他陪同外宾访问河南，在洛阳看到出售的龙门碑刻拓片时，看了又看，爱不释手，想买一套，结果搜遍自己和身边工作人员的全身，仍凑不够买拓片的钱。当当地陪同领导提出送给他一套时，遭到他严肃批评。我们党在选人用人上历来坚持德才兼备、以德为先，就是因为德是首要、是方向。对于共产党人而言，只有严私德，才能正己心、秉公心，只有在"无声之处"守好私德，才能在"惊雷之处"彰显大义。

## ◎ 以作风立起"好样子"

人心向背看作风。老百姓认识和评判一个政党，最直接、最有力的依据就是其作风。"日穿草鞋，夜打灯笼"的苏区干部，唤起了工农千百万；"三大纪律、八项注意"的长期锤炼，锻造出一支所向披靡的人民军队。当年，井冈山上"不拿老百姓一个红薯"的告诫，延河边上"把官僚主义者比作泥塑神像"的余响；解放军进入大上海时，指战员们不扰民，和衣而卧露宿街头。这样的一幕幕深深震撼了惯见官骄兵逸的上海市民，使新政权迅速站稳了脚跟。西柏坡上"一不做寿，二不送礼"的遗训……一个政党在不断革新中实现自我超越，将作风建设从过去延伸到未来。"办好中国的事情，关键在党"，在许多重要的历史节点，正是因为党坚强有力，党才能履险如夷、转危为安；毛泽东一句"用延安作风打败西安作风"，道出了共产党人创造历史的奥秘：

以优良作风感动人民、赢得人心，以作风立起"好样子"。

党已经走过百年光辉的历程。在百年的光辉历程中，共产党人把马克思主义基本原理同中国具体实际相结合，成功领导中国人民取得了新民主主义革命、社会主义革命和建设、社会主义改革的伟大胜利，并且形成了自己的优良传统。它集中体现为理论联系实际的作风，密切联系群众的作风，批评与自我批评的作风，即"三大作风"。具体体现在实事求是、廉洁奉公、艰苦朴素、敢于牺牲、勇于担当、谦虚谨慎、独立自主、调查研究、努力学习等方面。这是党的宝贵精神财富与巨大政治优势，是保证党的发展、推动中国革命和建设事业取得胜利的强大动力。党在加强和推进作风建设方面积累了丰富而宝贵的历史经验。

始终坚持密切联系群众的优良作风。人民群众是实践的主体，是历史的创造者。党一成立时就指出："中国革命运动的将来命运，全看中国共产党会不会组织群众，引导群众。"毛泽东同志提醒每个共产党员千万不要忘记人民群众，要像和尚念"阿弥陀佛"一样，时常念叨"争取群众"。党百年发展壮大的历史说明了一个真理：凡是成功和胜利，都是依靠群众取得的；凡遭受失败和挫折，无一不是脱离群众的恶果。在土地革命中，我们党领导了轰轰烈烈的农民运动，显示了在党的领导下人民群众联合起来的巨大力量。第二次国内革命战争时期，苏区群众把党和红军当亲人，用生命保卫革命成果。兴国县有一首山歌：苏区干部好作风，自带干粮去办公，日着草鞋干革命，夜打灯笼访贫农。这首歌就描绘了一幅美好、和谐的干群关系画卷。解放战争时期，蒋介石号称有800万军队，还有比解放军好得多的武器的装备，但由于逆历史潮流而动，失道寡助，结果在我党领导的小米加步枪的人民战争面前彻底溃败、土崩瓦解。陈毅元帅说，解放战争的胜利，是人民群众用小车推出来的。进入社会主义革命、建设和改革开放的新时期，党也是全心全意相信和依靠人民群众而不断地取得胜利的。

始终坚持批评和自我批评的优良作风。有无认真的批评和自我批评，是无产阶级政党和其他政党相区别的显著标志之一。从党的历史上看，党的发展壮大，就是在同党内错误思想作斗争，不断坚持真理、修正错误的过程中进行的。回顾我们党的历史，如果没有1927年的八七会议，就不能纠正陈独秀的右倾机会主义错误，开辟武装夺取政权的道路。正因为有了遵义会议，才在革命的危急关头纠正了以王明为代表的"左"倾冒险主义，确立了毛泽东同志在中央的领导地位，挽救了党，挽救了红军，挽救了中国革命。经过延安整风，广泛深入地学习马克思列宁主义，开展批评和自我批评，认真总结经验教训，才使全党的思想达到了高度的、空前的统一，形成并奠定了毛泽东同志在全党、全军的领导地位，从而保证了抗日战争和解放战争的胜利。正因为有了1962年的七千人会议，才纠正了执行总路线、"大跃进"、人民公社运动中的错误，促进了国民经济的恢复和发展。正因为粉碎了"四人帮"，才胜利召开了党的十一届三中全会，实现了全面地拨乱反正，把全党工作重心转移到经济建设上来，制定了以经济建设为中心，坚持改革开放、坚持四项基本原则的基本路线，并且取得了令世人瞩目的光辉成就。

始终坚持调查研究的优良作风，没有调查就没有发言权。中国人民革命、建设和改革事业的胜利，都是建立在向实践学习，向群众学习，深入开展调查研究的基础上的。毛泽东同志在领导新民主主义革命、社会主义革命和建设的过程中，非常重视调查研究。早在1930年，他就写出了《反对本本主义》一文。新中国成立后，尽管工作非常繁重，他仍然经常到各地了解情况，为全党树立了榜样。20世纪60年代初，我国遭受了连续三年的严重自然灾害，国民经济几乎达到了崩溃的边缘。党和国家领导人审时度势，认真听取人民群众的意见和呼声,纠正了"跑步进入共产主义"的指导思想上的错误,使国民经济从三年异常困难时期走了出来,重新展现出社会主义的蓬勃生机。改革开放以来,我们面临的情况更加复杂、更加多样化,尤其需要加强调查研究工作。只有坚持调查研究,才能妥善解决各种问题。正如毛泽东同志所说:"你对于那个问题不能解决吗?那么,你就去调查那个问题的现状和它的历史吧!你完完全全调查明白了,你对那个问题就有解决的办法了。"

始终保持艰苦奋斗、清正廉洁的优良作风。井冈山时期,毛泽东、朱德、陈毅、彭德怀等老一辈革命家,同普通战士一起吃野菜,每人每天伙食费5分大洋。延安时期,他们和大家一样住窑洞,吃小米,穿粗布衣服,一起参加劳动。三年困难时期,毛泽东主动减薪,降低生活标准。1959年,刘思齐去朝鲜给毛岸英扫墓,毛泽东把自己的稿费给她,不让花公家的钱,也没有告诉朝鲜有关方面。较之于现在有些人公款吃喝、公款旅游,是多么鲜明的对比!周恩来同志一生艰苦奋斗、廉洁奉公。他没有子女,但对侄子、侄女等晚辈既关心爱护又严格要求,教育他们长大后到农村、基层当农民、工人,做普通劳动者,告诫他们"不能利用亲属的职权搞特殊化"。他逝世后,联合国总部降半旗致哀。据说当时有人问那时的联合国秘书长瓦尔德海姆为什么破例为周恩来降半旗,瓦尔德海姆回答说,如果哪一国的总理像周恩来一样,身后没有留下一个子女,没有留下一分钱遗产,也为他降半旗。

始终坚持"党员领导干部犯罪从重惩处"。无规矩不成方圆,有规矩不严格执行同样难成方圆。中央苏区,党不仅提出了"建设廉洁政府"的目标和口号,而且建立健全了一系列反腐倡廉的法规制度,更为重要的是始终坚持法纪面前人人平等的原则,对共产党员,包括有功之臣、领导干部要求更加严格。中央苏区打响反腐"第一枪",是处决瑞金县苏维埃政府干部谢步升。谢步升，瑞金叶坪人，共产党员，系瑞金县苏维埃政府一般干部。他参加革命工作以来，曾在打土豪时私吞公款300多元，任叶坪村苏维埃政府主席时强奸妇女，包庇富农，公报私仇，还偷盖中央政府管理科印章贩卖耕牛牟利，在群众中影响极坏。1932年5月9日，苏维埃临时最高法庭依法核准对谢步升处以极刑。对此，毛泽东同志强调指出："共产党与红军，对于自己的党员和红军成员不能不执行比较一般平民更加严格的纪律。"肖玉璧同样是有功之臣，身上有90多块伤疤，后来革命意志减退，利用职务之便贪污了3050元，也是在坚持从严要求的原则下被依法枪决。把高级干部作为从严治党的重点对象，毛泽东同志认为原因有两点：一是犯思想病最顽固的也是这些干部中的人。二是高级干部对纠正错误、端正党的思想路线的作用大。

伟大的事业需要开创，伟大的思想需要传承。新时代、新征程，仍需继续发扬党的优良作风，将其化为利剑，使党的作风全面纯洁起来，凝聚起推动党和人民事业不断从胜利走向胜利的强大力量，使党始终成为全国各族人民坚强的领导核心。

## ◎ "跟我上"的先锋本色

纵观中国革命、建设和发展的各个历史时期，涌现出无数担当重任、身先士卒、以身作则等共产党人先锋模范。曾经，我们在井冈山上，听到过"共产党员，跟我上！"；曾经，我们在平型关上，也听到过"共产党员，跟我上！"；今天，共产党人响应习近平总书记和党中央的号召，在抗击新冠肺炎的第一线，我们又听到了熟悉的"共产党员，跟我上"。共产党人以"一不怕苦、二不怕死"的英雄气概，夜以继日，舍生忘死地战斗在抗击疫情第一线，一往无前地塑造着"向我看齐"的高大形象,极大鼓舞了全国人民战胜新型冠状病毒肺炎的信心,组成了抗击疫情的一道靓丽风景线。让更多的中国人知道,从石库门到天安门,从苦难到辉煌,共产党人的初心还在,共产党员的初衷依旧。

众所周知,"跟我上",是战争年代中国的一个独特现象,共产党军队指挥员指挥冲锋时高喊"跟我上",率先冲上去,以自己的示范激励和鼓舞战士们奋勇杀敌。"跟我上",也是和平年代中国战胜自然灾害的一个特有现象,党员干部一声"跟我上",把生的希望留给群众,以自己的示范激励和鼓舞群众战胜灾害。而国民党反动派却与此截然相反,打仗时当官的大喊"给我上",让士兵们当炮灰,自己贪生怕死躲在后边;遇到危险更是狂叫"给我上",因而出现长官用枪口逼着士兵"上",甚至以大烟土和银圆诱骗士兵"上",亦就不足为奇了。这个"跟我上"与"给我上",虽然只是一字之差,却表现出率先垂范和贪生怕死两种迥然不同的境界,昭告了共产党人何以能够建立新中国,领导人民站起来,国民党反动派何以失败之根本原因,也明示了共产党领导的人民军队为什么会最终取得胜利的奥秘。

"跟我上",是一种高度的责任感和自我牺牲精神。它意味着"道之以德,是躬行其实,以为民先",意味着"将军有决死之心,而士卒无生还之意"。新中国成立后曾任副总参谋长的李天佑,长征时担任红三军团五师师长,他在《把敌人挡在湘江面前》的回忆文章中,讲述了这样一个震撼人心的作战场面:1934年秋天,五师担负掩护党中央渡湘江的艰巨任务。为阻击敌军,掩护中央纵队安全渡江,全师几乎所有营团级指挥员都冲在最前边。在两个多小时内,有4位团长政委血洒阵地,而他们冲锋时喊的同一句话,都是"跟我上!"在十五团接连牺牲两名团长后,作战到了极为惨烈的阶段,在全师已无团长可调用的情况下,师参谋长胡震直接代理团长,他高举驳壳枪,喊了一句"跟我上",即刻冲上血肉横飞的阵地。然而几分钟后,他便牺牲在敌人的弹雨中。打到最后,营连级指挥员已所剩无几,但在"誓死保卫中央纵队"的口号下,指挥员牺牲后即刻就有人高呼"跟我上"自动代理。他们最终以牺牲500余人的代价,死死地把敌人拦在湘江边的一块山地上,掩护党中央胜利渡过了湘江。"跟我上",表现了我党我军各级指挥员高度的带兵责任感,一种面临绝境而义无反顾的自我牺牲精神。

敢喊"跟我上",是需要有底气和豪气的。这种底气和豪气,来自坚定的理想信念和坚强的党性修养。"跟我上",本质上反映了共产党人关键时刻豁出来、冲上去,是对初心使命的践行。党章在党员义务中有明确规定:"为了保护国家和人民的利益,在一切困难和危险的时刻挺身而出,英勇斗争,不怕牺牲。"这表明,一个人选择了加入中国共产党,就选择了为人民服务的义务和使命,就选择了为保护国家和人民的利益而不怕牺牲。做不到这一点,就不配为共产党员。尤其是当国家处于逆境、人民遇到危难之时,勇于挺身而出,英勇斗争,既是党员义务所规定,也是党的使命所驱使。从经典影片《党的女儿》中主人公玉梅挺身而出救群众时的表白——"不能让群众吃亏",到在抗疫战场上党员使用频率最高的那句话——"我是党员我先上",所彰显的都是一脉相承的使命担当。这是共产党员的一种自觉选择,出自对党的初心使命的深刻理解;这是共产党员的一种主动回报,出自对人民是父母我是儿女的反哺。

"跟我上",本质上反映了共产党人勇立潮头、无所畏惧的责任担当。电影《铁人》中王进喜在石油会战誓师大会上说:"我是共产党员,共产党员做啥的,共产党员是家里的孝顺儿子,是下地干活的壮劳力,上有老下有小,风里来雨里去的……同志们!我,王进喜,代表我的井队发个誓,为了国家永远不'贫血',我们自己的血已经备下来了,已经烧热了。为了家里的所有人，能够过上好日子，我们要不惜一切代价，宁可少活二十年，拼死拼活也要拿下大油田！"这是"共产党员跟我上"的集结令，这是脱掉贫油国帽子的冲锋号。彰显了党员的称号是多么庄严、多么神圣！同样，"跟我上"作为一个战场用语，承载着共产党人特有的使命与责任，呈现的是共产党人应有的好样子。彰显一种只要人民需要，赴汤蹈火在所不辞的忠诚本色，有一个哪里最危险、哪里最艰苦、哪里最困难就带头冲向哪里的实干精神。细想一下，我们共产党人，无一不是以"跟我上"的形象赢得人心的。

"跟我上"，彰显的是忠诚本色。党自诞生那天起，就立志全心全意为人民利益而奋斗。从红军时期入党誓词中的"服从纪律，牺牲个人"，到现在入党誓词中的"随时准备为党和人民牺牲一切"，都是嵌入党员骨髓的庄严承诺。从本质上讲，这是对党和人民的忠诚。忠诚，不是喊在嘴上写在纸上的口号，而是体现于"一个党员一面旗帜"的先锋行动。它既要求党员把先进性体现在日常工作实践中，做到"平常时候看得出来"；更要求党员"关键时刻站得出来"，勇于挺身而出，用先锋模范作用带领群众前进。在这次战"疫"斗争中，广大党员纷纷请战到前线，就是对党忠诚本色的生动诠释。我们有理由相信，有9000多万共产党员为"硬核"力量，有全国人民作坚实支撑，我们一定能够打赢这场疫情防控阻击战，共创幸福生活和美好未来。

疾风知劲草，烈火见真金。越是关键时刻，越要彰显共产党员"跟我上"的先锋本色，越是危难时刻，越要展现共产党人"跟我上"的使命担当。"跟我上"永远是共产党人践行初心使命的精神源泉！

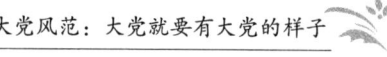

## ◎ 打造共产党人最美"名片"

追寻党的历史，可以得出一个基本结论：我们党之所以能够成为领导中国革命、建设和改革事业的核心力量，之所以能够承担起中国人民和中华民族的历史重托，之所以能够在剧烈变动的国际国内环境中始终立于不败之地，靠的就是建立在坚定理想信念基石上的奋斗精神，并始终保持和发展自己作为马克思主义政党的先进性和纯洁性，致力打造共产党人最美"名片"。

新民主主义革命时期的奋斗与担当是为了"救国"，领导中国人民站起来；社会主义革命和建设时期的奋斗与担当是为了"固国"，领导中国人民挺起来；改革开放时期的奋斗与担当是为了"兴国"，领导中国人民富起来；新时代的奋斗与担当是为了"强国"，领导中国人民实现中华民族伟大复兴。事实证明，党的诞生并领导革命、建设和改革的成功，是近现代中国历史发展的必然结果，是人心所向的历史选择，彰显了"钢脊铁肩担道义"的历史担当与党的先进性。

毛泽东曾经说过："世界上怕就怕'认真'二字，共产党就最讲认真。"正是因为有这份奋斗与担当精神，中国共产党人攻克了一个又一个难关险隘，创造了一个又一个人间奇迹。中国共产党由小变大、由弱变强，中华民族从来没有像今天这样接近实现伟大复兴的中国梦。可以说，中共党史就是一部中国共产党人担当作为、不懈奋斗的光辉历史。奋斗担当精神与红船精神、井冈山精神、长征精神、延安精神、西柏坡精神一样，是中国共产党人的红色基因。党担当作为、不懈奋斗的历史，具有鲜明品格，也提供了深刻启示。中共党史是一部伟大的理想奋斗史，担当奋斗为的是崇高理想，昭示我们必须始终坚定理想信念。中共党史是一部伟大的理论创新史，担当奋斗靠的是科学理论，昭示我们必须始终强化理论武装。中共党史是一部伟大的自身建设史，担当奋斗凭的是坚强意志，昭示我们必须始终加强党的建设。中共党史是一部伟大的无私奉献史，担当奋斗拼的是无私奉献，昭示我们必须始终勇于自我牺牲。进入新时代，呼唤新担当，需要新作为。进入新时代，要从党的辉煌历史中汲取担当奋斗的智慧和力量，让承载着民族复兴伟大梦想的航船，乘风破浪，驶向胜利的彼岸。

# 第四章

# 人民至上的大情怀

党在民族危难中怀揣初心、肩负使命而来。1921年党应运而生。中国共产党一经成立，就自觉并明确地把"人民解放"和"人民幸福"悬置于价值序列的顶端，把"为民服务"和"人民利益"的旗帜鲜明地写在自己的奋斗旗帜上。这是一个大党的为民大情怀，人民群众是我们党的生存之本和力量之源，党最大的政治优势就是紧密联系群众。"一切为了群众，一切依靠群众""从群众中来，到群众中去"，坚守为民服务宗旨，让我们党始终拥有深厚而广泛的群众基础，这种"东方魔力"成为我们党攻坚克难、接续梦想的力量之源。得人心者得天下，正如习仲勋同志曾深刻指出的："人民就是江山，江山就是人民。"

## ◎ 把人民镌刻在党旗上

中国共产党在民族危难中怀揣初心、肩负使命而来。中国共产党自诞生之日起，就把人民镌刻在自己的旗帜上，"为人民服务""永远站在人民一边""以人民为中心"：这些提法字句不尽相同，但其关键词只有一个——人民。这是中国共产党的立党宗旨、执政之基和力量之源。人民之于共产党人，如同母亲之于儿子、大地之于树木、活水之于游鱼。党一经成立，就始终在为人民谋幸福、为民族谋复兴初心使命指引下，领导人民展开了轰轰烈烈的革命、建设和改革实践，攻克了一个又一个看似不可攻克的难关，创造了一个又一个彪炳史册的人间奇迹。百年来，变幻的是时空，不变的是党的初心和使命。

那么，什么是"人民"？1949 年 6 月 30 日，毛泽东在《论人民民主专政》一文中强调："人民是什么？在中国，在现阶段，是工人阶级，农民阶级，城市小资产阶级和民族资产阶级。"1957 年 2 月 27 日，毛泽东在最高国务会议上发表了《关于正确处理人民内部矛盾的问题》的讲话，他指出："人民这个概念在不同的国家和各个国家的不同的历史时期，有着不同的内容。""在现阶段，在建设社会主义的时期，一切赞成、拥护和参加社会主义建设事业的阶级、阶层和社会集团，都属于人民的范围；一切反抗社会主义革命和敌视、破坏社会主义建设的社会势力和社会集团，都是人民的敌人。"毛泽东使用"人民"的概念，也使用"群众"的概念，有时候还用"人民群众"。因此，在中国共产党的政治学词汇中，人民、人民群众、群众基本上可以画等号。

## 第四章 人民至上的大情怀

改革开放以来，邓小平在人民的"社会主义标准"之外增加了"爱国主义标准"，拓宽了"人民"的内涵和外延。1979年6月15日，邓小平在政协五届全国委员会第二次会议上指出："在建国后的三十年中，我国的阶级状况发生了根本的变化。我国工人阶级的地位已经大大加强，我国农民已经是有二十多年历史的集体农民。工农联盟将在社会主义现代化建设的新的基础上更加巩固和发展。我国广大的知识分子，包括从旧社会过来的老知识分子的绝大多数，已经成为工人阶级的一部分，正在努力自觉地为社会主义事业服务。"邓小平还强调，"我国的统一战线已经成为工人阶级领导的、工农联盟为基础的社会主义劳动者和拥护社会主义的爱国者的广泛联盟"。邓小平关于"人民"的论述被当代中国共产党人继承和发展，并吸收进党的指导思想中。

党的十八大以来，习近平总书记丰富并发展了新时代"人民"的内涵，把"拥护祖国统一的爱国者"变成"拥护祖国统一和致力于中华民族伟大复兴的爱国者"；深化了新时代党的宗旨，强调"人民对美好生活的向往，就是我们的奋斗目标"，充分满足和努力实现人民在民主、法治、公平、正义、安全、环境等方面的要求。2015年习近平总书记在中央政治局会议上第一次提出"坚持以人民为中心的发展思想"，还把坚持以人民为中心的立场提高到"马克思主义政治经济学根本立场"的新高度。在党的十九大报告中，"人民"一词出现了203次，"以人民为中心"的思想体现在方方面面，如写入"幼有所育、学有所教、劳有多得、病有所医、老有所养、住有所居、弱有所扶"，对比以往的提法，增加了对"幼"和"弱"的关怀，使民生保障覆盖每个人生命全周期的重要方面；写入"保护人民人身权、财产权、人格权"，强化国家对人民合法权益的全面保护；写入"保证人民当家作主落实到国家政治生活和社会生活之中"，习近平总书记在庆祝中华人民共和国成立70周年大会上重申"坚持人民主体地位"并热情讴歌"伟大的中国人民万岁"。体现了对人民主体地位的尊重，等等。

党自成立之日起，就自觉并明确地把"人民解放"和"人民幸福"悬置于价值序列的顶端，把"为民服务"和"人民利益"旗帜鲜明地写在自己的奋斗旗帜上。面对建党之初国家积贫积弱、社会战乱不堪、人民生灵涂炭的黑暗境地，为了挽救民族危亡，拯黎民于水火，扶大厦之将倾，我们党义无反顾地勇担起救国救民的历史重任，团结和带领全国各族人民，全身心投入到争取民族独立和人民解放的伟大斗争中。经过28年艰苦卓绝的斗争，党团结和带领全国各族人民推翻了压在中国人民头上的"三座大山"，实现了中华民族和中国人民梦寐以求的民族独立和人民解放。在28年风雨如晦的革命岁月里，无数中国共产党人为了民族和人民利益以"为有牺牲多壮志"的大义凛然抛头颅、洒热血，不惜牺牲自己宝贵的生命。据不完全统计，在1921至1949年的28年中，我们党领导的革命队伍里，有名可查的烈士就高达370多万名。为争取民族独立和人民解放付出如此巨大的牺牲，充分彰显了中国共产党人在革命战争年代强烈的民本情怀和鲜明的人民价值取向。

新中国成立之初，面对衰败凋敝的社会经济现实和人民生活水平极度低下的境况，为了尽快使人民群众摆脱贫穷落后的面貌，过上衣食无忧的幸福生活，共产党人以"敢教日月换新天"的决心和勇气，即刻奋力投入到社会经济建设之中。经过近7年坚持不懈的艰苦奋斗，我们党团结和带领全国各族人民完成了社会主义革命，确立了社会主义的根本政治制度，顺利完成了"三大改造"、成功开启"五年计划"，由此大大加速了中国社会的现代化进程，初步改变了旧中国"一穷二白"的社会面貌，使人民的生活水平和生活质量得到前所未有的提高。20世纪70年代末，为了进一步增进民生福祉，共产党人再一次勇立时代潮头，毅然决然做出了改变中国命运的伟大决策——改革开放。自此以后，从农村到城市，从沿海到内陆，从经济领域到政治、社会等各个领域，共产党人引领中国人民谋求幸福和民族复兴的改革奋进的壮丽画卷在神州大地全面铺开，中华民族和中国人民迎来了经济社会发展的新的春天。经过自新中国成立以来70多年的不懈奋斗，尤其是改革开放40多年的伟大实践，中国取得了令世界震撼的巨大成就，创造了中国速度和中国奇迹，经济总量多年稳居世界第二位，人民群众的可支配收入得到空前提高，人民群众在德智体美劳等各个方面得到全面发展，中国人民和中华民族的面貌发生了翻天覆地的历史性巨变，近代以来中国人民魂牵梦绕的民族复兴展现出前所未有的光明前景。不居功、不自傲，不因取得一些成就就沾沾自喜、裹足不前，中国共产党人以永不懈怠的奋斗，以持之以恒的毅力坚定不移地不断增进人民群众的幸福感、满意感、获得感，充分彰显了中国共产党人在社会主义建设和改革时期始终如初的为民情怀。

"人民"是历史性成就的逻辑起点，也是历史性变革的价值起点。1946年3月，美国总统特使马歇尔访问延安，他的随行记者这样描述了共产党的政治中枢："在延安听到的最多的一个词，就是'人民'……中国人民如何，世界人民如何。'到人民中去''向人民学习'，这些都是口号，但又包含着比口号更深的含义，代表着一种极深的感情，一种最终的信念。""人民"二字，重于千钧。坚持以人民为中心的发展思想，回答了我们党"为了谁、依靠谁、我是谁"的根本立场问题，清晰勾勒出以习近平同志为核心的党中央治国理政的"民生逻辑"和"人民至上"的不懈追求。"人民"，是不变的价值指向。"为中国人民谋幸福，为中华民族谋复兴"，中国共产党人的"长征"，永远在路上。党的十八大以来，在经济下行压力增大、财政收入增速放缓的情势下，各项民生指标仍然逆势上扬。

回望党为人民谋幸福、为民族谋复兴的历史就是以人民为主体、全心全意依靠人民的历史。群众路线是党的生命线、传家宝。党始终把依靠人民作为解决问题的基本思路、发动人民作为开展工作的根本方法。井冈山"星星之火,可以燎原",是因为我党"很短的时间,很好的方法,发动很大的群众"。我党我军节节胜利,是因为广大人民"最后一碗米当军粮,最后一块布做军装,最后一件棉袄盖在担架上,最后一个儿子送战场"。家庭联产承包、乡镇企业、经济特区等改革建设的成功也无不起始于群众实践。这是因为党始终坚持全心全意为人民服务、密切联系人民群众。这是党精心培育、全党努力践行的优良传统与作风,是须臾不可忘记的重要历史经验。展望实现中华民族伟大复兴的中国梦,任重而道远,需要全党全国各族人民锲而不舍、驰而不息的艰苦努力。我们必须牢记习近平总书记的谆谆教导:一切向前走,都不能忘记走过的路;走得再远、走到再光辉的未来,也不能忘记走过的过去,不能忘记为什么出发。面向未来,面对挑战,全党同志一定要始终高举人民利益高于一切旗帜,把人民立场作为根本政治立场,把人民利益摆在至高无上的地位,不断为人民造福、不断满足人民对美好生活的需要,让改革发展成果更多更公平惠及全体人民,朝着实现全体人民共同富裕的目标稳步迈进,党就能永远立于不败之地。

## ◎ 把民心作为最大的政治

民心是最大的政治。从历史发展的进程中来看,每一个朝代在它最鼎盛时期,都是最得民心的时期。从文景之治到贞观之治,再到康乾盛世,无不体现出这一亘古不变的道理。"得民心者得天下,失民心者失天下",水能载舟,亦能覆舟。

然而几千年的历史却告诉我们,任何一个朝代都无法真正地彻底地做到顺应民心，尤其是在古代的君王说了算的时代，作为高高在上的统治者，他们或许会在一定的特殊时期和特定的环境下实施一些短时间的顺应民心的政策，当社会物质发展到一定程度的时候，统治者则会露出他们的剥削本质，肆无忌惮地剥削劳动人民。但作为执政党的中国共产党却率先打破了这个魔咒，成为真正的最彻底的将"民心作为最大的政治"的决策者与贯彻者，这是党的性质决定的，这是党英明的抉择，这是顺应时代的需要。

马克思、恩格斯在《共产党宣言》中指出："过去的一切运动都是少数人的，或者为少数人谋利益的运动。无产阶级的运动是绝大多数人的，为绝大多数人谋利益的独立的运动。"究竟是为多数人谋利益还是为少数人谋利益，是实现多数人的统治还是少数人的统治，是区分共产党与剥削阶级政党的分水岭。人民立场，是党的根本政治立场。在近代以来中国社会的剧烈变动中，在五四运动的精神洗礼中，中国人民选择了马克思主义，选择了中国共产党。历史和实践证明，马克思主义为中国革命、建设、改革提供了强大的思想武器，中国共产党为争取民族独立和人民解放、实现国家富强和人民富裕付出了艰辛努力。习近平总书记指出："历史和人民选择马克思主义是完全正确的，党把马克思主义写在自己的旗帜上是完全正确的，坚持马克思主义基本原理同中国具体实际相结合、不断推进马克思主义中国化时代化是完全正确的。"

"民心是最大的政治。"习近平总书记的这一重要论断，反映了共产党人的基本政治观，也是对党执政规律的概括和凝练。历史是人民群众创造的，这是马克思主义历史唯物主义的一个基本原理。中国的古老智慧也揭示着这样一个颠扑不破的真理："得民心国家必安，失民心国家必危。"古往今来，民心就是"谁主沉浮"的根本力量。习近平总书记在党的十九大报告中强调"大道之行，天下为公"，以此激励全党全国各族人民紧密团结在党中央周围，为决胜全面建成小康社会、夺取新时代中国特色社会主义伟大胜利、实现中华民族伟大复兴的中国梦、实现人民对美好生活的向往继续奋斗,这是用古老箴言对"民心是最大的政治"的鲜明阐发。

从党的性质来看,党的性质"是中国工人阶级的先锋队,同时是中国人民和中华民族的先锋队,是中国特色社会主义事业的领导核心,代表中国先进生产力的发展要求,代表中国先进文化的前进方向,代表中国最广大人民的根本利益"。既然党的性质决定了党代表着"最广大人民的根本利益",那么它就应该是将"民心作为最大的政治"的决策者与贯彻者。

从党的产生来看,中国共产党是以中国工人阶级先锋队,中国人民和中华民族的先锋队而登上历史舞台,代表着最广大人民群众和中华民族的利益而赢得人民的衷心拥护,取得了执政地位,这是历史的选择,人民的选择。所以党从最初的出发点就是为了人民,将人民解放于水深火热之中;最终的落脚点也是为了人民,为了人民过上更美好的生活。

从党的历史来看,从中国共产党成立之初到抗日战争,从解放战争到全面建设,中国共产党一直以来都把顺民心、顺民意、厚民生、行民主,作为执政的根本价值理念和制度选择;把贯彻党的群众路线,同人民想在一起、干在一起,坚决反对"四风"特别是形式主义、官僚主义,始终保持党同人民群众的血肉联系作为密切联系群众的最根本的实现为人民服务的手段;把一切为了人民,一切依靠人民,一刻也不脱离人民,人民就认同拥护作为为人民服务的根本衡量标准。

人心向背是决定一个政党、一个政权盛衰的根本因素。中国共产党之所以能够战胜各种艰难险阻并最终取得辉煌胜利,就是因为党的根本宗旨是全心全意为人民服务,就是因为其得到了人民群众的支持和拥护。毛泽东同志曾告诫全党:"共产党是为民族、为人民谋利益的政党,它本身决无私利可图。它应该受人民的监督,而决不应该违背人民的意旨。"习近平总书记指出:"坚持以人民为中心。人民是历史的创造者,是决定党和国家前途命运的根本力量。"以人民为中心,是党的宗旨观、群众观、权力观、人民观、发展思想和执政理念的集中体现,也是对"不忘初心"的最好诠释。中国特色社会主义进入新时代,我们必须适应我国社会主要矛盾的变化,全面推进民主、法治、公平、正义、安全、环境等建设,满足人民在经济、政治、文化、社会、生态等方面的不断增长的需要,让改革发展成果更多更公平地惠及全体人民。

"民心是最大的政治。"这是党所指出的人间正道,更是中国共产党久久为功的事业抓手。1940年5月,著名爱国华侨领袖陈嘉庚率领南洋华侨参观团以及募集到的大量抗战物资回到祖国。在重庆,蒋介石为了取得陈嘉庚在物资上的支持,大摆宴席,极尽奢华,一顿饭就花去了800个大洋。陈嘉庚饭后陷入了沉思,国难当头,一位国民党的领导人竟然如此奢侈,中国的希望何在?带着疑问,他不顾蒋介石的阻挠,去了延安。

毛泽东在延安窑洞门外的露天场地上设宴款待陈嘉庚,十多人围坐一桌。饭菜上桌,只有在延安比较稀有的白米饭和洋芋(土豆)、豆腐等陕北农家菜,唯一的美味佳肴就是一只从邻居大娘家借来的老母鸡。当陈嘉庚得知这顿饭一共花了8毛钱后,他感慨良多,意味深长地说,得天下者,共产党也!他在回去以后的演讲中断言:国民党必败,共产党必胜。

人心才是最大的政治,道出的是治国理政的深层镜鉴和历史真谛。人心没有就什么都没了,人心散了就什么都不好办了,1.5元钱与800个大洋的奢与俭中有民心。淮海战役60万人胜80万人,被斯大林称为奇迹,这一胜一败中有民心。出行轻车简从,就餐自己排队;对百姓动辄任性,好讲排场耍横,这一谦一骄中也有民心。宋代陆游有诗云:但得官清吏不横,即是村中歌舞时。

谁以百姓之心为心，把百姓的利益举过头顶，谁就能赢得民心，赢得未来。

一位老将军在退休时饱含深情地建言：要为党守住人心阵地。这位老将军的话让人想起了战争年代，党民、军民之间的鱼水深情：在血雨腥风的战争年代，老百姓为什么用各种方式给予我们那么多的支持与信赖？就是因为那时我们从来也没有脱离群众，从来都把人民的利益看得高于一切，我们这才赢得了胜利，赢得了江山。

纵观党百年的前行足迹，几个关键的时间节点，尤其凸显出民心之所向——1921 年，从上海兴业路辗转到嘉兴红船上，中国共产党人开天辟地，用马克思主义革命火种启蒙了民心；1931 年，尚处在"攘外必先安内"危机形势下的党扛起拯救同胞于水火的大旗，它主动促成和建立了抗日民族统一战线，再次聚拢了近乎支离破碎的民心；1949 年，天安门城楼上的庄严宣告让屈辱了半个世纪的民心感受到前所未有的振奋；再接着，从激情燃烧的大建设时期，到具有伟大转折意义的改革开放，再到成为世界上第二大经济体，"一步一履总关情"，正是民心使然，正是民心期盼，让党动力澎湃，目光如炬，得以驾驶着中国这艘巨舰稳步前行。

如今，党已执政 70 多年。用人来做对比，这已是一个知天命的年纪。不过，中国共产党总在焕发出不断更新、不断学习的朝气。且看，在中国"两个一百年"的伟大复兴征程中，中国共产党带领中国砥砺前行，不断跑出发展的加速度。能有这样的"逆流而上"，化繁为简地说，正是党把民心当成人民幸福之基，把民心当成社会和谐之本，以民心为基点，描绘同心圆，继而完成了民心到民生的相连、民心到民力的凝聚。

就让我们以史为鉴，正己正人，紧贴大地，常接地气，进入新时代，共产党更要主动把自己融入人民群众当中，时刻清楚"我是谁、为了谁、依靠谁"，忧群众之所忧，乐群众之所乐，为党守住人心阵地，这样才能使我们的红色江山永不褪色。

## ◎ 唯有党才能喊出"人民万岁"

在庆祝中华人民共和国成立70周年大会上,习近平总书记喊出了"人民万岁"。时间追溯到70多年前,在新中国开国大典上,站在天安门城楼上,毛主席喊出了"人民万岁"。一句"人民万岁",穿透历史,穿越70多年,回响的正是党始终不渝的人民情感、信仰之音。没有共产党,就没有新中国;没有人民,就没有中国共产党。人民,从来都在党的口中、心中和实际行动中。习近平总书记反复强调:"得民心者得天下,失民心者失天下","人民是共和国的坚实根基,人民是我们执政的最大底气"。人民立场是党的根本政治立场。"人民万岁"这是将人民放在心中,举过头顶,是共和国对人民的致敬!人民万岁,这就是中国共产党政治立场的生动体现。

5000多年的风云变幻、王朝更替,只有共产党才有资格喊出"伟大的中国人民万岁!"只有中国共产党,才有这样的胸襟,这样的气魄!这是一个东方大国走科学发展、和平崛起的复兴宣言!

"人民万岁",既是中国共产党的庄严宣告,同时是每一位共产党人的精神独白。更能让人感受到"人民万岁"中蕴含的哲理,是毛主席对人民群众的四个经典比喻:一是上帝。1945年6月11日,毛主席在中国共产党第七次全国代表大会上的闭幕词《愚公移山》中说:"现在也有两座压在中国人民头上的大山,一座叫做帝国主义,一座叫做封建主义。中国共产党早就下了决心,要挖掉这两座山。我们一定要坚持下去,一定要不断地工作,我们也会感动上帝的。这个上帝不是别人,就是全中国的人民大众。全国人民大众一齐起来和我们一道挖这两座山,有什么挖不平呢?"二是眼睛。1943

年7月2日,毛主席在《中国共产党中央委员会为抗战六周年纪念宣言》中说:"共产党员应该紧紧地和民众在一起,保卫人民,犹如保卫你们自己的眼睛一样,依靠人民,犹如依靠自己的父母兄弟姊妹一样。"三是土地。1945年10月17日,毛主席从重庆回到延安以后,在《关于重庆谈判》的报告中说:"我们共产党人好比种子,人民好比土地。我们到了一个地方,就要同那里的人民结合起来,在人民中间生根、开花。我们的同志不论到什么地方,都要把和群众的关系搞好,要关心群众,帮助他们解决困难。团结广大人民,团结得越多越好。放手发动群众,壮大人民力量,在我们党的领导下,打败侵略者,建设新中国。"四是水。在谈到和人民群众的关系时,毛主席说:"我们共产党和人民群众的关系,只能是鱼水关系,正如鱼不能离开水一样,我们的党一刻也不能离开人民群众","水里可以没有鱼,但鱼儿却永远离不开水"。

唯"人民万岁"方赢得"中国共产党万岁"。正因为中国共产党信仰人民、依靠人民、为了人民,中国共产党人热爱人民、扎根人民、奉献人民,中国共产党才赢得了人民。在新中国的开国大典上,游行队伍高呼着"中国共产党万岁",道出了亿万中国人民共同的心声。

时光穿梭,岁月如歌。在庆祝新中国成立50周年国庆阅兵时,天安门城楼上,一位老一辈革命家看着连绵不绝的游行队伍,曾意味深长地说道:"人民就是江山,江山就是人民。"老一辈革命家为何有如此感慨?因为在他心目中,最朴素的感情就是苏区人民是中国工农红军的主要来源,是长征部队的基本力量。

中央红军长征出发时约有8.6万余人,其中绝大部分来自中央苏区。长征途中牺牲的红军战士,也绝大部分来自中央苏区。作为中央苏区主体的赣南,当时总人口为240万人,其中就有33万人参加红军,60万人支援前线,也就是说,几乎全部青壮年劳动力都参加了保卫苏区的作战、支前的军事斗争。中央红军长征出发时的8.6万人中,赣南籍红军达五六万人,占中央红军总数的65%。有的县、区、乡,16岁~55岁的男子,凡是身体合格的都争先恐后地参加长征。赣南为革命牺牲的有名有姓的烈士有10.82万人,其中半数牺牲在长征路上。

当年的于都河宽600多米,河面上没有一座桥。红军渡河时设有8个渡口,水深两三米的地方,必须架设浮桥;一两米深的地方,战士就涉水而过或由渔民撑渡过河。于都人民为了红军战略转移的胜利进行,无论是部队集结、渡河还是在生活保障方面,都做出了有力的支援和无私的奉献。县属地方武装,配合红军牵制和狙击敌人,封锁消息,为中央红军集结转移提供安全保障。慰问集结在于都河两岸的红军指战员,群众不仅把最好、最干净的房子腾给红军居住,而且还组织慰问队,给红军送鸡蛋、猪肉、衣物、草鞋等物品。帮助红军征集器材,架设浮桥,于都县委和县苏维埃政府动员沿河千家万户提供材料,有的群众把自家的门板、床板都送到了工地,有的年逾古稀的老人将家里全部木材献完后,又亲自把自己的寿材也搬到了工地。那段"于都人民真好,苏区人民真亲"的历史,至今还能找到清晰的图片佐证。

党领导的战争是人民的战争。望着淮海战役支前路上一望无际的独轮车,陈毅元帅讲了一句传世名言:"淮海战役的胜利是父老乡亲用独轮车推出来的。"

1947年8月,陈毅司令员在渤海区阳信何家坊给区党委机关干部做报告时说:"我们在山东战场上接连打胜仗的第一功,应记到支前民工的账上……在特定意义上说,我们的胜利是用小车推出来的,再加劲往前推,就推出一个新中国……"同时,他还表扬了渤海区的支前工作。

渤海区是抗日战争后期、解放战争时期,山东省的几个大战略区之一,是1944年1月由清河区和冀鲁边区合并成立的。特别是1947年3月,国民党军对山东发动"重点进攻"以后,受敌三面包围的渤海区首当其冲。当时,渤海区辖40余县,近900万人口,30%以上地区是抗日战争时期建立的老根据地。区内平原宽广,盛产粮食、棉花等农副产品,是华东战场的可靠后方和战争物资供给地。

1948年12月31日,粟裕副司令在给党中央和毛泽东同志的报告中说:"地方党政军民不顾任何困难与代价,以全力支援前线,这是战役取得胜利的决定性因素之一……"

在世界战争史上,没有哪一支军队像中国共产党领导的军队那样身后会有那么多的民众奋力支持,也没有哪一支军队曾在作战中享受过如此巨大规模的后勤支援。

"兵民是胜利之本。"这是毛泽东在《论持久战》中提出的一个重要原理,也是人民战争思想的精髓所在。他一生有许多重要论述,强调指出:"人民,只有人民,才是创造世界历史的动力。""武器是战争的重要因素,但不是决定的因素。决定的因素是人不是物。""战争的伟力之最深厚的根源,存在于民众之中。""真正的铜墙铁壁是什么?是群众,是千百万真心实意地拥护革命的群众。这是真正的铜墙铁壁,什么力量也打不破的,完全打不破的。""动员了全国的老百姓,就造成了陷敌于灭顶之灾的汪洋大海。""军队须和民众打成一片,使军队在民众眼睛中看成是自己的军队,这个军队便无敌于天下。""军民团结如一人,试看天下谁能敌。"……

这些闪耀着历史唯物主义光芒的重要论断,推动了中国革命、中国历史的车轮滚滚向前。

1947年3月,毛泽东同志领着只有几百人的队伍与几十万人的国民党胡宗南部队兜圈子,面对一边是黄河天险,一边是敌人的险恶处境,他说道:"哪里最安全?人民拥护我们的地方最安全,我看中央在陕北的安全有保证。"

最危险的时候,毛泽东同志与寻找他的国民党追兵仅隔一个山头,此时,毛泽东同志对身边的警卫员说:"隔了一个山,就像隔了一个世界哩。"

战争年代离不开人民,和平年代同样不能离开人民,更不能忘记人民。如今,我们迎来了伟大的祖国成立70多年。70多年后的今天,习近平总书记在天安门广场的阅兵现场,再次郑重宣告,"人民万岁"。人民,还是人民。可以说,新中国70年多的历史,是一部人民真正当家作主的历史,也是一部亿万人奋斗不息的历史。"人民共和国""人民代表大会""人民政府"……从建立新中国到建设新中国,"人民"二字深深镌刻在新中国的名字上。

哲学家萨特曾经说过,"世界上有两样东西是亘古不变的,一是高悬在我们头顶上的日月星辰,一是深藏在每个人心底的高贵信仰"。我认为,人民就是高悬在我们头顶上的日月星辰。一部中国革命和建设的历史,就是一部密切联系群众、不断为广大人民群众谋利益的历史;一部中国共产党执政的历史,就是一部立党为公、执政为民、全心全意为人民服务的历史。从毛泽东主席的"人民万岁"到习近平总书记的"人民万岁",有一根彩线紧紧相连,在时光不息的流逝中,越发闪烁出熠熠耀人的光彩。这根彩线就是我们党自成立之日起,就把全心全意为人民服务作为自己的宗旨,"人民对美好生活的向往,就是我们的奋斗目标"已经成为我们党新时代的生动实践。

立时代潮头,感国运变化,人民永远是我们坚实的靠山,是永远攻不破的铜墙铁壁。只有始终把人民放在心中最高位置,人民才会把我们装在心里;只有始终把人民举过头顶,人民才会让我们坐在台上;只有始终与人民心心相印,与人民同甘共苦,与人民团结奋斗,未来的中国才会焕然一新,任何敌对势力的战略图谋才会彻底覆灭,我们才能沿着革命先辈开创的道路,在新的征程上创造新的辉煌,奔向共产主义社会的美好明天……

## ◎ 永远保持对人民的赤子情怀

一切为了人民，这是中国共产党百年永不褪色的赤子情怀；一切依靠人民，这是中国共产党百年立于不败之地的坚固根基。正因为如此，习近平总书记在庆祝中国共产党成立95周年大会上再次强调，"坚信党的根基在人民、党的力量在人民，坚持一切为了人民、一切依靠人民，充分发挥广大人民群众积极性、主动性、创造性，不断把为人民造福事业推向前进"。

为中国人民谋幸福，为中华民族谋复兴，是中国共产党人的初心和使命。在这里，人民是中心，是中国共产党的"根"和"本"，守初心就是要牢记全心全意为人民服务的根本宗旨，牢记人民对美好生活的向往就是我们的奋斗目标，始终坚守人民情怀。

毛泽东一生意志坚强，但是，他也曾因为洪水、地震死人及看到群众生活困难而流泪。1950年，我国淮河发生了特大洪水。当毛泽东从皖北区党委发来的灾情报告中看到，由于水势凶猛，有些灾民来不及逃生，或被淹死，或栖身树上，有的从树上坠水丧生，有的在树上被蛇咬死时，流泪了。1957年12月中旬，警卫中队的一名战士探家回来，带回来一个掺杂着大量糠皮的窝头，毛泽东掰了一块放在嘴里，流下了眼泪。1976年唐山发生大地震，毛泽东从简报上得知死了很多人时，竟当着医生的面失声痛哭。毛泽东曾对贺子珍说过："我这个人平时不爱落泪，只是三种情况下流过眼泪：一是我听不得穷苦老百姓的哭声，看到他们流泪，我忍不住要掉泪；二是跟过我的通信员，我舍不得他们离开。有的通信员牺牲了，我难过得落泪。我这个人就是这样，骑过的马老了，死了，用过的钢笔旧了，都舍不得换掉；三是在贵州，听说你负了伤，要不行了，我掉了泪。"这反映了毛泽东是一位很重感情的人，对人民群众有着深厚的感情。

刘少奇危急时刻先救群众。1960年4月，刘少奇南下视察。一天，他坐客轮从重庆到武汉，晚上突然狂风大作，大雨倾盆，江上波浪滔天。轮船在前进的过程中，工作人员忽然发现前面有几只小木船在风雨中漂荡。"情况危险，怎么办？""我们的船也很危险，怎么救？""我们的任务是保证国家主席的安全，偏离航道，会出事的，万万使不得！"风浪声和人们的呼喊声惊动了正在办公的刘少奇。他毫不迟疑地要求："马上靠过去抢救！"有人说，这样做会很危险的。刘少奇说："不能因为我个人的安全就不救群众。我是国家主席，也正因为是国家主席，才更应该首先抢救人民群众！马上让船靠过去！"按照刘少奇的指示，一场抢救落水群众的战斗打响了。船长和船员们沉着应对，很快把小木船上的落水者一一救上了客轮，当被救的人们知道他们乘坐的船是国家主席的座船时，感动得流下了热泪。

周恩来在延安流下难过的泪。1973年6月9日，周恩来陪同外宾来到延安，这是他自解放战争中离开26年后重返延安。当他看到延安人民的生活还十分困难，非常难过。当天晚上，在召开的省地党政军负责人会议上，周恩来在讲话中伤心地哭了。他动情地说："延安人民用小米养育了中国革命，我们进了城，把你们忘了。我是总理，当家的，这个家没当好，我对不起你们啊！"周恩来向大家提出了要求："第一要把团结搞好，第二要赶快把生产搞上去。等你们粮食翻了番，我如果第一不死，第二不犯错误，一定再来延安！"周恩来的讲话感动了在场的每一个人，大家报以热烈的掌声。

邓小平关心和照顾有病的老乡。1938年初，刘伯承、邓小平率领部队来到山西省襄垣县，邓小平住在城南关的樊家大院。这个大院里住着一个名叫米通全的农民。由于瘫痪在床，生活不能自理，几次寻短见被发现后制止。有一天，邓小平来到他家与他拉家常，得知了他患病的经过，非常同情。后来，连着几天，邓小平让人给这位老乡送去饭菜。这位老乡感动得泪流满面。他说：

"你们同志连俺口水都不喝,说是群众纪律,可我怎么能天天吃你们的饭呢?你们有你们的纪律,俺家也有自己的家规呀!"邓小平忙说:"大爷,这是特殊情况,可以例外嘛。再说,我们吃的穿的还不是人民群众给的?你加强点儿营养,恢复了健康,说不定还能为抗战出把力呢!"这位老乡听后感动地说:"首长,你们想的,真比对你们自己家的亲人还周到啊!"邓小平说:"大爷,你就是我们的亲人。"

拉家常、问冷暖,听民声、解民意,这是党的十八大以来,习近平总书记连续第六次在春节前夕来到群众当中。回望过去几年,从在陕北梁家河用自己的钱为乡亲购买年货,感慨"把心留在了这里";到第三次上井冈山,与老乡一起打糍粑,强调"所有领导干部都是人民勤务员";再到"暖气热不热""粮食够不够吃""孩子上学要走多远"的温暖关怀中,诠释着"以人民为中心"的发展思想,彰显着共产党人对人民至亲至爱的大情怀。

列宁说:"没有'人的情感',就从来没有也不可能有人对真理的追求。"一个政党,如同一个人一样,最宝贵的是历尽沧桑,还怀有一颗赤子之心。如果说初心是动力所在,那么人民情怀就是动力之源,取之不尽、用之不竭。从毛泽东到习近平,党的历届领导人,都拥有着厚重的人民情怀,始终把群众安危冷暖放在第一位。把群众视作自己的长辈、自己的亲眷,把群众呼声作为第一信号,哪里有群众的需求,工作的着力点就在哪里,向群众聚焦,为群众出力,把群众最关心、最直接、最现实的利益问题落实好。正是这种厚重的人民情怀凝聚的力量,使中国共产党人可以战胜前进道路上遇到的任何困难。

一部党的历史,就是一部与人民同呼吸共命运的历史。历史充分证明,同人民风雨同舟、血脉相通、生死与共,是我们党战胜一切困难和风险的根本保证。离开了人民,我们就会一事无成。从树起为人民服务丰碑的张思德,到"心中装着全体人民,唯独没有他自己"的焦裕禄;从"心有大我、至诚报国"的黄大年,到深藏功与名、为百姓默默奉献的张富清……正是因为一代代共产党人把人民放在心中最高位置,始终与人民群众想在一起、干在一起,我们党才能赢得人民衷心拥护和坚定支持。聚沙成塔,集腋成裘。党是有着9000多万党员的执政党。历届领导人的人民情怀正是我们所有共产党员人民情怀、家国情怀的集中体现,当9000多万党员情怀激荡,将个人追求与社会目标统一起来,将个人命运与国家命运维系在一起,苦干实干,砥砺奋进,全面小康社会何愁不实现、"两个一百年"宏伟目标何愁不实现,中国梦何愁不实现,中华民族伟大复兴何愁不实现。"本根不摇,则枝叶茂荣。"百载辉煌岁月,无论走得多远,都不能忘记来时的路,更不能忘记为什么而出发,永远保持对人民的赤子情怀,不忘初心,牢记使命,让承载着14亿中国人民伟大梦想的中华巨轮继续劈波斩浪、扬帆远航,胜利驶向更加美好的明天。

## ◎ 让人民"当家作主"

中国共产党自诞生之日起,就把实现人民当家作主、发展人民民主作为长期奋斗目标。新中国成立后,我国建立了工人阶级领导的、以工农联盟为基础的人民民主专政的根本政治制度,国家的一切权力属于人民,中国人民真正实现了当家作主。实现人民当家作主、发展人民民主,是党始终不渝的奋斗目标。1949年9月,具有临时宪法地位的《中国人民政治协商会议共同纲领》庄严宣告新中国实行人民代表大会制度。1954年9月,第一届全国人大一次会议通过的《中华人民共和国宪法》明确规定:"中华人民共和国的一切权力属于人民。人民行使权力的机关是全国人民代表大会和地方各级人民代表大会。"习近平指出:"我们必须坚持国家一切权力属于人民,坚持人民主体地位,支持和保证人民通过人民代表大会行使国家权力。"坚持人民当家作主,发展人民民主,密切联系群众,紧紧依靠人民推动国家发展,是我国国家制度和国家治理体系的显著优势之一。正是依靠这一显著优势,我国各方面制度和国家治理始终体现人民意志、保障人民权益、激发人民创造,确保人民依法通过各种途径和形式管理国家事务,管理经济和文化事业,管理社会事务,发展出最广泛、最真实、最管用的民主。

在革命时期,党靠人民起家。党成立时,只有50多名党员,全国当时有大大小小的政党组织300余个。其后在领导人民进行28年的浴血奋战中,党所肩负的历史使命任务之艰巨、面对的国内外敌人之强大、革命斗争之卓绝、付出牺牲之巨大、意志品质之顽强,前所未有、世所罕见。正如马克思所说:"如果斗争是在极顺利的成功机会的条件下才着手进行,那么创造世界历史未免就太容易了。"我们党紧紧依靠人民群众,推翻三座大山,建立了新中国。仅从解放战争来看,再次雄辩地说明,得民心者得天下。"农民背上的两把刀:租米重,利钱高!农民面前三条路:投河、上吊、坐监牢!"这是新中国成立前国统区流行的一首歌谣,反映了农民的悲惨生活。而解放区的土地改革,使得亿万农民实现了"耕者有其田"。当时上海一家英文刊物《密勒士评论报》这样评论,"内战战场的真正分界,是这样两种不同的地区中间:一种是农民给自己种地,另一种是农民给地主种地",这"不但决定国共两党的前途,而且决定这个国家的前途"。为了巩固和发展土地改革工作,1947年7月,中国共产党召开了全国土地会议,通过了《中国土地法大纲》。对此,美国人韩丁说:"新发布的《土地法大纲》在1946年~1950年中国内战期间的作用,恰如林肯的《黑奴解放宣言》在1861年~1865年美国南北战争期间的作用。"这也证明了一个颠扑不破的真理,即"战争的伟力之最深厚的根源,存在于民众之中"。正是因为土地改革的推行,使得解放区农民以巨大的热情参军参战、捐粮支前,加速了蒋家王朝的灭亡。"金豆豆,银豆豆,豆豆不能随便投。选好人,办好事,投在好人碗里头。"这首质朴的歌谣,反映的是抗战时期陕甘宁边区民主选举的生动场景。一粒粒小小的豆子,承载着人民当家作主的希望。1945年7月,民主人士黄炎培来到延安有感而发,希望中国共产党找出一条新路。毛泽东同志说,我们已经找到了新路,就是民主。只有让人民来监督政府,政府才不敢松懈。只有人人起来负责,才不会人亡政息。为此,毛泽东深刻指出:"有了土地改革的这个胜利,才有了打倒蒋介石的胜利。"中国共产党领导的新民主主义革命,为马克思、恩格斯"历史活动是群众的活动"这句话做了最生动、最有力的注脚。

在建设时期,党靠人民当家。新中国成立后,我们党团结带领人民完成社会主义革命,确立社会主义基本制度,推进社会主义建设,使人民得以翻身真正成为国家的主人、社会的主人、自己命运的主人。为了推进社会主义改造,1955年10月,毛泽东在与工商界人士座谈时指出:"现在我们实行这么一种制度,这么一种计划,是可以一年一年走向更富更强的,一年一年可以看到更富更强些。而这个富,是共同的富,这个强,是共同的强,大家都有份。"正是"共同的富""共同的强"和"大家都有份",激发了人民群众建设社会主义的无穷力量。那是一段激情燃烧的岁月,中国人民以革命豪情、冲天干劲开展大规模的社会主义建设,并且取得了巨大的成绩,在不太长的时间内初步建成了一个比较完整的国民经济体系和工业体系,科学教育文化各项事业也取得了重大进展,尤其是面对帝国主义的核讹诈、核威胁和科技领先带来的压力,中国人民有志气、不信邪,横下一条心、勒紧裤带搞成了"两弹一星",震惊了整个世界。其意义和影响,正如邓小平后来所指出的:"如果六十年代以来中国没有原子弹、氢弹,没有发射卫星,中国就不能叫有重要影响的大国,就没有现在这样的国际地位。这些东西反映一个民族的能力,也是一个民族、一个国家兴旺发达的标志。"在党的领导下,中国人民自己当家作主,迸发出惊人的、无穷的创造伟力,也就是毛泽东说的:"中国的命运一经操在人民自己的手里,中国就将如太阳升起在东方那样,以自己的辉煌的光焰普照大地。"

在改革时期,党靠人民兴家。改革是中国的第二次革命。"文革"十年内乱结束后,中国又走到了一个历史的十字路口,面临着何去何从的重大问题。在这个历史关头,党顺应人民意志和时代潮流,召开了党的历史上具有重大转折意义的十一届三中全会,做出把党和国家工作重心转移到经济建设上来、实行改革开放的历史性决策。在波澜壮阔的40多年改革开放进程中,我们党始终坚持改革为了人民,改革依靠人民,切实尊重人民首创精神,民生建设和人民生活水平大幅提高,几千年来困扰我国人民忍饥挨饿、缺吃少穿、生活困顿的这些问题总体上一去不复返了,中国人民在富起来、强起来的征程上迈出了决定性的步伐。特别是进入新时代以来,以习近平同志为核心的党中央坚定不移走中国特色社会主义道路,把新时代改革开放伟大事业不断推向前进,实现了中华民族由站起来、富起来到强起来的伟大飞跃。特别是党的十八大以来,人民民主制度始终在发展:完善人民代表大会制度,推进人大立法、监督、任免、选举等各项改革;坚持社会主义协商民主的独特优势,统筹推进政党协商、人大协商、政府协商、政协协商、人民团体协商、基层协商以及社会组织协商,构建程序合理、环节完整的协商民主体系,完善协商于决策之前和决策实施之中的落实机制,丰富有事好商量、众人的事情由众人商量的制度化实践。2019年召开的党的十九届四中全会,对进一步坚持和完善中国特色社会主义制度包括人民民主制度提出了新要求和新任务，必将赋予人民民主更加强大的生命力，使人民当家作主有了可靠制度保障。

长期以来，党高度重视用制度体系保证人民当家作主。特别是党的十八大以来，我们坚持党的领导、人民当家作主、依法治国有机统一，不断加强人民当家作主的制度保障。比如，我们党对坚持和完善人民代表大会制度做出顶层设计，支持和保证人民通过人民代表大会行使国家权力，明确提出发挥人大及其常委会在立法工作中的主导作用。再如，协商民主是我国社会主义民主政治的特有形式和独特优势。人民当家作主的政治制度，植根于近代以来中国人民不屈奋斗的历史之中，植根于中国民主发展的现实土壤之中，经受了历史检验，得到14亿中国人民的衷心拥护，充满着强大生机与活力。我们有充分理由相信，在中华民族伟大复兴征程中，我们不仅能够在经济发展上迈向世界前列，而且一定能够在民主制度的发展完善上迈向世界前列，以强大的人民民主制度支撑中国特色社会主义事业永续发展！

## ◎ 小康路上一个都不能掉队

"小康"是中华民族自古以来孜孜追求的理想社会状态，也是亿万中国人民对幸福生活的美好渴望。党的十八大提出到2020年全面建成小康社会的奋斗目标，是我们党向人民、向历史做出的庄严承诺。完成这一战略任务，是我们党的历史责任，也是最大光荣。如何理解"向人民、向历史"的内涵，为什么中国共产党能够几十年如一日围绕同一个宏伟目标进行总体设计并接续奋斗？首先，中国共产党因初心使命而生，也因初心使命而兴。这一初心使命就是为中国人民谋幸福，为中华民族谋复兴。初心使命就是中国共产党人不竭的力量源泉。党一经成立，就义无反顾肩负起实现中华民族伟大复兴的历史使命。在中国共产党百年发展史中,虽然每个阶段有不同的具体目标、任务,但这一初心使命贯穿始终,确保了我们党的执政理念具有稳定性,制定的发展目标具有长期性。其次,为中华民族谋复兴的历史使命需要一代又一代共产党人持续不断地艰苦奋斗才能完成。习近平总书记讲,我将无我,不负人民,我愿意做到一个"无我"的状态,为中国的发展奉献自己。这段话道出了中国共产党人的崇高精神境界。我们党除了人民利益之外没有自己的特殊利益,所以能够以"功成不必在我"的博大襟怀和"功成必定有我"的历史担当,朝着宏伟目标接续奋斗,真正做到对历史和人民负责。另外,新中国成立70多年来,随着我国国家制度和国家治理体系不断完善,社会主义制度集中力量办大事的显著优势日益彰显。这一制度优势,保障了我们对党的路线、方针、政策始终不动摇、不放弃,一以贯之地贯彻;确保对所办大事有统一、长远规划,坚持全国一盘棋,保持战略定力,做到一张好的蓝图一干到底。

小康是中国共产党人的目标。1935年狱中的方志敏怀着理想描绘了他心中的"可爱的中国",她充满了创造进步、欢歌笑脸、富裕康健、智慧友爱。无数像方志敏一样的人,正是怀着这样一个理想,为了新中国、为了中国人民抛头颅、洒热血。1954年毛泽东同志在第一届全国人大上发出将"一个经济上文化上落后的国家,建设成为一个工业化的具有高度现代文化程度的伟大的国家"的号召;1979年邓小平同志会见来华访问的日本首相大平正芳,提出了在中国实现"小康"的发展目标;而党的十八大报告提出要全面建成小康社会。如今,我们正期待见证全面建成小康社会在中国这片土地的实现。

小康是中国共产党人的笃行。早在革命战争时期,中国共产党就开始探索实行"土地改革",最终实现了广大农民千年来"耕者有其田"的理想;新中国成立不久取得了成功防治血吸虫病的伟大胜利,中国人民的医疗卫生水平极大改善；改革开放 40 年后，我国人均国民总收入高于中等收入国家平均水平。70 多年来，中国发展成就惠及十几亿人，这是中国共产党人一步步实干出来的结果。

全面小康是中国共产党人带领中国人民奋斗的一个阶段，中国共产党人有着更高远的理想。这一理想类似《礼运》讲的"大同"却又超越大同，类似朱熹等人讲的"大治"却不奢望少数"圣君贤相"的恩惠。全面建成小康社会进而实现中华民族伟大复兴的中国梦，将由中国共产党人带领全国人民努力奋斗达到。

"时代是出卷人，我们是答卷人，人民是阅卷人。"中国共产党代表的是全中国人民的整体利益、根本利益和长远利益，中国共产党人要以"小康路上一个都不能掉队"的伟大目标任务的实现，来回应"为中国人民谋幸福"的初心和使命，诠释"以人民为中心"的价值追求和高远目标。决胜脱贫攻坚、全面建成小康，成为中国共产党为解决千百年来困扰中华民族绝对贫困问题、带领中国人民实现第一个百年奋斗目标交出的一份沉甸甸的答卷。可以说，中国共产党的初心和使命，成为决胜脱贫攻坚、全面建成小康的力量之源。

"小康路上一个都不能掉队"，既是坚定信念，更是庄严承诺。从强调"小康不小康，关键看老乡"，到提出精准扶贫、精准脱贫基本方略，从加大东西部扶贫协作和对口支援力度，到谋划攻克深度贫困堡垒……以习近平同志为核心的党中央把脱贫攻坚摆在治国理政突出位置，全面打响脱贫攻坚战，并制定了打赢这场重大战役的时间表、任务图，明确了责任清单，为打赢一场没有退路的脱贫攻坚战，做出了"精准对焦"的顶层设计，使中国的扶贫事业不断刷新人类减贫的历史新纪录。连续 6 年平均每年减贫 1300 多万人，在中国乃至世界史上都堪称奇迹，淋漓尽致地展现出中国共产党人的初心和使命。

"小康路上一个都不能掉队",既是工作坐标,也是行动指南。没有拔不掉的穷根,没有移不走的穷山。进入新时代,党的十九大发出了精准脱贫攻坚战的总攻令。在党的十九届中央政治局常委同中外记者见面会上,习近平总书记再次发出掷地有声的庄严宣示:"全面建成小康社会,一个不能少;共同富裕路上,一个不能掉队。"责重山岳,时不我待。唯有尽锐出战、迎难而上,唯有越战越勇、乘势而上,唯有一鼓作气、猛打硬攻,才能使"一个都不能掉队"的战果在群众身边有声,在群众脑中有形,在群众心中有影。

"小康路上一个都不能掉队",既是铮铮誓言,也是使命担当。"只要还有一家一户乃至一个人没有解决基本生活问题,我们就不能安之若素;只要群众对幸福生活的憧憬还没有变成现实,我们就要毫不懈怠团结带领群众一起奋斗。"各级党员干部必须要怀着贫困不除愧对历史、群众不富寝食难安的责任感、使命感、紧迫感,沉到底、下到村、进到户,与贫困群众一对一、面对面想办法、找路子、解难题,把敢担当、善作为体现在为贫困群众解决实际问题上,在创新创造中放大精细精准的"绣花"效应,才能把"一个都不能掉队"的"军令状"变成群众手中看得见、摸得着的"成绩单",为2020年全面打赢脱贫攻坚战奠定坚实基础。

"小康路上一个都不能掉队",既是一种考验,也是一种期待。"行百里者半九十",虽然胜利在招手,曙光就在前头,但脱贫攻坚仍处在最吃劲、最容易松劲、最容易跑偏的时候,"急于交账"不行,"厌战松劲"更不行。特别是脱贫攻坚"开头"容易"收口"难,只有坚定战之必胜的信念、破釜沉舟的决心、滚石上山的韧劲,始终保持攻山头、拔要塞的劲头,进一步细化方法、实化举措,一个"炮弹"一个坑,确保目标不变、靶心不散、频道不换,全力攻克坚中之坚、贫中之贫、困中之困,让"小康路上一个都不能掉队"成为追梦路上的最强音,用不胜不休的"精气神",书写决战决胜的时代答卷、人民答卷。"全面建成小康社会,一个也不能少;共同富裕路上,一个也不能掉队。"我们始终坚信,在以习近平同志为核心的党中央坚强领导下,亿万人民携手并肩,拼搏奋进,必能同心走向共同富裕的美好明天!

## ◎ 时刻不忘"人民是阅卷人"

习近平总书记指出,"昨天的成功并不代表着今后能够永远成功,过去的辉煌并不意味着未来可以永远辉煌;时代是出卷人,我们是答卷人,人民是阅卷人"。这一重要论述,这一句中的"人民是阅卷人",最抢眼也最值得体味。可以讲,"人民是阅卷人",深刻地道出了总书记的历史观、执政观,也体现了总书记的民本思想、百姓情怀。

"问苍茫大地,谁主沉浮",人民群众是历史的创造者。恩格斯曾经说过:"历史活动是群众的事业。决定历史发展的是'行动着的群众'。"人民群众是社会物质财富的创造者,因而从根本上推动了社会的发展;人民群众是社会精神财富的创造者,从而推动了社会的全面进步;人民群众是社会变革的决定力量,在社会变革中起主体作用。

大时代呼唤大担当,新起点要有新作为。经过长期努力,中国特色社会主义进入了新时代,近代以来久经磨难的中华民族迎来了从站起来、富起来到强起来的伟大飞跃,迎来了实现中华民族伟大复兴的光明前景。天道酬勤,日新月异。新时代中国特色社会主义是我们党领导人民进行伟大社会革命的成果,也是我们党领导人民进行伟大社会革命的继续,必须一以贯之进行下去。"时代是出卷人,我们是答卷人,人民是阅卷人",习近平总书记的讲话警醒着我们要始终坚持人民主体地位,告诫我们要始终维护人民根本利益,激励我们始终恪守人民评判标准。

时刻不忘"人民是阅卷人"就是要始终铭记人民的主体地位。坚持人民主体地位是马克思主义唯物史观的基石。马克思、恩格斯在《神圣家族》中指出,"历史上的活动和思想都是'群众'的思想和活动"。列宁在讨论苏维埃国家建设时强调,"生气勃勃的创造性的社会主义是由人民群众自己创立的"。毛泽东同志在中共七大指出,"人民,只有人民,才是创造世界历史的动力"。习近平总书记"人民是阅卷人"这一新的论述,贴切地表明了"人民是历史的创造者,是真正的英雄"。坚持人民主体地位,要最大限度地发挥人民群众建设美好生活的积极性、主动性、创造性。人民群众是推动我国经济社会发展的基本力量和基本依靠。全面建成小康社会,把我国建成富强民主文明和谐美丽的社会主义现代化强国,必须相信群众、依靠群众,尊重人民群众主体地位和首创精神,必须经常与群众打成一片,了解群众需求、关心群众疾苦,发挥广大人民群众的积极性、主动性和创造性。唯有如此,我们的事业才能一往无前,我们的目标才能最终实现。坚持人民主体地位,要让人民群众共享改革发展成果。确保人民群众共享改革发展成果,是社会持续进步的动力之源。共产党人必须使改革发展成果更多更公平惠及全体人民,真正做到"发展为了人民、发展依靠人民、发展成果由人民共享",不断增强人民的获得感、幸福感、安全感,让人民群众享有更好的教育、更稳定的工作、更满意的收入、更可靠的社会保障、更高水平的医疗卫生服务、更舒适的居住条件、更优美的环境、更丰富的精神文化生活。坚持人民主体地位,要把实现中华民族伟大复兴的中国梦与人民个人的梦想统一起来。中国梦归根到底是人民的梦。中国梦不是镜中花、水中月,不是空洞的口号,其最深沉的根基在中国人民心中,必须紧紧依靠人民来实现,必须不断为人民造福。我们要努力使每个人的梦想与中国梦有机统一起来,让每个人参与到民族复兴伟业中来,共同享有人生出彩的机会,共同享有梦想成真的机会,共同享有同祖国和时代一起成长与进步的机会。

时刻不忘"人民是阅卷人"就是要始终维护人民根本利益。以什么人的利益为根本和核心,是价值观的关键问题。中国共产党始终秉承马克思主义"人民利益至上"的价值追求。"人民是阅卷人"的重要论断,深刻揭示了新时代共产党人的根本政治立场和价值取向,表明了共产党人必须"不忘初心,牢记使命","在任何时候都必须把人民利益放在第一位","一定要永远把人民对美好生活的向往作为奋斗目标","不断满足人民日益增长的美好生活需要"。始终维护人民的根本利益,方能夯实共产党的执政基础。中国共产党的力量源泉在人民群众,中国共产党立于不败之地的根基在于密切联系人民群众。历史和现实都已表明,作为执政党,中国共产党人在战争年代出生入死,领导人民建立了人民当家作主的新中国;在建设时期艰苦创业,领导人民确立了社会主义基本制度;在改革开放时期开拓创新,领导人民开创了中国特色社会主义道路,取得了举世瞩目的成就。这一切都是党始终铭记人民群众的根本利益,制定出符合人民群众意愿的制度和政策,获得人民群众的支持和拥护的结果。始终维护人民的根本利益,方能巩固立国之本。四项基本原则是中国共产党和全国各族人民根本利益和意志的体现,是全国人民团结奋进的共同政治基础和各项事业的政治保证。在中国特色社会主义新时代,坚持四项基本原则,巩固立国之本;要求我们进一步强化党的宗旨意识,坚持党的群众路线,始终保持党同人民群众的血肉联系,不断实现好、维护好、发展好最广大人民的根本利益。

时刻不忘"人民是阅卷人"就是要始终恪守人民评判标准。"知屋漏者在宇下,知政失者在草野"。让人民群众满意是我们党做好一切工作的价值取向和根本标准。恪守人民评判标准，有利于永葆党的先进性、纯洁性。作为人民的公仆，共产党人要深刻认识到，无论何时何地，我们都应把群众利益放在第一位。在新时代的征程上，全党同志一定要抓住人民最关心最直接最现实的利益问题，坚持把人民群众关心的事当作自己的大事，在幼有所育、学有所教、劳有所得、病有所医、老有所养、住有所居、弱有所扶上不断取得新进展，不断促进社会公平正义，不断促进人的全面发展、全体人民共同富裕。共产党人，尤其是作为"关键少数"的领导干部要提高政治站位，做到"五个过硬"，形成"头雁效应"，始终视权力为责任和约束。恪守人民评判标准，有利于保证正确发展方向。改革开放以来，我们党坚持人民标准，成功开辟和坚持了中国特色社会主义发展道路，取得举世瞩目的发展成就。进入新时代，共产党人只有始终将人民对美好生活的向往作为奋斗目标，永远与人民同呼吸、共命运、心连心，不断倾听人民呼声，才能保证我们的发展永远不会偏离正确方向，才能保证我们向人民交出一份满意答卷。

时刻不忘"人民是阅卷人"就是要把握发展新方位。拿出担当、拿出勇气、拿出干劲，努力创造出无愧于新时代的业绩，奋力把民族复兴的伟大事业推向前进。鞭策着我们要不负这个新时代，把老百姓的安危冷暖时刻放在心上，就必须想群众之所想，急群众之所急，让人民生活更加幸福美满。告诫我们要以人民为中心，就必须牢记"为人民谋幸福，为民族谋复兴"的初心使命，铭记人民对美好生活的向往是中国共产党的奋斗目标，人民也是新时代中国特色社会主义各项事业的主角。习近平总书记明确指出："检验我们一切工作的成效，最终都要看人民是否真正得到了实惠，人民生活是否真正得到了改善。""人民是阅卷人"警醒着9000多万中国共产党人不能忘记初心，必须深深扎根人民，在人民群众中汲取筑梦中国的不竭动力，为中华民族的伟大复兴汇聚起"当惊世界殊"的磅礴力量。必须保持革命精神、革命斗志，决不能因为胜利而骄傲，决不能因为成就而懈怠，决不能因为困难而退缩，把为民造福作为最大政绩，在习近平新时代中国特色社会主义思想指引下，勇做新时代的坚定者、奋进者、搏击者，锐意进取、苦干实干，努力为中国特色社会主义事业做出新贡献。

# 第五章

## 运筹帷幄的大视野

　　南湖一大启明星，运筹帷幄红船中。唤起工农齐举戟，推翻三山救民众。井冈星火燎原势，黄洋界上炮声隆。众志成城反"围剿"，锤镰破竹缚苍龙。万里长征路艰险，叱咤风云气势宏。遵义会议挽狂澜，指挥大权归毛公。宝塔光辉耀神州，北京城楼礼炮鸣。万众欢呼庆胜利，长城内外红彤彤。党运筹帷幄，一次又一次地做出历史性决策，一次又一次拯救人民于水火。新时代，党从中国所处历史方位、所负历史使命，提出"四个伟大"，展示了党的大视野。党的十八大以来，以习近平同志为核心的党中央提出一系列新理念新思想新战略，出台一系列重大方针政策，推出一系列重大举措，充分展现出深谋远虑的政治判断、卓越高超的政治智慧、娴熟老练的政治韬略，同样展示了党的大视野，并诠释了马克思主义政党把握人类历史发展脉络和规律的大格局。

## ◎ 开拓认识规律的新境界

马克思、恩格斯认为，共产党人的理论原理，绝不是以这个或那个世界改革家所发明或发现的思想、原则为根据的，而不过是历史运动真实关系的一般表述。这种"历史运动真实关系"，共产党执政规律、社会主义建设规律、人类社会发展规律的三者统一，是我党治国理政的实践追求。对共产党人来说就是"三大规律"。遵循这些规律，首先必须探索这些规律。马克思主义的基本原理就是对"三大规律"的理论概括，是共产党人继续探索"三大规律"的指导思想。一部中国共产党的执政史，也是一部艰苦探索中国特色社会主义道路的历史。中国特色社会主义是当代中国发展进步的旗帜，在这面旗帜上，书写了党对执政规律、社会主义建设规律、人类社会发展规律探索的一次又一次飞跃。

人类社会不断由低级向高级发展，发展的内在动力是社会基本矛盾的运动，解决矛盾的根本途径是革命或改革的实践，这一实践活动是在先进阶级及其政党的领导下展开；社会主义社会是在生产资料公有制基础上组织社会生产的社会，同时又是一个不断发展变化和改革的社会，本身也要经历一个从低级向高级发展的过程；共产党是社会主义事业的领导核心。这是由共产党的性质所决定的。因此，共产党本身，就是社会发展规律的产物，社会主义革命的要求。当共产党成为执政党以后，必须自觉地探索和遵循"三大规律"，按照客观规律办事。由此可见，"三大规律"是近代以来历史进程中相互联系、密不可分的有机整体。它既是中国共产党人认识和研究的对象，也是共产党人领导社会主义革命、建设和改革发展事业的科学依据。

在中国共产党百年来的实践中，对人类社会的发展规律的探索认识实践，提升到了一个新的高度，并为世界所认同。一个政党一个国家的执政规律是什么？中国共产党在长达70多年的执政探索认识实践中，开辟了新境界，提升了新的水平。什么是社会主义？怎样建设社会主义？从1917年苏联第一个社会主义国家建立开始，一百多年来，世界社会主义发展此起彼伏，波澜壮阔，但社会主义发展和建设总是不尽人意，其原因在哪？是对社会主义发展和建设规律的探索认识实践水平没有达到一定程度。对社会主义发展建设规律，中国共产党在70多年的探索认识实践中，既经历了教训，又积累了经验，是当今世界最有发言权、最有说服力、最有权威性、最有影响力的。一个政党为谁执政？怎样执政？其答案五花八门。其中最有可信度、最有说服力的也是中国共产党。

党对执政规律的探索认识实践提升到了新高度。新中国成立70多年来，中国这个社会主义国家，一直是中国共产党执政。在长期的执政过程中，党对执政规律进行了艰苦卓绝的探索和实践，尤其是党的十八大以来，对执政规律的认识提升到了一个前所未有的高度，在解决三大历史性课题方面实现了新突破：一是谁来执政，二是为谁执政，三是怎样执政。一是谁来执政的课题。中国特色社会主义的成功，最大的本质特征、最大的关键、最大的优势，在于很好地解决了谁来执政的问题。中国共产党是中国特色社会主义国家唯一最合格、最优秀的执政党。因为中国共产党是工人阶级、中国人民、中华民族的先锋队。二是为谁执政的课题。从毛泽东的为人民服务，到习近平的以人民为中心，党为人民服务的根本宗旨，稳如泰山，永不改变。以习近平同志为核心的党中央把中国特色社会主义推向了新境界，关键在于响亮地喊出了为谁执政的口号：人民对美好生活的向往就是中国共产党的奋斗目标。三是怎样执政的课题。以毛泽东同志为主要代表的中国共产党人建立了社会主义制度，对怎样建设社会主义进行了有益的探索和实践，取得了明显成就；以邓小平同志为主要代表的中国共产党人，对什么是社会主义、怎样建设社会主义进行了创新性的发展；以习近平同志为主要代表的中国共产党人对如何推进中国特色社会主义，进行了成功的探索实践。

党对社会主义建设规律的探索认识实践提升到了新水平。社会主义制度是人类社会的美好制度，是共产主义制度的初始阶段。社会主义建设规律没有成功的范本可遵循，没有现成的规律可依循，完全靠中国共产党自己探索。新中国成立后，毛泽东对怎样建设社会主义的问题进行了有益探索，写出了《论十大关系》等系列社会主义建设的著作，对建设社会主义中国具有重大意义。邓小平同志对什么是社会主义，怎样建设社会主义，提出了创造性论断，尤其是他关于社会主义本质的理论，是对社会主义建设的历史性创造性的贡献。改革开放以来，我们党遵循社会主义的本质是解放和发展生产力的科学论断，转变工作重心，推进现代化建设，改变了中国贫穷落后的面貌。党的十八大以来，以习近平同志为核心的党中央，对社会主义建设规律的探索提升到了一个前所未有的水平，提出了经济建设、政治建设、文化建设、社会建设、生态文明建设五位一体的总体布局，提出了全面建成小康社会、全面深化改革、全面依法治国、全面从严治党的四个全面的战略布局，提出了创新发展、协调发展、开放发展、绿色发展、共享发展五大发展理念，提出了理论自信、道路自信、制度自信、文化自信四个自信的重要思想。这些新思想、新理念、新战略，是中国特色社会主义建设的根本战略和方法，是推进社会主义现代化、实现中华民族伟大复兴中国梦的战略保证、方法保证。

党对人类社会发展规律探索认识实践提升到了新境界。从低级到高级、从落后到先进是人类社会发展的总规律。但是，在社会发展进程中，具有巨大的变化性和不确定性，在同一社会的不同发展阶段也有许多曲折性变化性和不确定性。这些因素对社会发展的影响难以预料，这就要求我们在推进人类社会发展的进程中贡献智慧，不断探索、不断提升。我们党是一个智慧高超的政党，其高超之处在于牢牢把握了马克思主义实事求是的精髓。实事求是的最大成果有：马克思主义中国化理论体系，比如，从毛泽东思想到习近平新时代中国特色社会主义思想；中国从一个半殖民地半封建社会，发展到中国特色社会主义，是对社会发展规律的创造性探索和创造性实践，是对马克思科学社会主义的理论创新，是对社会发展规律的创造性贡献。习近平提出了中国特色社会主义道路自信、理论自信、制度自信、文化自信，凸显了中国特色社会主义的文化根基、文化本质和文化理想，标志着我们党对中国特色社会主义有了更加明确而开阔的文化建构；为探索人类社会发展规律，为推动人类社会的科学有序发展、为世界各国发展道路的选择与借鉴，贡献了中国智慧，提供了中国方案。

党的十九大报告指出，中国特色社会主义进入新时代，意味着近代以来久经磨难的中华民族迎来了从站起来、富起来到强起来的伟大飞跃，迎来了实现中华民族伟大复兴的光明前景；意味着科学社会主义在二十一世纪的中国焕发出强大生机活力，在世界上高高举起了中国特色社会主义伟大旗帜；意味着中国特色社会主义道路、理论、制度、文化不断发展，拓展了发展中国家走向现代化的途径，给世界上那些既希望加快发展又希望保持自身独立性的国家和民族提供了全新选择。在习近平新时代中国特色社会主义思想指引下，党对"三大规律"将会有全新的认识、深化与探索，为实现推进现代化建设、完成祖国统一、维护世界和平与促进共同发展三大历史任务做出新的历史性贡献。

◎ 从"三大法宝"到"四个伟大"

中国共产党成立百年以来，领导人民干了三件大事：第一件大事，完成了新民主主义革命，实现了民族独立、人民解放。第二件大事，完成了社会主义革命，确立了社会主义基本制度。第三件大事，进行了改革开放新的伟大革命，开创、坚持、发展了中国特色社会主义。

中华民族第一次以顶天立地的崭新姿态，挺起了精神脊梁，自立于世界民族之林。实现这次伟大飞跃，如果追溯到1840年鸦片战争，经过了109年；追溯到1894年中日甲午战争，经过了55年；追溯到1921年中国共产党成立，经过了28年。事非经过不知难。这些重大历史节点，清晰地记录了中华民族奋起抗争、可歌可泣、艰苦卓绝、波澜壮阔的伟大历史进程。

鸦片战争以来，几乎世界上的列强都侵略过中国、欺负过中国、掠夺过中国。中华民族承受了世所罕见的压迫和苦难，中国人民进行了不屈不挠的反抗和斗争，但一次次都失败了，中国的现代化进程几次被打断。直到中国共产党成立，党领导人民前赴后继，英勇斗争，才根本改变了这种状况。党的十九大提出"四个伟大"的历史使命、确立全面建设社会主义现代化强国的战略目标，既是中国现代化历史进程合乎逻辑的规律性体现，也有力拓展了发展中国家走向现代化的途径，是世界发展进步进程合乎逻辑的规律性体现。

1939年10月，毛泽东在《〈共产党人〉发刊词》中指出："统一战线，武装斗争，党的建设，是中国共产党在中国革命中战胜敌人的三个法宝，三个主要的法宝。这是中国共产党的伟大成绩，也是中国革命的伟大成绩。""三大法宝"的核心是党的建设。中国人民之所以能够战胜强大的敌人，推翻帝国主义、封建主义和官僚资本主义的反动统治，赢得革命的胜利，基本是依靠了统一战线和武装斗争这两个武器,"而党的组织,则是掌握统一战线和武装斗争这两个武器以实行对敌冲锋陷阵的英勇战士。"因此,围绕党的政治路线,加强党的建设,保证党的先进性,发挥党的先进作用,不断增强党的创造力、凝聚力和战斗力,对于中国革命的胜利具有极其重要的意义。党领导的新民主主义革命的特点和优点,是以武装的革命反对武装的反革命。"我们党是逐步学会了并坚持了武装斗争。我们懂得,在中国,离开了武装斗争,就没有无产阶级的地位,就没有人民的地位,就没有共产党的地位,就没有革命的胜利。"通过以农村包围城市,最后夺取城市的革命道路,经过28年艰苦卓绝的武装斗争,终于打败拥有优势装备、异常凶残的国内外敌人,最后赢得夺取全国政权的伟大胜利。中国社会的历史条件,决定了中国革命有必要和有可能建立最广泛的革命统一战线。"中国新民主主义的革命要胜利,没有一个包括全民族绝大多数人口的最广泛的统一战线,是不可能的。不但如此,这个统一战线还必须是在中国共产党的坚强的领导之下。没有中国共产党的坚强的领导,任何革命统一战线也是不能胜利的。"通过统一战线,党就能最大限度地孤立和打击主要的敌人,最广泛地团结一切可能团结的同盟者,保证革命在全国范围的历史性胜利,并保证中国社会经过新民主主义走向社会主义。党领导中国革命的三大法宝,就其特殊性内容来讲,它是区别于前人的,是中国历史上所没有的。就其特殊性与普遍性的联结而言,它是马克思主义普遍真理与中国革命的具体实践相结合。

从"三大法宝"到"四个伟大",也给我们从战略上、全局上观察和思考党的建设、思考伟大自我革命和伟大社会革命的关系,提供了重要的方法论视角。党的十九大报告指出,要统揽伟大斗争、伟大工程、伟大事业、伟大梦想。将"四个伟大"作为一个完整体系来阐述,是党的十九大一个重大亮点,也是党的一个重大理论创新。

伟大斗争传承着党的红色基因。党的历史，就是一部向着中华民族伟大复兴梦想不断前进、不懈奋斗的伟大斗争史。进行伟大斗争，是党在长期斗争中成长历练出的气质、品格，融入了党的血液和基因。社会是在矛盾运动中前进的，有矛盾就会有斗争。而前行的道路并不平坦，不会一帆风顺，还有许多困难和问题等待我们去克服、去解决。应对重大挑战、抵御重大风险、克服重大阻力、解决重大矛盾，必须进行具有许多新的历史特点的伟大斗争，任何贪图享受、消极懈怠、回避矛盾的思想和行为都是错误的。要敢于斗争、善于斗争，更加自觉地坚持党的领导和我国社会主义制度，坚决反对一切削弱、歪曲、否定党的领导和我国社会主义制度的言行；更加自觉地维护人民利益，坚决反对一切损害人民利益、脱离群众的行为；更加自觉地投身改革创新时代潮流，坚决破除一切顽瘴痼疾；更加自觉地维护我国主权、安全、发展利益，坚决反对一切分裂祖国、破坏民族团结和社会和谐稳定的行为；更加自觉地防范各种风险，坚决战胜一切在政治、经济、文化、社会等领域和自然界出现的困难和挑战。

伟大工程昭示着新时代党建设坚强领导核心的勇毅担当。在"四个伟大"中，起决定性作用的是党的建设新的伟大工程。历史和现实都证明，中国共产党的领导是中国特色社会主义最本质的特征，是中国特色社会主义制度的最大优势。在新形势下进行具有许多新的历史特点的伟大斗争，全面从严治党是根本保证。党要始终成为时代先锋、民族脊梁，始终成为马克思主义执政党，自身必须始终过硬。进入新时代，党面临的"四大考验"长期而复杂，面临的"四种危险"尖锐而严峻，打铁必须自身硬。深入推进党的建设新的伟大工程，要把党的政治建设摆在首位，勇于直面问题，敢于刮骨疗毒，消除一切损害党的先进性和纯洁性的因素，消除一切侵蚀党的肌体的病毒，不断增强党的政治领导力、思想引领力、群众组织力、社会号召力，确保我们党永葆旺盛生命力和强大战斗力。

伟大事业宣示着新时代我们党的前进方向。无论搞革命、搞建设还是搞改革，道路问题都是最根本的问题。我们之所以能够创造出人类历史上前无古人的发展成就，最根本的原因就在于走出了中国特色社会主义的正确道路。中国特色社会主义是改革开放以来党的全部理论和实践的主题，是党和人民历尽千辛万苦、付出巨大代价取得的根本成就。中国特色社会主义道路是实现社会主义现代化、创造人民美好生活的必由之路，中国特色社会主义理论体系是指导党和人民实现中华民族伟大复兴的正确理论，中国特色社会主义制度是当代中国发展进步的根本制度保障，中国特色社会主义文化是激励全党全国各族人民奋勇前进的强大精神力量。我们要更加自觉地增强道路自信、理论自信、制度自信、文化自信，既不走封闭僵化的老路，也不走改旗易帜的邪路，保持政治定力，坚持实干兴邦，始终坚持和发展中国特色社会主义。

伟大梦想是新时代党领航导向的历史使命。实现中华民族伟大复兴，是近代以来中华民族最伟大的梦想。在中华民族内忧外患、社会危机空前深重的背景下诞生的中国共产党，一经成立就把实现共产主义作为党的最高理想和最终目标，义无反顾肩负起实现中华民族伟大复兴的历史使命。百年来，为了实现自己的历史使命，无论是弱小还是强大，无论是顺境还是逆境，我们党都初心不改、矢志不渝，团结带领人民历经千难万险，付出巨大牺牲，敢于面对曲折，勇于修正错误，攻克了一个又一个看似不可攻克的难关，创造了一个又一个彪炳史册的人间奇迹。今天，我们比历史上任何时期都更接近、更有信心和能力实现中华民族伟大复兴的目标。行百里者半九十。中华民族伟大复兴，绝不是轻轻松松、敲锣打鼓就能实现的。全党必须准备付出更为艰巨、更为艰苦的努力。

伟大事业是路径，为伟大斗争、伟大工程、伟大梦想开辟前进的道路。

新时代推进伟大事业是伟大梦想的前进方向、必由之路。雄关漫道真如铁。中华民族走过了历经苦难、饱经沧桑的光辉岁月，党带领人民走上了通往幸福的光明大道，中国特色社会主义已进入新时代，一切光荣和美好都等待着我们去拼搏与实现，"两个一百年"奋斗目标正向我们逐渐靠近，中华民族伟大复兴正在远方深情召唤。面对历史的重托，面对民族的希望，面对人民的期盼，我们责无旁贷、义不容辞，必须全力以赴推进"四个伟大"，向着党制定的宏伟目标奋勇前进。

## ◎ 善于运用战略思维

战略问题是一个政党、一个国家的根本性问题。战略思维是从总体上运筹与思考问题的高级思维，是对全局性、长远性重大问题做出决策的科学思维。战略思维的高低优劣，直接决定着战争的胜负、事业的成败。中国共产党是一个重视并且善于运用战略思维的党。在百年的奋斗中，面对各个历史时期的重大历史课题，不断从战略高度思考中华民族的前途命运，陆续回答"什么是中国革命、怎样进行革命""什么是社会主义、怎样建设社会主义""建设什么样的党、怎样建设党""实现什么样的发展、怎样发展""新时代坚持和发展什么样的中国特色社会主义、怎样坚持和发展中国特色社会主义"等重大基本问题，制定出一系列符合中国国情和时代特征的路线、方针、政策，引导中国革命、建设、改革走上胜利的途径，使中国人民踏上站起来、富起来、强起来的历史征程，迎来了中华民族伟大复兴的光明前景。

毛泽东同志作为党的第一代中央领导集体的核心，其战略思维的主题，是创造性地回答了"什么是中国革命、怎样进行革命"这一重大历史课题，也对如何建设社会主义从战略上作了初步探索。他在这方面著作之多、内容之丰富和系统，见解之独到和深刻，影响之巨大和深远，为古今中外所罕见，是马克思主义理论宝库中的珍品，是我们党运用战略思维的杰出范例。比如毛泽东同志系统阐明了人民军队、人民战争和人民战争战略战术的理论。他论述了一整套积极防御的战略方针，即"防御中的进攻，持久中的速决，内线中的外线"，把战略上的劣势变为战役、战斗上的优势，集中优势兵力，各个歼灭敌人。他论述了随着敌我力量对比的变化要及时正确地实行战略转变，在解放战争后期发起对国民党军队的战略决战，取得辽沈、淮海、平津三大战役胜利，一举歼灭国民党精锐部队154万余人，为新中国的建立奠定了胜利基础。

又如毛泽东同志在其政治著作中，深刻阐明了政策策略的辩证法，强调必须把原则的坚定性和策略的灵活性结合起来。他指出，弱小的革命力量在变化着的主客观条件下能够最终战胜强大的反动力量，"星星之火，可以燎原"；在战略上要藐视敌人，在战术上要重视敌人；要掌握斗争主攻方向，不要"四面出击"；对敌人要区别对待、分化瓦解，实行利用矛盾、争取多数、反对少数、各个击破的策略。再如，总结苏东社会主义国家政治动荡的经验教训，针对我国社会主义建设初期面临的新问题，提出"以苏为戒"、独立探索中国社会主义建设道路的战略思想。他阐明了以经济建设为中心、正确处理十大关系、调动一切积极因素建设社会主义国家的战略方针；做出正确处理人民内部矛盾已经成为国家政治生活主题的科学判断，提出了正确处理人民内部矛盾的一系列正确方针，如处理是非矛盾要采取"团结、批评、团结"的方针，处理利益矛盾要采取"统筹兼顾、适当安排"的方针，处理共产党同民主党派的矛盾要采取"长期共存、互相监督"的方针，处理艺术、科学上的矛盾要采取"百花齐放，百家争鸣"的方针，等等。

邓小平同志作为党的第二代中央领导集体的核心，其战略思维的主题，是创造性地回答了"什么是社会主义、怎样建设社会主义"这一重大历史课题，第一次比较系统地初步回答了在中国这样经济文化比较落后的国家如何建设、巩固和发展社会主义的一系列基本问题，是我们党在社会主义建设新时期运用战略思维的杰出范例。在历史转折关头，邓小平同志把端正思想路线提到首位，势如破竹地推进了党的指导思想和各条战线的拨乱反正，为开辟中国特色社会主义道路奠定了哲学基础。他的那篇《解放思想，实事求是，团结一致向前看》的重要讲话，实际上成为具有划时代意义的党的十一届三中全会的主题报告。他抓住了思想路线这个当时关系党和国家工作全局的根本问题，指出："一个党，一个国家，一个民族，如果一切从本本出发，思想僵化，迷信盛行，那它就不能前进，它的生机就停止了，就要亡党亡国。"强调要"研究新情况，解决新问题"，"如果再不实行改革，我们的现代化事业和社会主义事业就会被葬送"。这篇讲话高屋建瓴，振聋发聩，成为当代中国开辟中国特色社会主义道路、创立和发展中国特色社会主义理论的解放思想、实事求是的宣言书。

邓小平同志抓住"什么是社会主义、怎样建设社会主义"这个首要的基本理论问题，发表系列讲话，概括起来就是：以经济建设为中心是兴国之要，四项基本原则是立国之本，改革开放是强国之路。这是我们党的生命线，人民的幸福线，是我们党和国家能够经受各种风险考验、胜利实现社会主义现代化和中华民族伟大复兴的政治保证。

邓小平同志以宽广的眼界观察世界，对当今时代和国际形势做出一系列正确的战略判断，为我们统筹国内国际两个大局提供了科学依据。他提出"和平与发展是当今世界两大主题"，为我们确立了维护世界和平、促进共同发展的外交战略；他提出"现在的世界是开放的世界""中国的发展离不开世界"，为我们确立了对外开放的基本国策；他认为现在的世界正在经历一场深刻的科技革命,科学技术已经成为第一生产力,为我们确立了科教兴国战略,等等。特别是1992年春天,邓小平同志在关键时刻发表关键谈话,为我国的改革发展进一步指明了方向。他在"南方谈话"中,针对东欧剧变和国内政治风波后出现的严峻形势,深刻回答了长期束缚人们思想的许多重大认识问题,核心是坚持党的基本路线一百年不动摇。他强调改革开放要大胆试、大胆闯;抓住机遇加快发展,首先是发展经济;两手抓、两手都要硬;关键在党,关键在人,关键在共产党内部要搞好。邓小平同志"南方谈话"成为我国加快改革开放和社会主义现代化建设的又一个解放思想、实事求是的宣言书,把我国的改革发展推进到一个新阶段。

党的十八大以来,以习近平同志为核心的党中央提出的一系列治国理政的新理念新思想新战略,涉及改革发展稳定、内政外交国防、治党治国治军各个方面,内容十分丰富;形成了习近平新时代中国特色社会主义思想,择其要端可以概括为"四大战略思想"——战略愿景、战略目标、战略布局和战略理念。

形成了新的战略愿景——中国梦,即中华民族伟大复兴的中国梦。这一战略愿景,基本内涵是实现中华民族的伟大复兴,与中国特色社会主义的伟大事业互为表里,涉及"两个一百年"的奋斗目标、中国的和平发展、中国与世界的关系等一系列重大理论和现实问题,涵盖中国道路、中国精神、中国力量,其实质是中国的大国梦、强国梦。这一战略愿景有利于凝聚全体中华儿女的意志,起着精神引领的作用,不仅具有硬实力的内涵,而且包含软实力的内涵,体现了当今中国的价值追求,与社会主义核心价值观有着密切的关联。中国梦虽然是大国梦、强国梦,但必须走出"国强必霸"的逻辑,中华民族的伟大复兴在一定意义上是文明的复兴,必须高举和平、发展、合作、共赢的旗帜,统筹国内国际两个大局。这一战略愿景高瞻远瞩,指引航程,在新时代党治国理政重大战略思想中具有统领作用。

形成了新的战略目标——国家治理现代化，即"完善和发展中国特色社会主义制度，推进国家治理体系和治理能力的现代化"。中国梦作为宏大的战略愿景，需要更为具体的、对实现民族复兴具有关键作用的战略目标来支撑。推进国家治理现代化，就是这样一个重要战略目标。党的十九届四中全会聚焦国家治理现代化，是专门为了国家治理现代化而召开的第一个中央全会，全会上通过的《中共中央关于坚持和完善中国特色社会主义制度、推进国家治理体系和治理能力现代化若干重大问题的决定》（以下简称《决定》）也是中央关于国家治理现代化的第一个专门性文件。《决定》指出，到中国共产党成立一百年时，在各方面制度更加成熟更加定型上取得明显成效；到2035年，各方面制度更加完善，基本实现国家治理体系和治理能力现代化；到新中国成立一百年时，全面实现国家治理体系和治理能力现代化，使中国特色社会主义制度更加巩固、优越性充分展现。这是在清晰地向世界宣告：坚持和完善中国特色社会主义制度、推进国家治理体系和治理能力现代化，既是我国建设社会主义现代化强国的重要举措，也是建成社会主义现代化强国的重要战略目标。可以说，这一战略目标在新时代党治国理政重大战略思想中具有核心地位。

形成了新的战略布局——"四个全面"，即全面建成小康社会、全面深化改革、全面依法治国、全面从严治党。"四个全面"战略布局相辅相成、相互促进、相得益彰，共同构成一个密切联系的有机整体，确立了续写中国特色社会主义新篇章的行动纲领，明确了新形势下党和国家各项工作的战略方向、重点领域、主攻目标，已经成为现阶段党中央治国理政的指导思想和行动指南。"四个全面"战略布局高屋建瓴，提纲挈领，在新时代党治国理政重大战略思想中具有行动纲领的意义。

形成了新的战略理念——五大发展理念，即创新发展、协调发展、绿色发展、开放发展、共享发展。五大发展理念为破解发展难题、增强发展动力、厚植发展优势奠定了理论基础，具有高度的战略性，是中国面向世界、面向未来的发展思路、发展方向、发展着力点的集中体现，是关系我国发展全局的一场深刻变革。这一战略理念切中要害，意蕴深远，在新时代党的治国理政重大战略思想中具有发展导向的意义。

在漫长的历史长河中，中华民族曾有过很多机遇，但是真正抓住机遇、开创盛世的屈指可数。党带领中国人民，经过百年的奋斗，开辟中国特色社会主义光辉灿烂的前景，从未像今天这样天高地阔，世界从来没有像今天这样关注中国、需要中国。我们应当抓住这个机遇，创造出无愧于历史、无愧于时代的新业绩。

## ◎ 党指挥枪是不变的军魂

人民军队，永远要以党的旗帜为旗帜、以党的任务为任务。"党指挥枪"，永远是人民军队的建军之魂、立军之本。坚持党对军队的绝对领导，就能保证枪杆子始终掌握在忠于党的可靠的人手里，保证军队始终置于党的绝对领导之下，军权牢牢掌握在党和人民手中。

"党指挥枪"，是党对军队绝对领导原则的形象表述，是党经过长期艰辛探索得出的真理性认识，是党和人民对军队的最高政治要求，是关乎党、国家和军队前途命运的根本问题。

习近平同志指出："历史告诉我们，党指挥枪是保持人民军队本质和宗旨的根本保障，这是我们党在血与火的斗争中得出的颠扑不破的真理。""推进强军事业，必须毫不动摇坚持党对军队的绝对领导，确保人民军队永远跟党走。"坚持党指挥枪是我们建军、强军的根本原则。但是这一原则的确立也有一个过程，正如习近平同志在讲话中所指出的那样："党对军队绝对领导的根本原则和制度，发端于南昌起义，奠基于三湾改编，定型于古田会议，是人民军队完全区别于一切旧军队的政治特质和根本优势。"

党指挥枪根本原则确立的过程。党指挥枪的根本原则发端于南昌起义。大革命失败后，中国共产党从大革命失败的惨痛教训中认识到了武装斗争的极端重要性，做出了举行武装起义的决定。之后，在党组织的精心策划下，在南昌打响了武装反抗国民党的第一枪。南昌起义的整个过程有一个鲜明的特点就是听党指挥。起义之前，根据中央的部署，成立了以周恩来为书记，李立三、恽代英、彭湃为委员的前敌委员会，作为起义的领导机构。尤其是周恩来，坚决贯彻中央的决定，对起义中的重大事宜进行了精心的筹划。作为起义总指挥的贺龙，当时还不是共产党员，但是在起义之前的6月份，在武昌他就对周恩来明确表示，只有共产党才能救中国，只有马列主义才是救国救民的真理。他听共产党的话，决心和蒋介石、汪精卫拼到底。起义前夕，周恩来去看望贺龙，把行动计划告诉他，并征询他的意见。贺龙毫不迟疑地向前委书记周恩来表示："我完全听共产党的命令，要我怎样干就怎样干！"在起义的过程中，以总指挥贺龙为代表的进步人士，始终团结在党的前敌委员会这个领导机关周围，按照党的命令行事。这是南昌起义将士"听党指挥"最鲜活、最生动、最典型的事例。

党指挥枪的根本原则奠基于三湾改编。秋收起义受挫后，起义军转兵南下。一路上艰苦战斗，指挥员牺牲，伤病员增多；连续行军，长途跋涉，异常艰辛，一些不坚定者因为畏苦怕难不辞而别；再加上疟疾流行，病员也开始增多。1929年9月29日，当起义部队到达永新县三湾的时候，毛泽东同志果断地决定对这支队伍进行改编，这就是著名的三湾改编。三湾改编主要内容是：第一，把已经不足一千人的部队，缩编为一个团，称工农革命军第一军第一师第一团。第二，在部队内部实行民主制度，官兵平等，待遇一样，规定长官不能打骂士兵，士兵有开会说话的自由。第三，全军由党的前敌委员会统一领导。各级部队分别建立党的组织：班排设小组，支部建立在连队上，营、团建立党委；连以上设党代表，由同级党组织的书记担任。部队的一切重大问题，都必须经党组织集体讨论决定。这三项措施改变了旧式军队的习气和自由散漫的作风，使这支队伍重新焕发出了生机和活力。三湾改编是党建立新型人民军队的重要开端，党指挥枪的根本原则奠基于此，在人民军队的建军史上具有重大意义。

党指挥枪的根本原则定型于古田会议。1929年，红四军在转战赣南闽西的过程中，环境相当艰苦。部队中，包括领导层，对一些问题的认识出现了分歧。为了进一步统一全军党内的思想，急需召开红四军党的代表大会。1929年12月28日至29日，红四军第九次代表大会在福建上杭古田召开，这就是著名的古田会议。会议经过热烈讨论，一致通过了毛泽东起草的八个决议，也就是著名的古田会议决议案。《古田会议决议》近三万字，总结了红四军成立以来在部队建设上的基本经验教训，确立了军队建设基本原则。这些原则中重要的一条，就是确立了党对红军实行绝对领导的原则。决议规定，红军中必须健全各级党的组织，实行政治委员制度，反对以任何借口削弱党对红军的领导，并尖锐地批评了"极端民主化""非组织观点"和个人主义等错误倾向。党指挥枪的原则至此定型。

从三湾改编到古田会议，我们党以巨大的理论勇气和超拔的政治品格，对单纯军事观点、极端民主化、非组织观点等形形色色的非无产阶级思想"毫不犹豫地反对之"，开辟了思想建党、政治建军的光明新路。正如罗荣桓所说："从此，这支部队便有了灵魂，开始完全处在党的绝对领导之下。"党指向哪儿枪杆子就打到哪儿，部队不怕刀锯鼎镬、不顾生死安危，凝聚力战斗力创造力不断增强，屡屡走向胜利。

习近平同志指出，党对军队绝对领导是中国特色社会主义的本质特征，是党和国家的重要政治优势，是人民军队的建军之本、强军之魂。对党指挥枪的显著优势的概括，主要体现在三个方面。

一是确保人民军队绝对忠诚于党和人民。在我们党缔造人民军队之前，中国的军队长期是封建式的私家军，"兵归将有、兵随将走"的领兵传统根深蒂固，人民群众饱受兵荒马乱之苦。我们党缔造人民军队以后，用党对军队绝对领导的制度把军队改造成党和人民的军队，根治了军阀割据、人民遭殃的问题，为国家长治久安、社会和谐稳定、人民幸福安康提供了坚强制度保障。当今世界战乱纷争不断，这不是一个完全和平的时代，我们能够享受和平安宁的生活，就是因为我们有一支听党指挥，为捍卫国家安全、社会稳定、人民幸福安宁而战的强大的人民军队。

二是确保人民军队最高领导权和指挥权集中于党中央、中央军委。国家大柄，莫重于兵。军队的领导权和指挥权，关乎党和国家前途命运，关乎中国特色社会主义事业发展。党对军队的绝对领导，是中国共产党建军治军的伟大创造。这一根本原则和制度，把马克思主义建党建军学说与中国实际紧密结合，以党的先进性赋予人民军队先进性，成为人民军队区别于一切旧军队的政治特质和根本优势。新中国成立后，我们党探索建立了人民当家作主的社会主义制度，将党指挥枪原则上升为国家基本军事制度，实现了党的军队、人民的军队、社会主义国家的军队的有机统一和高度一致，人民军队成为中国特色社会主义的坚强柱石。

三是确保人民军队有力保障国家主权、安全、发展利益。当今世界正经历百年未有之大变局，我们正在进行具有许多新的历史特点的伟大斗争，面对强国强军的时代要求，面对国家安全环境的深刻变化，只有始终把人民军队置于党的绝对领导之下，才能保证人民军队以党和国家的意志为意志，始终按照党指引的方向前进。确保军队干部特别是高级指挥员从政治高度思考军事问题，着眼国家政治外交大局和国家安全战略全局，最大限度地保障国家主权、安全、发展利益，把党的政治优势和组织优势转化为制胜优势。

当今世界，战争并没有被消灭。中华民族伟大复兴也绝不是轻轻松松、顺顺当当就能实现的。任何思想上的刀枪入库、行动上的马放南山都是极端危险的。只有毫不动摇坚持党对军队的绝对领导，坚决维护权威、维护核心、维护和贯彻军委主席负责制，始终保持人民军队的性质宗旨，全面推进政治建军、改革强军、科技强军、人才强军、依法治军，持续加强练兵备战，我们才能在实现强军目标、建设世界一流军队的征途上阔步向前，为实现中国梦强军梦提供坚强力量保证。

## ◎ 由大变强的发展之道

纵览新中国70多年的历史，人们使用最多的词语，就是"巨变"。从新中国成立初期一穷二白到稳居世界第二大经济体，从建立完整的国民经济体系到日益走近世界舞台中央，新中国70多年的沧桑巨变，靠的正是在发展中推进现代化建设的不懈努力。70多年来，稳健而卓越的发展能力让一个古老大国在现代化之路上华丽转身，让一个走过百年历史的大党风华正茂，勇立时代潮头。

新中国成立之初，为尽快改变贫穷落后的面貌，以毛泽东同志为代表的中国共产党人带领全国人民自力更生、艰苦奋斗、奋发图强。由于党领导经济建设的经验不足，加之同为社会主义国家的苏联经济建设取得了巨大的成就，以毛泽东同志为核心的党的第一代领导集体在这一时期选择了照搬"苏联模式"来谋划国内的经济发展。这种高度集中的经济管理体制在运行之初，集中力量办大事，促进国家重点项目的建设，使国民经济得到迅速恢复和发展。但随着社会主义制度的建立，经济建设规模的扩大，苏联模式的弊端日益显现。为消弭弊端，毛泽东创造性地提出了社会主义基本矛盾学说。1956年，毛泽东指出"要把一个落后的农业国转变为工业化强国"，开启了社会主义工业化建设的历史进程，并及时总结经验教训，创造性地提出了在优先发展重工业的同时，实现农业和轻工业齐步发展的思想，实现了从完全"照搬苏联"到"以苏为鉴"的社会主义发展道路的转变。

邓小平吸取国内外的经验教训，借鉴西方现代化理论，提出"发展才是硬道理"的科学论断，坚持对内改革与对外开放融为一体，大大推进了中国的现代化进程。以邓小平同志为核心的中国共产党人对我国发展的新的架构，使我国的发展理念发生了历史性变革。邓小平的发展理念坚持以经济建设为中心，通过改革完善社会主义制度中的不合理成分，首次提出建立社会主义市场经济体制的目标，丰富和发展了中国的经济发展模式，创造性地提出走中国特色社会主义道路。而邓小平为实现社会主义现代化制定的"三步走"战略，则成为党和人民将伟大目标变成现实的具体蓝图。邓小平根据我国具体国情，提出"一部分地区有条件先发展起来，一部分地区发展慢点，先发展起来的地区带动后发展的地区，最终达到共同富裕。"同时，邓小平在优势地区实行重点发展政策，实行对外开放，相继开放经济特区和沿海经济开放区，实现了经济的快速发展。

以习近平同志为核心的党中央提出的"创新、协调、绿色、开放、共享"的发展理念，有着深厚的历史基础、生动的实践基础、内在的现实基础、坚实的理论基础和牢固的政治基础。为推进国家治理体系和治理能力的现代化，实现中华民族的伟大复兴，党中央领导集体审时度势，制定了"四个全面"战略布局，提出全面建成小康社会这一阶段性目标。而"五大发展理念"正是针对"经济新常态"应运而生的，其解决了经济进入新常态后的发展问题。

五大发展理念关系发展全局，对发展的基本方面和基本关系做了深刻阐述。创新定位于动力方面，阐释了人与社会环境的矛盾关系，担负着引领发展第一动力的"牛鼻子"角色，是解决我国发展"虚胖"问题进而实现由大转强的关键；协调定位于平衡方面，阐释了地区、城乡、软硬、军民等全局性关系，为拓展发展空间、提升发展效能提供了根本遵循；绿色定位于滋养方面，阐释了人与自然的关系，强调要在坚持节约资源、保护环境基本国策的前提下，走生产发展、生活富裕、生态良好的文明发展道路；开放定位于空间方面，阐释了中国与世界的关系，凸显出全球化背景下要注重内外联动、互利共赢，建构广泛的利益共同体；共享定位于目的方面，阐释了人与发展成果的关系，紧扣发展成果由全体人民共享这一核心，突出对发展获得感的全面提升。

五大发展理念关系发展根本，体现了对发展规律的深刻认知。从经济发展规律来看，传统依靠"物"来推动增长的模式功不可没但不可持续，今后将更加注重发挥"人"的价值，所以必然提出创新发展理念。从人类社会发展规律来看，既要注重发展活力，也要注重各个方面、各种关系的平衡与和谐，所以必然提出协调发展理念。从自然发展规律来看，顺应自然、保护自然是必须遵循的前提，所以必然提出绿色发展理念。从世界发展规律来看，任何一个国家在追求发展和强大的历史进程中都要倚重全球的力量，所以必然提出开放发展理念。从社会主义建设规律、党执政规律和人的发展规律来看，共同富裕、以人为本、成果共享是社会主义本质的重要体现，所以必然提出共享发展理念。

五大发展理念关系发展长远，体现了国家由大转强阶段对发展提出的新要求。新中国成立以来特别是改革开放以来，为加快追赶、"做大蛋糕"，要素和资本投入力度不断加大，换来了长期高速发展，中国一跃成为世界第二大经济体。但问题也随之而来，生态环境遭到破坏，创新能力显得不足，承载能力逼近极限，发展的代价十分巨大。站在全面建成小康社会和中华民族伟大复兴新的历史起点上，必须对未来发展做出重新谋划。五大发展理念就是对发展全局的顶层设计，必将推动发展动力由要素驱动、投资驱动走向创新驱动，发展布局由不协调走向协调，发展质量和形态由过度消耗污染走向绿色可持续，内外联动由单向、低级走向双向、全面、高端、协调和互利共赢，发展目的由一部分人先富起来走向人人拥有更多获得感。

五大发展理念涉及发展短板，抓住了实现"两个一百年"奋斗目标进程中的矛盾、问题和不足。五大发展理念既是决胜全面建成小康社会的关键因素，也从一个侧面反映出我们发展的短板。创新理念旨在克服人的创新需求与社会环境制约之间的矛盾，即社会环境还满足不了人们对创新的需求。协调理念旨在克服地区之间、城乡之间、部门之间、行业之间、人与人之间的矛盾，强调既要突出重点，更要抓住全面。绿色理念旨在克服人与自然之间的矛盾，强化制度对生态环境持续改善的保障作用。开放理念旨在解决我国对外开放中的突出矛盾和问题，指出了开放型经济体现当今时代特色、顺应世界发展潮流、符合我国发展要求的升级方向。共享理念旨在克服人与发展之间的矛盾，把共享作为发展的出发点和落脚点，充分体现了社会主义本质和党的宗旨。

五大发展理念关系发展方略，体现了"人民共创共进共生共赢共享"的哲学思想。作为一个有机整体，新发展理念各个部分之间具有严密的逻辑关系。创新发展在当今谓之"共创"，协调发展的本质是推动"共进"，绿色发展的目的在于"共生",开放发展则必须注重"共赢",共享发展的实质在于"共建共富"。创新是出发点,共享是落脚点,两者在五大发展理念中居于核心地位,其战略要义可以概括为"人民共创共享"。这是以习近平同志为核心的党中央治国理政哲学思想在我国发展问题上的集中体现,是新时代引领我国经济社会发展的行动纲领,生动体现了人民至上的价值追求,彰显了我们党尊重社会发展规律和尊重人民主体地位的高度统一。

当代中国,现代化建设取得了巨大发展,综合国力与国际影响力空前提高,我们倍感自豪。回首70多年新中国走过的风雨征程中,我们遇到过许多的困难,甚至还有不少挫折。也正是有了这些困难的磨砺,才让我们在克服困难后变大变强。世界上从来没有哪个国家有如此大规模的人群实现了"命运逆转"——1949年新中国成立时,人均国民收入只有27美元左右,是世界上最贫穷的国家之一;如今,人均国民总收入约7880美元,从低收入国家迈入中等偏上收入国家行列。7亿多人口摆脱贫困,对全球减贫贡献率超过70%;超过一半人口生活在城市,社会保障体系基本实现全覆盖……14亿多人民的生活水平实现了历史性的飞跃。中国特色社会主义事业是一场漫长的马拉松,因为我们将长期处于社会主义初级阶段,所以我们任何时候都不能放松。我们要时刻居安思危,保持奋斗激情,不断战胜各种困难和挑战,并以新的发展理念为指引,驾驭中国巨轮继续破浪前进,驶向伟大复兴的光辉彼岸。

## ◎ 从"赶上时代"到"引领时代"

在人类历史的长河中,中国曾长期处于世界领先水平。但近代中国故步自封、逐步落伍,西方列强却因资产阶级革命和工业革命迅速崛起。"赶上时代、实现复兴"成为中国人民的夙愿。

经过70多年社会主义革命和建设,特别是经过40多年改革开放,中国走过了发达国家几百年的现代化历程,实现了从"赶上时代"到"引领时代"的伟大跨越,创造了人类社会发展史上的奇迹。相比较于近代以来中国的积贫积弱,相比较于新中国成立之初的一穷二白,这样的跨越不能不令人惊奇。再相比较于近年来很多西方国家出现的社会治理紊乱甚至失序,相比较于一些发展中国家现代化转型的失败,这样的跨越不能不让人赞叹。中国何以能够实现这样的伟大跨越?毫无疑问,这一切根本上来自中国共产党的坚强领导,来自中国人民的团结奋斗,来自中国社会的坚定自信。

党引领中国巨轮走过昨天,把辉煌载入人类史册。中国共产党是一个有着强烈历史使命感的马克思主义政党,这种使命感来自历史的召唤、人民的重托。纵观人类文明发展史,中华民族创造了灿烂悠久的中华文明,为人类做出了卓越贡献,成为世界上伟大的民族。但是,近代以后,由于西方列强数次入侵,使中国陷入内忧外患的境地,人民深陷苦难之中。从洋务运动到清末新政,从太平天国起义到义和团运动,从戊戌变法到辛亥革命,一次次抗争和失败都反复验证了一个真理:救国救民的历史重任只能由顺应历史潮流和人民利益的政党扛起来。以马克思主义为指南的中国共产党就是在这种情势下应运而生的,其成立和发展壮大展现了高度的合历史性、合人民性、合真理性。经过28年艰苦卓绝的新民主主义革命,党领导中国人民建立了中华人民共和国,从而彻底改变了近代以后100多年积贫积弱、任人欺凌的悲惨命运,中华民族走上了实现伟大复兴的壮阔道路。70多年筚路蓝缕,70多年波澜壮阔。从积贫积弱到巍然屹立在世界东方,从"弱国无外交"到"朋友圈"越来越大,每一个历史瞬间,都给中国人民带来无比自豪和骄傲。同时,也把一个个传奇和辉煌镌刻在历史画册上,定格为令世界刮目相看的中国奇迹和中国瞬间，展示为推动世界发展的中国智慧和中国方案，凝结成促进人类进步的中国价值和中国精神。实践启示我们，党领导中国人民建立新中国，是坚守初心使命、追求理想信念的历史必然，是追求民族独立、国家统一、人民解放的伟大成果。历史告诉世人：没有任何力量能够撼动我们伟大祖国的地位，没有任何力量能够阻挡中国人民和中华民族的前进步伐。

党引领中国巨轮乘风破浪，推动中国特色社会主义进入新时代。习近平总书记指出，70多年来，全国各族人民同心同德、艰苦奋斗，取得了令世界刮目相看的伟大成就。党的十八大以来，以习近平同志为核心的党中央，始终坚持人民主体地位，兑现坚决打赢脱贫攻坚战的庄严承诺，务实解决全面建成小康社会难题，千百年来困扰中华民族的绝对贫困问题即将历史性地画上句号；始终坚持中国特色社会主义道路，牢牢立足社会主义初级阶段这个最大实际，不断拓展中国特色社会主义新境界，用生动实践书写了人类发展史上的伟大传奇；始终坚持和平发展道路，奉行互利共赢的开放战略，为推动构建人类命运共同体、推动人类和平与发展的崇高事业做出了重大贡献；全面贯彻执行党的基本理论、基本路线、基本方略，着力解决人民群众反映最强烈、对党的执政基础威胁最大的突出问题，为建设世界上强大的马克思主义政党做出不懈探索，党的建设新的伟大工程呈现历史新气象。

党是一个勇于追求真理、不断推进理论创新的党。70多年，共产党人一路走来，孜孜以求救国救民、富国强民的过程，实际上就是对初心和使命的坚守过程，也是不断推进理论创新、永葆思想活力的过程。坚持以创新引领时代的科学理论，中国从"落后时代"到"赶上时代"再到"引领时代"，这些都是人类社会前所未有的规模宏大的社会政治实践，必然会遇到这样那样的困难和挑战，出现这样那样的矛盾和问题，经受这样那样的风险和考验，因而必须有科学理论的指导。从马克思列宁主义到各个时期与时俱进的马克思主义中国化成果——毛泽东思想、邓小平理论、"三个代表"重要思想、科学发展观、习近平新时代中国特色社会主义思想，就是中国共产党指导事业发展、不断从胜利走向新的胜利的科学理论。完全可以想见，如果不是善于推进实践基础上的理论创新，不是勇于在理论指导下进行实践开拓，党不可能保持强大生机活力，更不可能与历史同步伐、与时代共命运，党和人民事业当然不可能一路走到今天。今天，站在新的历史起点上，有了习近平新时代中国特色社会主义思想的理论指引和实践运用，党对"三大规律"的认识和把握更加自觉，党的自我革命和斗争意志更加坚定，党的执政基础和群众基础更加巩固。一个始终走在时代前列、勇于自我革命、朝气蓬勃的伟大政党，统揽伟大斗争、伟大工程、伟大事业、伟大梦想，推动中国特色社会主义进入了新时代。从这时起，中国大踏步赶上了时代，中国人民意气风发走在了时代前列！

中国共产党引领中国巨轮擘画明天，团结带领人民为实现伟大复兴共同奋斗。习近平总书记号召全党要更加紧密地团结起来，"不忘初心、牢记使命"，锐意进取、开拓创新、沿着中国特色社会主义道路阔步前进，为实现"两个一百年"奋斗目标、实现中华民族伟大复兴的中国梦而不懈奋斗！

回顾过去，先有马克思主义政党后有社会主义国家的历史逻辑，决定了党在领导人民建立新中国、实现伟大复兴的历史进程中，总是站在时代潮头。立足现在，党政军民学，东西南北中，党是领导一切的理论逻辑，决定了党在领导人民续写新征程中，必须与人民同呼吸、共命运，团结带领人民为实现伟大梦想共同奋斗。展望未来，建党百年、执政70多年，中国共产党既志存高远、充满自信，又始终保持清醒，犹恐能力不够、水平不高、本领不强，一直强调要全面增强执政本领。世界上有哪一个政党如此谦虚谨慎，如此清醒自觉，如此令人信服？有这样的政党，是中国人民之福、中华民族之幸。70多年的历史实践表明，中国要赶上时代、引领时代，党的领导是根本。坚持党对一切工作的领导，中国取得了改革成功、创造了发展奇迹。中国这样一个古老大国要实现民族复兴，要赶上和超越时代，遇到的矛盾之大、困难之多、风险之突出、考验之严峻都是前所未有的。而要有效应对重大挑战、抵御重大风险、克服重大阻力、解决重大矛盾，坚持党是国家最高政治领导力量的政治定位，坚持党对一切工作的领导，坚持加强和改善党的领导，则是最根本最重要的。进入新时代，要认真贯彻习近平新时代中国特色社会主义思想，党的政治领导力、思想引领力、群众组织力、社会号召力一定会不断增强，从而始终成为时代先锋、民族脊梁，成为引领中国社会实现伟大跨越的"定海神针"。

历史和实践表明，党的领导是当代中国的最大国情，是中国特色社会主义最本质特征，是当代中国最高政治领导力量，是实现伟大复兴的中流砥柱。在近代以来中国政治的大逻辑中，新中国成立是起点、是基石、是支撑，党的领导是中轴、是核心、是保障，团结带领人民是中心、是主旨、是任务，实现伟大复兴是目标、是动力、是梦想。正是在这个意义上，坚持党的领导不是抽象的而是具体的，带有鲜明的实践特征。

新的号角已吹响，新的征程再扬帆。回望来时路，先进的政党、强烈的担当、正确的道路、科学的理论，这是党实现从赶上时代到引领时代的成功密码、关键要素。瞻望前行路，中国要在引领新时代的历史进程中行稳致远，必须把这些要素坚持好、运用好、发展好。历史终将证明，有以习近平同志为核心的党中央坚强领导，中国一定能够更好地站在时代前列，以自身的"强起来"更好地引领时代。继续推进中国特色社会主义伟大事业，不断满足人民对美好生活的向往，不断创造新的历史伟绩，中国人民的明天会更好。

## ◎ 开启治理国家的新境界

中国历来重视治国安邦,追求天下大治,希望通过有效的、适合当时时代环境的国家治理来实现长治久安。党自成立以来,团结带领人民,坚持把马克思主义基本原理同中国具体实际相结合,赢得了中国革命胜利,并深刻总结国内外正反两方面经验,不断探索实践,不断改革创新,建立和完善社会主义制度,形成和发展党的领导和经济、政治、文化、社会、生态文明、军事、外事等各方面制度,加强和完善国家治理,取得历史性成就。

从1840年到1949年的100多年间,中华民族内忧外患不断,社会一盘散沙,中国政治舞台上各种政治势力轮番登场,但大都是昙花一现,成为"其兴也勃焉,其亡也忽焉"的匆匆过客。100多年间,中国人民苦苦追寻救亡图存之路,农民革命、实业救国、君主立宪、资产阶级民主革命等各条道路都走过了,西方的议会制、多党制、总统制等各种制度都尝试了,改良主义、自由主义、社会达尔文主义、无政府主义、实用主义、工团主义等各种主义都试过了,结果都行不通,中国依然处于动乱之中。

古语有云:"天下大势,治乱相替而已。"大乱之后必有大治,历史呼唤真正的使命担当者。在历史的反复比较中,在各种主义、各条道路的反复权衡中,在各派政治力量的反复较量中,在中国人民的反复选择中,在中国人民反抗封建统治和外来侵略的激烈斗争中,在马克思列宁主义同中国工人运动的结合过程中,1921年党应运而生。党成立之后,在革命根据地和解放区创立了人民政权,开始了新制度、新治理的探索实践,并在此基础上进一步探索完善国家制度与治理模式。在党的领导下,中国人民赢得民族独立、人民解放的伟大斗争,建立了中华人民共和国,实现了中国从几千年封建专制政治向人民民主的伟大飞跃。

新中国的成立，是近代以来中国由乱到治的伟大历史转折。在党统一领导的制度体系和治理体系逐步确立，全国秩序焕然一新，根本扭转了困扰中国长达一个多世纪的内忧外患局面。新中国成立后，中央人民政府宣告：废除一切不平等条约，取消外债，外国军队退出中国领土领空领水，不承认外国使领馆的地位；确立了"另起炉灶""打扫干净屋子再请客""一边倒"的新中国外交方针，彻底推翻了压在中国人民头上的三座大山，中国面貌实现了由乱到治的历史性转变，久经磨难的中华民族走上了重塑民族自信、走向民族复兴的伟大历史征程。党领导中国人民开辟的"中国之治"，依托中国特色社会主义制度和国家治理体系，坚持德法并举，始终以满足人民美好生活需要为旨归，不断开创国家治理的新境界。

首先，中国特色社会主义制度的创立和完善：党的十一届三中全会之后"中国之治"的探索。改革开放初期，邓小平在总结经验教训的基础上，开启了"中国之治"的历史新起点。他充分认识到制度建设的重要性，同时强调制度探索的长期性，希望通过一代代人不懈的努力，形成一整套更加成熟、更加定型的制度。这一时期提出建立社会主义市场经济体制和社会主义初级阶段的基本经济制度；完善了人民当家作主的各项制度和党的民主集中制；确立了依法治国的基本方略。

其次，中国特色社会主义制度的巩固和深化：新时代"中国之治"的发展。党的十八大以来，以习近平同志为核心的党中央将"中国之治"推向新时代。新时代必有新气象。这一时期，明确了党的领导是中国特色社会主义的最本质特征，是中国特色社会主义制度的最大优势；吹响了全面深化改革的号角，明确了全面深化改革的总目标；脱贫攻坚、正风反腐、乡村振兴等夯实了社会基础，加强了社会治理；明确提出了新时代党的建设总要求。

再次，坚持和完善中国特色社会主义制度、推进国家治理体系和治理能力现代化的里程碑与新起点：党的十九届四中全会开启"中国之治"新境界。党的十九届四中全会所做的《决定》，是中国制度文明史，甚至是世界制度文明史上的一个创举，既是"中国之治"的里程碑，又是"中国之治"的新起点。这次全会全面总结了我们党治国理政的伟大实践，自信地宣布了我国国家制度和国家治理体系的显著优势；公布了"中国之治"三步走的总体目标；明确阐述了坚持和完善支撑中国特色社会主义的根本制度、基本制度、重要制度，并强调加强党的领导。这些制度是全方位、多领域的。

西方自由主义理论常常宣扬这样一种论调，即政府是必要的"恶"，新自由主义最响亮的口号，就是政府管得越少越好。正是基于这一论调和口号，西方一些国家就成为以资本为主导的国家，执政党和国家也显示不出其领导力、引领力和组织力。这正是出现"西方之乱"的一个根本原因。

风景这边独好。在出现"西方之乱"之际，在东方大国即我们中国却出现了"中国之治"。这一"中国之治"，从1921年中国共产党成立那天起就开始了，其实质，就是要把所谓的"恶"政府塑造成一个为人民服务的"善"政府，把党锻造成为深得人民拥护的强大政党。这里有一个前提性问题：党和政府掌握着国家权力和资源，如果缺乏对权力的制约和监督，就会出现滥用现象并导致腐败，即呈现为"恶"。党从成立那天起，就努力以"中国之治"来解决所谓的"恶"的问题，努力把党锻造成为深得人民爱戴和拥护的强大政党。

中国之治根源于政党之治。党的领导与担当是"中国之治"的最基本保证。一方面，作为中国革命、建设、改革的领导核心，没有成功的党的建设，也不可能有成功的国家建设，所谓"中国速度"其动力就在于党的引领。另一方面，坚持党要管党、全面从严治党，增强忧患意识，不断推进党的自我革命，永葆党的先进性和纯洁性，从而保证党始终带领全国人民走在复兴之路上。

可以说，党的自我建设与中国的治理成功密切相关。

中国之治体现在大国之治。《决定》提到，中国的制度和治理体系，是"推动拥有近十四亿人口大国进步和发展"的制度和治理体系。"中国之治"正是实现了在中国特色社会主义理论指导下，中国作为一个世界性大国的腾飞。"实践是检验真理的唯一标准"，中国作为一个大国实现良好的治理，就是对中国特色社会主义理论正确性的最佳证明。

中国之治本质是人民之治。"中国之治"的一大优势是坚持人民当家作主，发展人民民主，密切联系群众，紧紧依靠人民推动国家发展。一方面，"中国之治"是以人为本的治理，目的就是为了人民的幸福与利益。中国共产党的初心，就是为中国人民谋幸福、为中华民族谋复兴。增进人民福祉、促进人的全面发展是我们党立党为公、执政为民的本质要求。另一方面，人民是"中国之治"的参与者、贡献者，"中国之治"在于使各方面制度和国家治理更好体现人民意志、保障人民权益、激发人民创造。可以说，"中国之治"是"来自人民、为了人民、属于人民"的治理。

中国之治承载着文明之治。"中国之治"不仅是对一个国家的治理，更意味着对一个文明的治理。"中国之治"实际上承载着一个古老文明的现代化命题，这是中华民族的一次革命性飞跃，这种革新精神正是中华民族延绵数千年的秘密所在。推进中国国家治理能力与治理体系的现代化，吹响了"源于中国而属于世界"的当代政治文明话语体系建设的号角。中国的治理模式激励着广大发展中国家探索自己的治理模式，也启迪西方社会走出治理困境，为人类文明演进贡献中国智慧。

在党的领导下，中华大地发生了翻天覆地的变化，创造了"当惊世界殊"的发展成就，书写出人类历史上前所未有的发展奇迹。中国大踏步赶上了时代，中国人民意气风发走在了时代前列。党的光辉历程和辉煌成就，宛如一幅气势磅礴而又绚丽多彩的画卷，已经深深地镌刻在中华民族发展进步的历史丰碑之上。在古老的东方大国建立起保证亿万人民当家作主的新型国家制度，使中国特色社会主义制度成为具有显著优越性和强大生命力的制度，保障我国创造出经济快速发展、社会长期稳定的奇迹，也为发展中国家走向现代化提供了全新选择，为人类探索建设更好社会制度贡献了中国智慧和中国方案。只要牢牢守住中国制度的优势，始终坚持中国共产党的领导、始终坚持以人民为中心的理念、始终坚持民主集中制的组织方式和实事求是的原则，中国就一定会不断发展进步，实现中华民族的伟大复兴的中国梦。

## 第六章

## 海纳百川的大智慧

中国共产党的大智慧，主要表现在她不断实现理论创新的接续推进，并善于把理论创新成果转化为认识世界、改造世界的强大物质力量。正是由于党的大智慧，才使得科学社会主义在21世纪的中国焕发出强大生机活力，在世界上高高举起中国特色社会主义伟大旗帜。正是由于党的大智慧，历经百年求索而笃定宣示，当代中国的伟大社会变革，不是简单延续我国历史文化的母版，不是简单套用马克思主义经典作家设想的模板，不是其他国家社会主义实践的再版，也不是国外现代化发展的翻版，而是中国特色社会主义的原版。党的自身性质及其独特优势也彰显党的智慧，理论优势是党的思想灵魂的活力源泉，政治优势是党治国理政的重要法宝，组织优势是党稳定有序的力量支撑，制度优势是党精诚团结的机制保证，密切联系群众的优势是立党兴党的基础。

大党风范：大党就要有大党的样子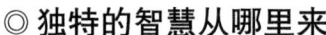

## ◎ 独特的智慧从哪里来

党为什么能够历经磨难而数度凤凰涅槃，并在前进的道路上取得非凡的成功，这是由党自身所具有的独特的智慧优势所决定的。她是由理想坚定、境界脱俗、能力超凡、品德高尚、意志坚强的成员构成的伟大政党；她是以马克思主义科学理论武装头脑的学习型政党，高度重视人民群众的智慧，她有好的思想方法、工作方法、领导方法。历史与实践证明，党是不断创造出传奇业绩的政治组织。那么党的独特的智慧从哪里来？

独特的智慧来自科学理论的武装，党是以马克思主义科学理论武装头脑的学习型政党。当今世界，存在着许多政党，但是像中国共产党这样以科学的系统的理论武装头脑的政党并不多见。西方发达国家的政党，没有像中国共产党这样设立对党员实施理论培训教育的党校，更没有像中国共产党这样建立的严格的党员学习制度。中国共产党紧紧依靠人民、带领人民跨过一道又一道沟坎，取得了一个又一个胜利，走出了一条具有中国特色的革命、建设和改革之路，其重要原因就在于我们党始终坚持马克思主义的思想方法和工作方法，在寻找解决问题的思路上，不因循守旧，不刻板教条。从实践出发，根据不同历史时期的任务要求，我们党先后提出了农村包围城市、武装夺取政权、抗日民族统一战线、新民主主义论、过渡时期总路线、正确处理人民内部矛盾、社会主义本质、社会主义初级阶段、社会主义市场经济体制、依法治国、科学发展等推进中国革命、建设、改革的可行方案，先后形成了毛泽东思想和包括邓小平理论、"三个代表"重要思想、科学发展观、习近平新时代中国特色社会主义思想在内的中国特色社会主义理论体系，体现了中国共产党高度的理论自觉、理论自信。正是因为党善于根据客观情况的变化，不断提高党员干部的思想认识水平，不断推进和深化马克思主义中国化，才能够战胜艰难险阻，历经曲折，由弱到强，从幼稚走向成熟，从胜利走向胜利。

独特的智慧来自人民群众，人民创造历史是历史唯物主义的基本观点。人民群众是真正的英雄，是人类社会发展的决定性力量。我们的事业能不能顺利发展，关键在于能不能始终保持党同人民群众的血肉联系，能不能充分调动人民群众的积极性、主动性、创造性。从群众中来，到群众中去，把党的正确主张变为群众的自觉行动，把群众路线贯彻到改革发展全过程，是我们必须坚持的工作路线。群众是最好的老师，也是我们最大的靠山，在群众面前我们永远是小学生。我党历来高度重视群众智慧。毛泽东称："群众是真正的英雄。"邓小平说："改革开放中许许多多的东西，都是群众在实践中提出来的。"习近平指出："好办法、好措施从哪里来？答案就是从群众中来。"谷文昌在踏遍东山县412个山头，走访近万名群众后，总结出木麻黄种植的"六大技术要点"，固定住了全县80%的飞沙。杨善洲向1000多名群众问计，发明了"三岔九垄"插秧法，使粳稻亩产量提高近400斤。善于总结群众实践经验是党的优良传统。回顾我们党百年的发展历史，无论是"雄关漫道真如铁"的峥嵘岁月、"山重水复疑无路"的紧要关头，还是"风景这边独好"的发展时期，都是在总结群众实践经验、汇聚群众智慧力量中走向胜利与辉煌的。

独特的智慧来自好的思想方法、工作方法、领导方法。党善于运用贯穿其中的马克思主义立场、观点、方法分析和解决实际问题，切实把学习成效转化为推动党和国家事业发展的强大力量。一是"理论联系实际"，实事求是，有的放矢。"实事求是"是一个古老成语，被毛泽东赋予深刻的现实意义："'实事'就是客观存在的一切事物，'是'就是客观事物的内部联系，即规律性，'求'

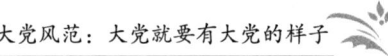

就是我们去研究。"他还把实事求是形象地比喻为"有的放矢"。邓小平说:"实事求是是马克思主义的精髓。"在新时代,习近平强调:"实事求是,是马克思主义的根本观点,是人认识世界、改造世界的根本要求,是我们党的基本思想方法、工作方法、领导方法。"毛泽东在民主革命时期,为党确立的"实事求是"的思想路线,一直是我党各项工作的重要指针。二是"注重改革创新",革故鼎新,与时俱进。毛泽东说:"人类总得不断地总结经验,有所发现,有所发明,有所创造,有所前进。停止的论点,悲观的论点,无所作为和骄傲自满的论点都是错误的。"邓小平说:"不解放思想不行,甚至于包括什么叫社会主义这个问题也要解放思想。""一个党,一个国家,一个民族,如果一切从本本出发、思想僵化,迷信盛行,那就不能前进,它的生机就停止了,就要亡党亡国。"习近平说:"改革开放是当代中国的鲜明标志和活力源泉,是发展中国特色社会主义的必由之路。"中国改革发展的实践证明,"唯创新者进,唯创新者强,唯创新者胜"。三是"批评和自我批评",坚持真理,修正错误。毛泽东说:"共产党人必须随时准备坚持真理,因为任何真理都是符合于人民利益的;共产党人必须随时准备修正错误,因为任何错误都是不符合于人民利益的。""有无认真的自我批评,也是我们和其他政党区别的显著的标志之一。""任何政党,任何个人,错误总是难免的,我们要求犯得少一点。犯了错误则要求改正,改正得越迅速,越彻底,越好。"习近平强调:"批评和自我批评是解决党内矛盾有力武器。"从谏如流,察纳雅言,坚持真理,修正错误,开展批评和自我批评,比如运用好民主集中制;言者无罪、闻者足戒、惩前毖后、治病救人;批评从严、处理从宽,不搞过火斗争、无情打击;谦虚谨慎,戒骄戒躁,等等。健康的党内生活制度,是党充满生机的基础,是我党取得胜利的一个重要因素。四是坚持两点论与重点论的有机统一。坚持辩证唯物主义和历史唯物主义的世界观方法论,这是党领导革命、建设和改革不断从胜利走向胜利的看家本领。一代又一代中国共产党人之所以能够科学应对重大挑战、抵御重大风险、克服重大阻力、解决重大矛盾,不断开辟党和人民事业的新境界,一个重要原因是深谙并熟练运用矛盾分析法,既坚持"两点论",统筹兼顾党和人民事业包含的各个矛盾和矛盾的各个方面,同时又坚持"重点论",扭住关键性的主要矛盾和矛盾主要方面求得突破,妥善处理了改革发展稳定、内政外交国防、治党治国治军等一系列重大关系。党和人民的事业前无古人,如何推进这一事业,老祖宗的本本上没有现成答案,其他社会主义国家也没有提供现成的经验,只能靠党领导人民艰辛探索。中国共产党"拓荒",靠的就是唯物辩证法,统筹兼顾,同时又善于抓住重点,带动全盘。比如,在坚持和发展中国特色社会主义这个重大问题上,我们党坚持把确保党的领导核心地位与尊重人民主体地位统一起来,把推动经济社会发展与促进人的全面发展统一起来,把增强社会发展的动力与强化社会和谐的定力统一起来,把总结社会主义发展成果与借鉴人类文明成果统一起来,不断推动中国特色社会主义事业向上向好。

总之,科学理论武装头脑,旗帜鲜明讲政治,具备世界眼光、历史眼光、辩证眼光、群众眼光,才能够练就如炬如电般的慧眼,在风云激荡中看清大势、掌控优势、把握走势,不忘初心、不辱使命,使党保持勃勃生机,显示了强大战斗力。

## ◎ 把创新写在党的旗帜上

创新是一个民族进步的灵魂,是一个国家兴旺发达的不竭动力,也是一个政党永葆生机的源泉。创新,一个大党进步的灵魂。纵观党的发展历史,也就是一部不断创新的历史。实践永无止境,创新永无止境,党把创新写在党的旗帜上,特别是像中国共产党这样经过28年艰苦奋斗夺取政权,又在世界上人口最多的国家执政70多年,并成功领导这个国家实现由一穷二白的农业国向现代化国家转型的政党,其成长历程中所经过的各种风风雨雨,所遭遇的各种曲折坎坷,所获得的各种成功辉煌,所积累的各种政治经验,所沉淀的各种能力智慧,已经不是今天看到的各种文字和画面所能够充分表现的了。一个最初只有50多个党员的政党,发展到今天有9000多万党员的执政党,其间一次次涉过险滩、走出绝境、穿越低谷,创造了数不清的人间奇迹。其化险为夷靠的是什么?是信仰、理想、信念,是意志、团结、无私,是纪律、担当、忠诚,是进取、开拓、无畏,还有很多很多。但不管从哪个角度来讲,创新创造无疑都是其中一个重要的甚至是根本性的原因。回望党百年来波澜壮阔的风雨征程,我们会发现,党自成立之日起,就是一个充满创造智慧的党。百年大党,风雨兼程,不断创新铸就新辉煌。

创新开辟了中国特色社会主义发展道路,使中国道路更加宽广。道路就是方向,路正才能行远,才能从容和自信。"凡贵通者,贵其能用之也"。在风雨如磐的大革命时期,许多仁人志士为寻求救国之路不懈探索,但终不得方向;俄国十月革命的胜利和马克思主义在中国的传播,给探索中的中国带来了曙光。中国共产党把马克思主义基本原理与中国实际相结合,带领中国沿着马克思所揭示的社会主义方向前进,并紧紧抓住中国社会发展的主要矛盾,推进科学社会主义与中国实践更加紧密地结合,既不简单套用马克思主义经典作家设想的模板,也不走其他社会主义国家实践的再版之路,而是创造性地开辟了中国特色社会主义发展道路。这条道路越走越宽广,越走越充满活力,中国人民不仅站起来了,而且富起来、强起来了,使具有500年历史的社会主义主张在世界上人口最多的国家成功开辟具有高度现实性和可行性的正确道路，让科学社会主义在东方大国焕发新的蓬勃生机。中国道路向世界表明，一个百年来受列强压迫和侵略的民族，一个曾经落后于西方发达国家的民族，完全可以依靠自己的力量，建立与自己民族特点相符合的制度和发展道路，走上民族伟大复兴之路，为人类对更好的社会制度的探索提供了中国方案。

创新开拓了马克思主义新境界，使马克思主义理论永葆活力。理论是对规律的运用和发展。马克思主义是科学的世界观和方法论，是"伟大的认识工具"，是"改变世界"的有力思想武器，开辟了通向真理的道路。中国共产党紧紧围绕民族独立、人民解放和国家富强、人民幸福这条主线，根据不同时期社会发展的主要矛盾，始终不渝地推进马克思主义中国化、时代化、大众化，运用马克思主义指导中国革命、建设和改革实践，并在实践中不断丰富和发展马克思主义，形成了毛泽东思想、邓小平理论、"三个代表"重要思想、科学发展观、习近平新时代中国特色社会主义思想，不断深化对共产党执政规律、社会主义建设规律、人类社会发展规律的认识。党的十八大以来，以习近平同志为核心的党中央，坚持"五大发展理念"，协调推进"四个全面"战略布局，统筹落实"五位一体"总体布局，形成治国理政新理念新思想新战略，是马克思主义理论智慧在当代中国实践中的灵活运用和生动展开，体现了马克思主义理论永葆的创新活力。正如习近平总书记所说，"坚持不忘初心、继续前进，就要坚持马克思主义的指导地位，坚持把马克思主义基本原理同当代中国实际和时代特点紧密结合起来，推进理论创新、实践创新，不断把马克思主义中国化推向前进"。

创新完善了中国特色社会主义制度，使人民的生活更加美好。人民性是社会主义制度的本质要求，也是最大的优越性。中国共产党带领人民完成新民主主义革命，建立了中华人民共和国，实现了中国从几千年封建专制政治向人民民主的伟大飞跃，中国人民真正当家作主。中国特色社会主义的各项制度，无论是人民代表大会制度这个根本政治制度，还是公有制为主体、多种所有制经济共同发展的基本经济制度和按劳分配为主体、多种分配方式并存的分配制度，都是以保障人民主体地位为核心的，使我们党能够充分调动人民的积极性、主动性、创造性，坚定朝着共同富裕目标前进。"人民对美好生活的向往，就是我们的奋斗目标。"中国特色社会主义制度使党和政府拥有强大的集中决策、组织动员和统筹协调能力，形成了独有的最大限度整合社会资源、集中力量办大事的体制机制优势。凭借这一政治优势，我们党能够及时回应人民的强烈期盼，解决发展中存在的突出矛盾，处理好改革、发展与稳定的关系，适应和引领经济发展新常态，推进供给侧结构性改革，想群众之所想、急群众之所急、解群众之所困，在学有所教、劳有所得、病有所医、老有所养、住有所居上持续取得新进展，使民生问题得到极大改善，百姓在不断增强的获得感中坚定自信。

创新推动了中国社会实践发展，使综合国力不断提升。蛟龙入海、天宫上天、墨子遨游、C919首飞、复兴飞驰、华龙落地……创新极大解放和发展了社会生产力，极大增强了社会发展活力，使中国赶上了时代，使具有70多年历史的新中国建设取得举世瞩目的成就，一个世界上最大的发展中国家在短短40多年里摆脱贫困并跃升为世界第二大经济体。现在，"我们比历史上任何时期都更接近中华民族伟大复兴的目标，比历史上任何时期都更有信心、有能力实现这个目标。"一个具有5000多年文明历史的中华民族全面迈向现代化，人民生活显著改善，综合国力显著增强，国际地位显著提高，提出人类命运共同体，实施"一带一路"规划，推动形成公平合理、合作共赢的全球气候治理体系，推动文明交流互鉴，携手解决人类共同面临的各种挑战，在国际社会得到广泛认同。

创新推进了党的自身建设,使党永葆先进性和纯洁性。中国特色社会主义最本质的特征是中国共产党领导,也是制度的最大优势。唯创新者进、唯创新者强、唯创新者胜。党和人民事业发展到什么阶段,党的建设就应该推进到什么阶段。思想建设、作风建设不断推出新举措,群众路线教育实践活动、"三严三实"专题教育、"两学一做"学习教育及其常态化制度化等持续深化。制度建设不断推陈出新,法规制度相继出台。党的作风建设永远在路上,党风廉政建设和反腐败斗争永远在路上,全面从严治党永远在路上;党以自我革命的政治勇气,同一切弱化先进性、损害纯洁性的问题做斗争,祛病疗伤,激浊扬清,不断增强党自我净化、自我完善、自我革新、自我提高能力,扎实推进学习型服务型创新型政党建设,经受"四大考验"、克服"四种危险"。正是创新不断夯实党的执政基础,使党始终成为中国特色社会主义事业的坚强领导核心。

百年的历史证明,党是善于创新的政党。是一个坚持理论创新又善于理论创新的政党;党是一个敢于实践创新又善于实践创新的政党。而且善于把理论创新和实践创新良性互动不断激发中国共产党的创造力。"苟日新,日日新,又日新"。站在改革开放再出发的历史关头,更需要坚韧不拔弘扬伟大的创新精神,充满创造力的党带领人民在新时代为决胜全面建成小康社会、夺取新时代中国特色社会主义伟大胜利、实现中华民族伟大复兴的中国梦继续奋斗!

## ◎ 党何以能够一呼百应

习近平总书记强调:"党的力量来自组织,组织能使力量倍增。"党具有崇高组织使命、严密组织体系、严肃组织纪律的高度组织化特点,展现出强大组织动员力、行动力、战斗力。使党具备"振臂一呼，应者云集"的强大组织动员力和政治执行力，这同样是当今世界上无论哪个政党都不具备、都做不到的。

小河村，杨家沟，西柏坡；辽沈战役，平津战役，淮海战役……一边是偏僻遥远的小山村，一边是炮火连天的大战场，是什么让远隔千山万水的前后方步调一致、密切协同，兵随将转、决战决胜？几十年后，黄克诚在一篇文章中给出了答案：战争年代，毛主席用电台指挥作战，全党全军都无条件地执行"嘀嗒、嘀嗒"的命令，党一呼百应，上下"如同一个和睦的家庭一样，如同一块坚固的钢铁一样"。美国人也曾责问蒋介石："你有飞机，可以坐飞机指挥，却为什么总打败仗？而毛泽东没有飞机，靠电报指挥，为什么却总打胜仗？"周恩来曾经诙谐地说："我们这个指挥部一不发枪，二不发粮，三不发兵，只是天天收发电报，就把国民党给打败了。"据统计，三大战役期间，中共中央平均每个月收发电报的字数达到140万字。毛泽东等老一辈革命家在西柏坡的民房里，用电报指挥了20多场战役，共歼灭国民党军队200多万人。"嘀嗒、嘀嗒"，这耳际之音，急促而富有节奏，铿锵而不失韵味，如战鼓催征，如琵琶落雨。这无形电波，见证过陕北大地的春华秋实，见证过三大战役的硝烟战火，见证过铁马冰河的灯火阑珊。

政党如果只有数量没有质量，仅有阵容没有合力，将权力的占有和支配视为自身存在的唯一目的，注定被强大的权力所异化。国民党败逃台湾前也曾人数众多，手握国家政权，有800万武装，为什么三年之内就在中共中央从河北山区西柏坡发出的"嘀嗒嘀嗒"电报声中分崩离析？1948年蒋介石在一次讲演中"娘希匹"地大骂国民党："老实说，在古今中外任何革命党都没有像我们今天这样颓唐腐败；也没有像我们今天这样的没有精神，没有纪律，更没有是非标准，这样的党早就应该被消灭、被淘汰了。"其实，蒋介石冒天下之大不韪，发动"四一二"反革命政变时就为自己充当了掘墓人；抗战胜利后，国民党接收大员痴迷"五子登科"就敲响了失败丧钟。历史证明，国民党最终倒在了千千万万青年知识分子奔延安的坚定脚步声和淮海战役百万支前民工独轮车的嘎吱嘎吱声中。

有一次，一位领导率带团到泰国、柬埔寨等国访问。这位领导在会见泰国前总理他信和柬埔寨首相洪森时，这两位外国领导人不约而同地表达出这样的意思：我们特别欣赏中国共产党的一呼百应。他信还对比说：在自己国家，要修一个机场，6年拆迁搞不完。

党一呼百应，靠的是决策的正确英明。"政策和策略是党的生命"。作为一个政党，其政策和策略是否正确英明，决定着人心向背。党之所以能够一呼百应，是因为人民群众在不断地观察、体验和比较中，切身地感觉到：还是共产党的政策英明，还是共产党伟大。这种结论，在新中国建立之前，那是在与当时执政的国民党的比较中而做出的。老百姓用自己的话，夸共产党是"为民党"，而贬国民党是"刮民党"。新中国建立之后，共产党取得执政地位，广大人民群众在大量实践的验证、分析、比较中，坚定地认为"还是共产党好"！这是因为，中国共产党的决策，虽然偶有失误乃至错误，但总体正确英明。从新中国成立之初，采用和平赎买的方法进行社会主义改造，"一化三改"总路线的制定与实施，到现代化目标的提出；从"文化大革命"结束后，党的工作重心转移，到改革开放基本国策的确立；从中国特色社会主义的提出，到中国特色社会主义理论、道路、制度的形成与完善；从"两个一百年"目标的明确，到中华民族伟大复兴中国梦的提出；从"五位一体"总体布局，到"四个全面"战略布局、五大新的发展理念……引领全球第二大经济体的中国大步走在世界前列。人民群众置身其中，由衷拥护和支持中国共产党，正在为实现"两个一百年"的目标同心协力地奋斗。

党一呼百应，靠的是忠实代表广大人民群众根本利益。毛泽东同志早就指出："共产党是为民族、为人民谋利益的政党，它本身决无私利可图。"全心全意为人民服务，是中国共产党自成立之日起就确立的根本宗旨。党忠实地、一以贯之地代表中国最广大人民的根本利益，既不寻求自身任何利益，也不代表哪一个或哪几个利益集团的特殊利益。这成为中国共产党区别于其他政治势力的最大特色所在，也是党最能赢得各族人民信赖的最大优势。在延安，毛泽东同志为悼念张思德而写的文章标题就是至今有口皆碑的《为人民服务》；周恩来同志生前佩戴的胸章是"为人民服务"；北京中南海新华门门口的影壁上镌刻的也是"为人民服务"。"为人民服务"更体现在党对"我是谁""我为谁"实践回答的历史足迹中。从土地革命战争到抗日战争，再到解放战争，为谁而战、为谁奉献、为谁牺牲？答案只有一个：为中国劳苦大众！正因为如此，党才获得越来越多人民群众的广泛支持，才有一呼百应的威望。以习近平同志为核心的党中央，情为民所系、权为民所用、利为民所谋，把全面建成小康社会的使命扛在肩上，把万家忧乐放在心头，人民群众怎能不倍加拥护？！

党一呼百应，靠的是强有力的组织动员。组织动员，可说是中国共产党的拿手好戏。从建党之初，党就依靠组织动员工作，依靠宣传思想工作，动员工农千百万，同心干。"打土豪分田地""耕者有其田""打倒土豪和劣绅，工农当家做主人"。在没有任何执政资源、手中无权无势，不能给百姓以任何实际利益的情况下，依靠组织动员，获得民众的积极参与，建立起工农武装，创建多个革命根据地。即使在五次反"围剿"的极端困难情况下，在国民党的白色恐怖中，不少工农群众和知识分子，都来参加共产党，参加工农红军。长征路上，爬雪山过草地，嚼草根吃树皮，红军也坚持播撒革命火种、宣传革命道理。抗日战争期间，党的组织动员有声有色，用较短的时间建立起敌后根据地,并建立起抗日民族统一战线。在敌占区,我党开展出色的组织动员工作,动员并建立起成百上千支抗日游击队,"地道战""地雷战""平原游击战",打得鬼子晕头转向。解放战争时期,"打倒蒋介石,解放全中国"的组织动员,母送儿、妻送郎,组成浩浩荡荡的解放大军,人民解放军从1946年初的百万人,迅速扩展到1949年初的近400万人。新中国成立后,党继续发扬优良传统,不断加强组织动员工作,加强宣传思想工作,使各个时期、各个阶段党的目标、任务,都能得到人民群众的理解、支持与参与。党的十八大以来,以习近平同志为核心的党中央,依靠强有力的组织动员,将亿万人民聚集在中国梦的旗帜下,向着中华民族伟大复兴的目标奋发进取。

党一呼百应,靠的是不骄不躁民主团结。夺取全国政权前夕,毛泽东同志要求全党牢记"两个务必":"务必使同志们继续地保持谦虚、谨慎、不骄、不躁的作风,务必使同志们继续地保持艰苦奋斗的作风。"这里,毛泽东同志是使用了"继续"两个字。这说明,此前的中国共产党就是这样做的。在战争年代,她无论为拯救百姓于水火之中做了多大的牺牲,为百姓争取到了多少利益,包括土改中使亿万农民"耕者有其田",但从来没有居功自傲过。新中国成立之初,中国共产党百事待理,却极为缜密地筹备政治协商会议,组织20批119位民主人士秘密北上,当时在香港的李济深、何香凝、沈钧儒、章伯钧、蔡廷锴、谭平山等,热烈响应中共中央的号召"共同策进,完成大业"。开国大典还尚未举行,1949年9月21日,第一届中国人民政治协商会议在北平隆重举行,会议通过了《中国人民政治协商会议共同纲领》《中华人民共和国中央人民政府组织法》和《中国人民政治协商会议组织法》。新中国成立70多年来,中国共产党领导中国人民团结奋斗,励精图治,始终保持忧患意识、危机意识,做到自省自警,警钟长鸣。党清醒地认识到,权力是人民赋予的,必须行权为民,"水能载舟,亦可覆舟",脱离群众,就会被人民所抛弃；党能够执政，并非样样精明、事事精通，"能人背后有能人，天外还有大天地"，一直与各民主党派精诚合作，国是面前总是与他们相商，同时党自觉地接受着民主党派的监督、接受着人民群众的监督、接受着社会各方面包括新闻舆论的监督，始终保持批评与自我批评的优良作风。正是由于中国共产党心胸极为开阔，作风极为优良，团结各界各方人士，为建设新中国共同奋斗。改革开放新时期，中国共产党更是海纳百川，吸引着全世界的眼光，激发亿万人民的积极性、创造性，现如今，大众创业、万众创新，就是现实版的"一呼百应"的真实写照！

党一呼百应，靠的是以上率下模范带头。党对自己的党员、干部，特别是领导干部，向来要求都是严而又严。从党章到党的各项规章，都要求党员以上率下模范带头。你看，战争年代新党员就这样宣誓：吃苦在前，享受在后；冲锋在前，退却在后。战场上，从来就是领导带着队伍高喊"跟我来""跟我上"，这与国民党军官"给我冲""给我上"形成鲜明对比。共产党领导的军队所实行的三大纪律八项注意，也同样适用共产党内部的管理。1940年2月1日，毛泽东在延安民众讨汪大会的讲演中颇为自豪地说："这里一没有贪官污吏，二没有土豪劣绅，三没有赌博，四没有娼妓，五没有小老婆，六没有叫花子，七没有结党营私之徒，八没有萎靡不振之气，九没有人吃摩擦饭，十没有人发国难财。"南泥湾大生产，毛泽东、朱德、周恩来等领导人带领全党，自己动手丰衣足食。新中国成立后，遇到三年自然灾害，毛泽东同志带头不吃肉，他的睡衣缝了又逢、补了又补，堂堂一个开国领袖，竟穿着补丁衣服，不禁让人潸然泪下。党员带了头，群众有劲头；干部领了路，百姓跟着走。虽然在和平建设和改革开放新时期，党内有些干部包括高级干部，经受不住种种诱惑而贪腐坠入深渊，但像王进喜、焦裕禄、孔繁森这样的模范共产党人，像一面面鲜红的旗帜，鼓舞、激励着广大党员，也正是在这样一大批优秀共产党员感召下,人民群众对共产党保持着极高的信赖。特别是党的十八大以来,整风肃纪、打"虎"拍"蝇",人民群众对党领导地位的认可度,对执政地位的支持度,对执政行为的信任度,正在大幅度提高。

肩负中华民族伟大复兴千年伟业的百年大党风华正茂、正当其时。青春之国家、青春之民族,必然以充盈组织优势的青春之党为领航。发扬、实践并发展好党一呼百应的组织优势,引导动员全体人民"组织起来",形成万众齐心的磅礴伟力,必能把中国特色社会主义伟大事业推向成功的彼岸。

## ◎ 民主集中制是大智慧

民主集中制是中国共产党在长期革命、建设和改革实践中始终坚持的根本组织原则,是党的群众路线在党的生活中的运用,是党内政治生活正常开展的重要制度保障。党的苦难辉煌史告诉我们,在生死存亡的历史关头,在何去何从的抉择时刻,是民主集中制推动我们走向胜利之路,在艰难困苦中开创未来。"船到中流浪更急,人到半山路更陡",越是在这样的时候,越需运用民主集中制,用以集思广益,凝聚智慧,攻坚克难。

关于民主集中制,我们党有一整套完备的理论。早在1938年10月,毛泽东同志就指出:鉴于张国焘严重地破坏纪律的行为,必须重申党的纪律:(一)个人服从组织;(二)少数服从多数;(三)下级服从上级;(四)全党服从中央。谁破坏了这些纪律,谁就破坏了党的统一。毛泽东同志还从理论上深刻阐述了民主集中制的科学内涵。"我们要把民主和集中有机统一起来,真正把民主集中制的优势变成我们党的政治优势、组织优势、制度优势、工作优势",习近平总书记深入阐述了民主集中制,并把贯彻执行民主集中制明确为"全党的共同政治责任"。在新时代的环境和条件下,怎样把握这

一制度的精神实质,如何用好这一制度的优势,是共产党人需要深入思考的重大问题。

撷诸历史,民主集中制经过了血与火的淬炼,才绽放了它的光芒。1927年党的五大闭幕后不久,修订的党章第一次明确"党部的指导原则为民主集中制"。然而,陈独秀的"家长"作风、王明的"左"倾错误、张国焘的分裂行为,深刻表明不能正确践行民主集中制,必然给党的事业造成严重伤害。1935年,在中国革命生死攸关的危急关头,我们党召开遵义会议,正是因为最大限度坚持了民主集中制,在充分发扬民主的基础上,做出了一系列具有历史意义的决定,才挽救了党、挽救了红军、挽救了中国革命。遵义会议也因此成为党史上坚持民主集中制的典范。党的苦难辉煌史告诉我们,在生死存亡的历史关头,在何去何从的抉择时刻,是民主集中制推动我们走向胜利之路,在艰难困苦中开创未来。

历史是最好的老师,就在于它明白无误地揭示了经验与教训,就待我们去正确理解、准确把握。正如1945年毛泽东同志在党的七大上第一次对民主集中制所概括的"在民主基础上的集中,在集中指导下的民主",民主集中制包括民主和集中这两个方面,互为条件、相辅相成、缺一不可。《之江新语》一书把民主集中制比作交响乐:领导班子的"一把手",就应该成为这样的指挥,善于把"多种声音"协调为"一首乐曲",从而使领导集体的决策尽可能反映客观实际,符合人民利益。在某种意义上说,民主集中制是把治理体系转化为治理能力的桥梁,它把充分发扬党内民主和正确实行集中有机结合起来,既可以最大限度激发全党创造活力,又可以统一全党思想和行动,有效防止和克服议而不决、决而不行的分散主义,是科学合理而又有效率的制度。

民主集中制是我们党最大的制度优势。中国共产党从诞生之日起,就把民主集中制作为自己的组织原则,并用于指导党的全部活动。习近平总书记指出,民主集中制"是反映、体现全党同志和全国人民利益与愿望,保证党的路线方针政策正确制定和执行的科学的合理的有效率的制度"。党的历史反复告诉我们:什么时候民主集中制坚持得好,党就风清气正、充满生机活力,党的事业就蓬勃发展;什么时候民主集中制受到破坏,党内矛盾和问题就会滋生蔓延,党的风气就会受到损害,党的事业就会遭遇挫折。民主集中制是我们党不能丢的光荣传统、不能变的宝贵基因,要保证党的创造力、凝聚力、战斗力,保证党始终成为中国特色社会主义事业的坚强领导核心,就必须牢牢坚持民主集中制这个最大制度优势。

坚持民主集中制,就要坚持民主与集中的辩证统一。我们实行的民主集中制,是又有集中又有民主、又有纪律又有自由、又有统一意志又有个人心情舒畅生动活泼的制度,是民主和集中紧密结合的制度。民主与集中之间紧密联系、高度依存,不能强调一个而否定另一个。民主是正确集中的前提和基础,离开民主讲集中,党历来高度重视发展党内民主,在做出重大决策时充分发扬民主,广泛听取意见和建议,做到兼听则明、防止偏信则暗,做到科学决策、民主决策、依法决策。集中是民主的必然要求和归宿,离开集中搞民主,只会导致极端民主化和无政府状态,什么事情也干不成。坚持民主基础上的集中,关键是要维护党中央权威和集中统一领导。全党必须牢固树立政治意识、大局意识、核心意识、看齐意识,自觉在思想上政治上行动上同以习近平同志为核心的党中央保持高度一致。

坚持民主集中制,就要坚持集体领导制度。当前,个别地区和单位的领导班子不能很好地贯彻集体领导制度,有的民主不够、个人独断专行,少数领导干部特别是"一把手"搞"一言堂"、家长制,唯我独尊、包揽一切;有的集中不够、班子成员各自为政,违背集体决定自作主张、自行其是,等等。

对这些现象，如果不及时纠正，党的生命力就会被削弱、战斗力就会被瓦解。贯彻民主集中制，既要加强集体领导，又要严格地科学地实行个人分工负责，要坚决反对和防止议而不决、决而不行、行而不实或以集体决策名义违规，坚决防止和克服名为集体领导、实际上个人或少数人说了算，或名为集体负责、实际上无人负责。"一把手"要发扬民主、善于集中、敢于担责，支持班子成员在职责范围内独立负责开展工作；班子成员要增强全局观念和责任意识，研究工作时充分发表意见，决策形成后一抓到底，坚决执行党组织决定，形成相互补台、好戏连台的浓厚氛围，真正把民主集中制贯彻到党的工作的全过程和各方面。

党的十八大以来，以习近平同志为核心的党中央坚持民主集中制这一党的根本组织原则和领导制度，有力发挥了这一制度的优势。十九届四中全会《决定》文件起草组对收到的所有意见和建议进行了认真整理。经汇总，各方面共提出修改意见1948条，扣除重复意见后为1755条，其中原则性意见380条，具体修改意见1375条。党中央各项决策都严格执行民主集中制，都注重充分发扬党内民主，都是经过深入调查研究、广泛听取各方面意见、进行反复讨论而形成的。正因为全党上下团结一心、步调一致，我们解决了许多长期想解决而没有解决的难题，办成了许多过去想办而没有办成的大事，消除了党和国家内部存在的严重隐患，推动党和国家事业取得历史性成就、发生历史性变革。

当今世界正处于百年未有之大变局。看国际，单边主义、保护主义抬头，不稳定性、不确定性仍然突出，"黑天鹅""灰犀牛"不时冒头。看国内，经济社会转型面临风险挑战，中华民族伟大复兴，绝不是轻轻松松、敲锣打鼓就能实现的。正如习近平总书记所强调的："要把我们这样一个大党大国治理好，就要掌握方方面面的情况，这就要靠发扬党内民主而来，靠各级党组织和广大党员、干部广泛听取民声、汇聚民意而来。"

民主凝聚党心，团结成就伟业。只有坚持和发挥好民主集中制这个最大制度优势，我们党才能更加坚强有力、永葆生机，不断从胜利走向新的胜利。民主集中制贯彻得怎么样，关键看高级干部做得怎么样。每一名领导干部理应将贯彻民主集中制当作必修的"基础课"、必备的"基本功"、必守的"硬规矩"，才能"踏平坎坷成大道，斗罢艰险又出发"，与人民一道创造让世界刮目相看的新的更大奇迹。

## ◎ 彰显智慧的新型政党制度

新型政党制度，就是指中国共产党领导的多党合作和政治协商制度。习近平总书记指出，这一制度是中国共产党、中国人民和各民主党派、无党派人士的伟大政治创造，是从中国土壤中生长出来的新型政党制度。这里有两个关键词，一是"政治创造"，表明这一制度前无古人，是全新的、开创性的；一是"中国土壤"，表明这一制度不是舶来品，而是土生土长的、独具中国特色的。中国共产党领导的多党合作和政治协商制度有根有魂，根植于中国文化土壤，有着其独特的内在文化根基、时代价值，彰显了中国政党制度的民族性特征，体现着中国创造和中国智慧，是对人类政治文明的重大贡献。这一制度有着不同于旧式政党制度的鲜明特色。

从创立过程看，新型政党制度是近代以来中国人民在寻求民族独立和解放、追求人民民主的伟大实践中逐步探索形成的，是中国共产党与各民主党派、无党派人士的共同选择和创新的制度成果，经受了历史和实践检验。早在抗日战争时期，党同各民主党派、无党派人士就团结合作，在抗日根据地实行"三三制"原则，结成最广泛的抗日民族统一战线。解放战争时期，为反对国民党的独裁统治，党又同各民主党派、无党派人士结成包括工人阶级、农民阶级、小资产阶级和民族资产阶级的人民民主统一战线。特别是1948年"五一"劳动节前夕，中国共产党郑重发表"五一口号"，提出成立民主联合政府的倡议，得到各民主党派和无党派人士、各人民团体和各族各界人士的积极响应和拥护。这标志着各民主党派和无党派人士公开自觉接受中国共产党的领导，开启了新型政党制度建设的历史新篇章。1949年9月，中国人民政治协商会议第一届全体会议隆重召开，党领导的多党合作和政治协商制度正式建立，中国人民创造性地走出了一条不同于西方两党制、多党制，也不同于苏联政党制度的全新政党制度。

从文化传承看，新型政党制度充分体现了中国传统文化中天下为公、兼容并蓄、求同存异等独特价值观念和政治理念，传承了中华优秀传统文化基因，有深厚的历史渊源。比如，古人在宇宙秩序上讲求"万物并育而不相害，道并行而不相悖"；在为人处世上讲究"执两用中""和而不同"；在艺术审美上强调"八音克谐""五色调和"；在治国理政上总结出了"谋及庶人""询于刍荛""议事以制，政乃不迷"等重要经验。我国新型政党制度充分吸收了这些传统理念所蕴含的合理价值。习近平总书记指出，新型政党制度不仅符合当代中国实际，是对人类政治文明的重大贡献。党领导的多党合作和政治协商制度，是马克思主义中国化的产物、社会主义民主的重要形式，既体现了民主本质，又彰显了富有时代特点的民本理念。"和而不同"的政党体制与关系、"交相利"的政党关系以及中庸之道的运行机制与模式，为世界政党制度提供了和合共赢、"时中"的政治文化样本。

从根本利益看，根本利益是一致的。新型政党制度之所以被称为"新型"，在于它尊重差异、包容多样，重视各阶层人民的不同利益和要求，坚持全国人民根本利益与各阶层人民具体利益的统一。党的宗旨是全心全意为人民服务,初心和使命是为中国人民谋幸福、为中华民族谋复兴。各民主党派、无党派人士虽然代表不同社会阶层和社会群体的具体利益,但这是人民内部根本利益一致基础上的具体利益差别。他们放弃"第三条道路",选择同共产党团结合作,看到并认同中国共产党的宗旨、初心和使命。1949年1月22日,到达解放区的55名民主人士联名发表《我们对于时局的意见》,鲜明提出"要创造一个人民做主人的自由的生活方式,和尽可能地高度的生活水准""做人民民主共和国真正的主人"。这种根本利益的一致性,是新型政党制度成功实践的前提和基础。正如习近平总书记指出,新型政党制度能够真实、广泛、持久代表和实现最广大人民根本利益、全国各族各界根本利益,有效避免了旧式政党制度代表少数人、少数利益集团的弊端。

从奋斗目标看,奋斗目标是同向的。在新型政党制度下,各民主党派是参政党,而不是反对党或在野党;与中国共产党是参政党与执政党在国家政治生活中亲密团结、合作共事的关系,而不是多党竞争、互为对手,其中一个重要原因,就是因为奋斗目标具有同向性。1948年,中共中央"五一口号"明确提出:"全国劳动人民团结起来,联合全国知识分子、自由资产阶级、各民主党派、社会贤达和其他爱国分子,巩固与扩大反对帝国主义、反对封建主义、反对官僚资本主义的统一战线,为着打倒蒋介石,建立新中国而共同奋斗。"各民主党派和无党派人士立即表达了希望"中国人民民主革命之迅速成功,独立、自由、和平、幸福的新中国之早日实现"的良好愿望。在长期的革命、建设、改革实践中,各民主党派始终与中国共产党肝胆相照、荣辱与共,认真履行参政议政、民主监督,参加党领导的政治协商的基本职能,朝着共同的奋斗目标风雨同舟、同向同行。这种奋斗目标的同向性,是新型政党制度良性运行的关键所在,也是各民主党派和无党派人士能够成为中国共产党的好参谋、好帮手、好同事的重要保证。正如习近平总书记指出,新型政党制度把各个政党和无党派人士紧密团结起来、为着共同目标而奋斗，有效避免了一党缺乏监督或者多党轮流坐庄、恶性竞争的弊端。

从运行模式看，运行模式是民主的。我国新型政党制度的一个显著优势，就是能够博采众谋、集思广益，能够发扬民主、凝聚共识。1945年7月，毛泽东同志在同民主人士黄炎培先生讨论历史周期律问题时指出，我们已经找到新路，我们能跳出这周期律，这条新路，就是民主。习近平总书记用两句古语形象地表达了这种民主氛围，即"虚心公听，言无逆逊，唯是之从"，这是执政党应有的胸襟；"凡议国事，惟论是非，不徇好恶"，这是参政党应有的担当。长期以来，党坚持向民主党派等党外人士通报有关会议精神，就国家政治经济社会等各领域重大问题征求他们意见，已成为一个优良传统。全国政协目前已形成以全体会议为龙头，以专题议政性常委会议和专题协商会为重点，以双周协商座谈会、对口协商会、提案办理协商会等为常态的协商议政格局。党的十八大以来，各民主党派向中共中央、国务院报送意见建议近600条；全国政协委员、政协各参加单位和各专门委员会，提出提案3.4万多件，立案2.8万多件，办复率达99%以上。可以说，正因为运行模式的民主性，新型政党制度使"众人的事情由众人商量"真正变成了现实。正如习近平总书记指出，它通过制度化、程序化、规范化的安排集中各种意见和建议、推动决策科学化民主化，有效避免了旧式政党制度囿于党派利益、阶级利益、区域和集团利益决策施政导致社会撕裂的弊端。

新型政党制度是中国奇迹背后的制度密码。新中国成立以来特别是改革开放以来，我国经济社会持续快速发展，取得的成就举世瞩目，被国际社会称为中国奇迹。奇迹的背后，正是中国独特的政治制度在发挥重要作用，新型政党制度就是其中一个重要密码。因为在新型政党制度实践中，党同各民主党派和无党派人士"心往一处想、智往一处谋、劲往一处使"，能够把各方面力量广泛凝聚起来，形成推动经济社会发展的强大合力。

新型政党制度是实现民族复兴的制度保障。实现中华民族伟大复兴是近代以来中华民族最伟大的梦想，但这一任务极其艰巨繁重，光靠中国共产党"千里走单骑"是不行的，必须凝聚各方面智慧和力量共同奋斗。新型政党制度始终坚持团结和民主两大主题，始终致力于大团结大联合，是凝聚各方面智慧和力量的制度设计，能够最大限度地凝聚人心、凝聚共识、凝聚智慧、凝聚力量，汇聚起同心共筑中国梦的磅礴伟力。

新型政党制度是发展的中国方案。如果说政党制度是国家政权和民主政治的"操作系统"，那么我国新型政党制度就是中国特色社会主义政治制度良性运转的重要"操作系统"之一。它的运转过程，是发扬民主、集思广益的过程，是统一思想、凝聚共识的过程，也是科学决策、民主决策的过程。这一制度设计，杜绝了西方"金钱政治""寡头政治""政客政治"的乱象，避免了"你方唱罢我登场"、不同政党对着干的闹剧，充分彰显中国智慧，为世界政党制度发展提供了中国方案。

新型政党制度为推进国家治理体系和治理能力现代化提供了制度支撑和实现载体。党通过加强自身建设，提高治国理政能力，让党始终成为中国特色社会主义事业的坚强领导核心；发挥统一战线作用，通过协商凝聚共识、汇聚力量，就可以最大限度调动一切积极因素，团结一切可以团结的力量，汇聚起共襄伟业的强大力量，向着中华民族伟大复兴的目标迈进。

## ◎ 集中力量办大事的豪情与壮志

1949年9月宋庆龄在中国人民政治协商会议上讲话时说，"中国共产党是唯一拥有人民大众力量的党"。习近平总书记指出，"我们最大的优势是我国社会主义制度能够集中力量办大事。这是我们成就事业的重要法宝"。跨险滩、闯关隘，关键是集中精力办好自己的事。井冈山精神、长征精神、延安精神、"两弹一星"精神、铁人精神、特区精神、载人航天精神……顶天立地的中国精神代代传承，铸成凝心聚力的兴国之魂、强国之魂，彰显咬定青山不放松的豪情与壮志。党在革命、建设和改革的征程中有力解决了诸多攻坚克难和深水挑战的发展难题；在民族复兴的伟大征程中，果敢迎接了当今世界大发展大变革大调整的深刻变局，这一优势的法宝威力耀眼于世、锐不可当。

回望历史，党的领导和我国社会主义制度能够集中力量办大事的政治优势，是中国实现一个又一个"不可能"、创造一个又一个难以置信的奇迹的根本原因。新中国成立初期百废待兴，却克服一切困难建立起独立工业体系，改变贫穷落后面貌。20世纪六七十年代，全国"勒紧裤腰带"在极其艰难的环境下成功研制"两弹一星"，保障了国家安全，提高了中国的国际地位。国际地位与国家实力紧密相连，1988年10月，邓小平同志在视察北京正负电子对撞机工程时说："如果六十年代以来中国没有原子弹、氢弹，没有发射卫星，中国就不能叫有重要影响力的大国，就没有现在这样的国际地位。"中国减贫脱贫取得的成就赢得了国际社会的广泛赞誉。世界银行2018年发布的《中国系统性国别诊断》报告认为，"中国在快速经济增长和减少贫困方面取得了'史无前例的成就'"。这次新冠肺炎疫情防控，国际社会给予了高度评价，认为"中国展现了负责任大国的担当""中国为世界卫生事业做出重要贡献"。这些成就的取得，离不开集中力量办大事制度优势的充分发挥。中国用短短几十年的时间走过了西方发达国家几百年走过的工业化历程，靠的是党的集中统一领导，靠的是全国上下一心，靠的是集智攻关、积力远行。

集中力量办大事是史之所存。20世纪三四十年代，日本帝国主义发动侵华战争，中国山河破碎，民众饥寒交迫。危难之际，中国人民在党的领导下，深刻认识到凝共识、集众志、聚全力的重要性，建立抗日统一战线，终于打败日本侵略者，取得了抗战胜利。中国共产党在血与火的考验中，找到了克敌制胜的法宝。新中国成立初期，百废待兴，国力维艰，而追赶资本主义发达国家的斗志却有增无减，此时集中力量所办的大事就是大力推进社会主义工业化建设。70多年来，我们依靠这一显著优势，创造性地实现了一系列重点突破、重要发展，迈上了层层高阶，树起了座座丰碑，取得一个又一个辉煌成就。

集中力量办大事是理之所显。这是我国成就事业的重要法宝，不仅彻底结束了旧中国一盘散沙的局面，而且实现了中华民族历史上空前的团结统一，形成了办大事的强大合力和实践张力。集中力量办大事：可以"固根基"，只有集中各方力量、明确大事指向，才能形成共向、共行的号令，才能获得最广泛最可靠最牢固的群众基础和力量源泉；可以"扬优势"，能着眼全局，方能知局中大事，能着眼大势，方能晓势之所趋；可以"补短板"，只有集中消解限制因素，才能最大限度地释放发展活力；可以"强弱项"，只有集中整合资源，才能凝心聚力、合力攻坚。集中力量办大事有其独特的内涵和运行机制，表现在坚持全国一盘棋、资源的集中使用、调动各方面积极性和立足于独立自主、自力更生。实践必定再次证明，这一科学方法将在我们面对重大问题、解决难点问题、攻克关键问题、决胜根本问题的过程中继续彰显自身的显著优势。根据2019年12月19日召开的全国扶贫开发工作会议，"预计2019年减少贫困人口1000万人以上，340个左右贫困县脱贫摘帽"。这创造了中国扶贫史上也是世界扶贫史上的最好成绩。

集中力量办大事是时之所需。回望来时路，党在革命、建设和改革的征程中，形成了集中力量办大事的智慧理念和实践经验，为不同历史阶段的奋斗目标奠定了坚实的基础。其一，集中力量求独立。立时代潮头，担历史大任，求民族独立，是中国共产党集中力量为中华民族和中国人民做出的第一项伟大历史贡献。其二，集中力量搞建设。在此阶段，中国共产党集中力量所办之事就是团结带领中国人民完成社会主义革命，确立社会主义制度，消灭一切剥削制度，推进社会主义建设，实现了中华民族由不断衰落到根本扭转命运、持续走向富强繁荣的伟大飞跃。其三，集中力量促改革。改革开放40多年来收获的累累硕果，奠定了人民幸福、民族复兴的强大物质基础，充分证明了中国特色社会主义制度的优越性，全面验证了集中力量办大事的显著优势，这是党和人民大踏步赶上时代，开启全面建设社会主义现代化国家新征程的重要法宝。其四，集中力量谋复兴。集中力量办大事是顺应时代趋势的必要举措，将有助于我国制度优势更好转化为国家治理效能，将为实现"两个一百年"奋斗目标、实现中华民族伟大复兴的中国梦提供有力保证。

历史和实践反复证明，集中力量办大事可以积小成为大成、化优势为胜势，是党带领各族人民成就事业、创造奇迹、砥砺前行的重要法宝。

因有党的坚强领导，可从高度上明确"要办"之事。在实现中华民族伟大复兴的征程中，全国各族人民只有继续坚持党的集中统一领导，不断增强党的创造力、凝聚力、战斗力，人民干事创业才有主心骨、克难涉险才有精气神、追梦复兴才有奋斗志，才能同心同德，创造一个又一个彪炳史册的辉煌传奇。

因有制度的优势，可从深度上促成"可办"之事。只有进一步发挥好我国社会主义制度能够坚持全国一盘棋的显著优势，有效防止资源内耗、力量掣肘，进而切实将这一制度优势转化为治理效能，才能保证大事"可办"，这将是中国继续取得璀璨成就的制度基础，更是未来中华民族腾飞的坚强保障。

因有人民的支持,可从广度上推进"能办"之事。人民群众是集中力量办大事的力量之源。坚定的人民性,有助于我们客观分析全国棋局,确定社会阶级、阶层和社会集团的政治属性;有助于我们科学把握社会矛盾关系,确定中国特色社会主义的主体属性和发展归宿;有助于我们集中力量,确定新时代办大事、建伟业的根本动力和依靠力量。只有坚守人民立场,树立"人民性"思维,才能汇集人民的力量,办成人民的大事。

因有信仰的力量,可从力度上落成"亟办"之事。一方面,信仰的力量可以从思想上形成政贵有恒的办事决心。中国发展的蓝图不断铺开,战略部署有序推进,件件大事不断落成,其中关键之处在于我们拥有坚定的信仰,无论遇到多少风险和考验,都始终保持了工作的稳定性和连续性,不断让大事见成效,奋斗出奇迹。另一方面,信仰的力量可以从行动上形成久久为功的办事勇气。新中国成立以来,中国共产党带领人民一代接着一代"挖山不止",大国重器竞相问世,发展症结完美破题,实践证明,"功成不必在我"是集中力量办大事的使命和担当,"功成必定有我"是集中力量办大事的豪情与壮志。

船到中流浪更急,人到半山路更陡。当前,我们正处于"办大事"的关键时期。我们要积极顺应时代潮流,适应我国社会主要矛盾变化,统揽伟大斗争、伟大工程、伟大事业、伟大梦想,不断满足人民对美好生活的新期待,战胜前进道路上的各种风险挑战,迫切需要我们集中全党全国各族人民的力量,继续办成一件件大事。立足新时代,担当新使命,要继续发挥集中力量办大事的显著优势,不断在中华民族伟大复兴征程上续写辉煌!

## ◎ 容得下尖锐批评

　　2013年春节前夕，习近平总书记在与各民主党派中央、全国工商联新老领导人及无党派人士代表共迎新春时说：继续加强民主监督。对中国共产党而言，要容得下尖锐批评，做到有则改之、无则加勉；对党外人士而言，要敢于讲真话，敢于讲逆耳之言，真实反映群众心声，做到知无不言、言无不尽。习近平总书记的讲话，在人民群众中引起了强烈反响。作为我党的总书记，开诚布公地希望党外人士积极为我党建诤言、作批评，帮助我党查找问题、分析问题、解决问题，克服工作中的不足，确实体现了我党善纳群言、广聚群智、闻过则喜、求同存异的胸怀，体现了我党光明磊落的底气。

　　中国共产党要"容得下尖锐批评"，党外人士要"敢于讲真话"！习近平总书记的话如一剂清醒剂，值得各级党员领导干部思考、铭记。批评与自我批评是我们党的三大优良作风之一，能否正确对待他人批评，尤其是群众的批评，可以检验出党员干部作风的好坏，测试出党员干部与人民群众感情的深浅，验证出党员干部解决实际问题能力的大小。

　　正确对待批评，老一辈革命家为我们做出了榜样。1941年6月，陕西省延川县代县长李彩云不幸遭雷击身亡。同一日，当地农民的一头驴也被雷电击死了。这位农民逢人就说："老天爷不开眼，为什么不劈死毛泽东？"不久，清涧县农妇伍兰花的丈夫在山上耕地时又不幸被雷电击中身亡。伍兰花悲痛之余，大骂"世道不好""毛泽东领导官僚横行"等。保卫部门闻讯后，要把这两件事当作反革命事件公开处理。毛泽东同志获知后进行严肃批评，认为"群众发牢骚，有意见，说明我们的政策和工作有毛病。不要一听到群众议论，尤其是尖锐一点的议论，就去追查，就要立案，进行打击压制。这种做法实际上是软弱的表现，是神经衰弱的表现"。毛泽东同志高兴地把农妇请到自己家中,从中了解到边区征粮过多等挨骂原因。于是,他和其他中央领导研究后,决定采取开展大生产运动、精兵简政等措施,切实减轻人民负担,赢得了边区群众的衷心拥戴。

毛泽东同志"闻骂则喜"的故事,周恩来凡事爱作自我批评,陈毅提出"有错误,痛改便光明",陈云"喜欢听坏话"……这些都被群众传为美谈,不仅体现了老一辈无产阶级革命家的博大胸怀,而且集中反映了共产党人对待人民和人民批评监督的根本态度。有无认真的自我批评,是我们党和其他政党互相区别的显著标志之一。作为代表最广大人民根本利益的马克思主义政党,我们党的性质和宗旨赋予了人民群众最广泛最自由地批评和监督党员干部的正当权利。无论这些批评多么尖锐、多么刺耳甚至偏颇,也必须认真倾听、虚心接受,有则改之、无则加勉。

百年来,党始终弘扬优良作风,以人民的声音为声音,以人民的意愿为方向,取得了举世公认的执政业绩。我党长期执政,既为党服务人民提供了良好条件,也容易使部分党员干部淡化群众观点,漠视群众利益,忽视群众声音。对共产党人而言,闻过则喜是一种基本的党性修养,一种优良的政治传统,一种民主的工作方法。刘少奇同志在《论共产党员的修养》中说:"我们要虚心地倾听同志们和群众的意见和批评,仔细地研究生活中、工作中的实际问题,细心地总结工作中的经验教训,并且根据这些去检验自己对于马克思列宁主义的了解是否正确,运用马克思列宁主义的方法是否正确,去检查自己的缺点错误而加以纠正,去改进自己的工作。" 1978年9月25日,广东惠州地区检察分院干部麦子灿,给时任省委第二书记的习仲勋写了一封批评信,措辞用语之尖锐、尖刻,超出上下级的容忍度,非一般人所能承受。习仲勋在省革委会上自曝来信,他说:"这封信写得好,还可以写得重一点。下面干部敢讲话,这是一种好风气,应当受到支持和鼓励。不要怕听刺耳的话,写信的同志相信我不会打击报复他,这是对我们的信任。"

容得下尖锐批评要有山不辞土、海不辞水的"容量"。"山不辞土,故能成其高;海不辞水,故能成其深"。作为领导干部,职位越高、权力越大,就越要有开阔的胸襟,要做到善听善闻,善于采纳好的意见建议,要有"择善而从,择不善而改"的决心和毅力,通过听取各方面的意见建议,不断反躬自省,发扬长处,弥补短处,让自身的执政本领不断增强。党的执政地位从来不是一成不变的,共产党人的行为从来不是无可挑剔的,人民群众是真正的英雄和历史推动者。要始终赢得群众的支持和拥护,就必须认真听取群众的意见,老实接受群众的批评和监督,常挨骂常醒脑常洗澡。只有这样,党的各项事业才会具有深厚的民意基础。涵养"民主素养",就要敢于沉下身心听取身边同事、人民群众的意见建议,切忌独断专行,不开展调研,不掌握实情就拍板决策。要开展谈心谈话,践行好党的群众路线,经常深入群众、调查研究、听取意见,向人民群众学习,善于依靠群众的智慧和力量推进各项工作开展,进一步锻炼自身本领。共产党人有了大的"容量",才能有大的"能量"。

容得下尖锐批评要有不存芥蒂、闻过则喜的"气量"。尖锐的批评是一种真正的关爱,是一种难得的"苦口良药"。"良药苦口利于病,忠言逆耳利于行"。教人从善的语言多数是不太动听的,但却最有利于改正缺点,修正错误。现实中,一些领导干部不管走到哪里都是一片迎合之声,也习惯了在"好话"中工作生活,对一些批评意见慢慢地置若罔闻,甚至听到批评的声音还心生芥蒂。批评与自我批评是我们党的优良传统,是我们党强身治病、保持肌体健康的锐利武器。是谓"信言不美,美言不信",有批评的声音才能真正让人意识到自身的错误和不足,才能及时修正决策部署和政策执行过程中的错误,让决策部署得到群众的拥护。涵养"民主素养",就需要共产党人能虚心接受批评指正，要不存芥蒂，以"闻过则喜"的胸襟和气量对待批评意见。

　　容得下尖锐批评要有运筹帷幄、善谋全局的"远量"。习近平总书记强调，要善于正确集中，把不同意见统一起来，把各种分散意见中的真知灼见提炼概括出来，把符合事物发展规律、符合广大人民群众根本利益的正确意见集中起来，做出科学决策。不论是意见建议还是批评指正，关键还是要发挥其效用。要把各方面的真实意见掌握全、掌握准，进行反复研究、反复比较、择善而从，考验的便是共产党人把握大势、顺应民心的能力。一个领导干部的决策能力，便在于他能否从全局的角度出发，能否从发展的趋势出发，能否从群众的利益出发。

　　要容得下尖锐批评。共产党人作为坚定的马克思主义者，是用最崇高的政治理想武装起来的先进分子，应当具有更加宽广的眼界和胸怀，更加深厚的政治修养，以海纳百川的胸襟善待"骂声"，切实改进工作作风，真正让尖锐批评声声入耳、句句上心、件件落实，不断提高工作水平。实践证明，共产党人挨的是"骂"，收获的却是"心"，而这种"心"是万金难买的执政之基。但愿我们共产党人都能自觉倾听人民群众和民主党派的意见，自觉接受人民群众和民主党派的监督，始终保持清醒头脑，像习近平总书记说的那样，容得下尖锐批评，做到有则改之、无则加勉，共同推进我们的社会主义民主政治建设，使我们早日实现中华民族伟大复兴的梦想。

## ◎ 新思想贡献新智慧

　　伟大时代呼唤伟大理论，伟大时代孕育伟大理论。党的十八大以来，以习近平同志为核心的党中央以巨大的理论勇气、非凡的政治智慧、卓越的领导能力，集中全党智慧，创立了习近平新时代中国特色社会主义思想。这是马克思主义中国化的历史性飞跃，把我们党对共产党执政规律、社会主义建设规律、人类社会发展规律的认识提高到了全新境界，实现了党的指导思想的与时俱进，为实现民族复兴提供了强大思想引领，为推动当代马克思主义发展做出了重大贡献。新思想是党的理论创新、最重要的政治成果、最深远的历史贡献，蕴含其独特的中国智慧。其基本内容主要有：坚持党对一切工作的领导，坚持以人民为中心，坚持全面深化改革，坚持新发展理念，坚持人民当家作主，坚持全面依法治国，坚持社会主义核心价值体系，坚持在发展中保障和改善民生，坚持人与自然和谐共生，坚持总体国家安全观，坚持党对人民军队的绝对领导，坚持"一国两制"和推进祖国统一，坚持推动构建人类命运共同体，坚持全面从严治党。

新思想指明了中国方向。习近平新时代中国特色社会主义思想，是在科学社会主义焕发新生机、两种社会制度的较量呈现新态势的时代背景下形成的。20世纪80年代末90年代初，苏联解体、苏共垮台、东欧剧变，世界社会主义遭受严重挫折。所谓"民主化浪潮"席卷全球，有人宣称"历史已经终结"于资本主义制度，"20世纪将以社会主义的失败和资本主义的胜利而告终"，还有人妄称社会主义中国也将随着多米诺骨牌效应而倒下。然而30多年已经过去，中国不但在世界上把社会主义的旗帜举住了、举稳了，中国特色社会主义也开辟了科学社会主义的新境界，把科学社会主义推向了崭新阶段。中国已经正式进入新时代。新时代，这是一个分量很重、内涵很深的重大政治论断；新时代，意味着我们进入了一个新的发展阶段，发展环境、发展条件乃至目标任务都发生了新的变化；新时代，揭示了当前我国发展状况和人民生活状况的时代特点，我们面临着新的社会主要矛盾；新时代，宣告了中华民族迎来了从站起来、富起来到强起来的伟大飞跃，即将全面建成小康社会、踏上全面建设社会主义现代化强国的新征程，我们比历史上任何时期都更接近、更有信心和能力实现中华民族伟大复兴的目标。"四位一体"的战略布局与"五位一体"的总体布局有机结合、统筹推进，已经使得社会主义的影响力感召力大大增强。而新思想，进一步为中国实践指明方向，中国特色社会主义道路也必将越走越宽广。

新思想提供了中国方案。习近平新时代中国特色社会主义思想，是国家政治生活和社会生活的根本指针。当前，世界正处于大发展大变革大调整时期，世界多极化、经济全球化、社会信息化、文化多样化深入发展，全球治理体系和国际秩序变革加速推进，各国相互联系和依存日益加深，可谓是百年不遇的世界大变局。当下，我国正处于承前启后、继往开来、在新的历史条件下继续夺取中国特色社会主义伟大胜利的时代，正处于决胜全面建成小康社会进而全面建设社会主义现代化强国的时代，正处于全国各族人民团结奋斗和不断创造美好生活、逐步实现全体人民共同富裕的时代，正处于奋力实现中华民族伟大复兴中国梦的时代，正处于我国日益走近世界舞台中央、不断为人类做出更大贡献的时代。新思想，紧紧围绕在新的时代条件下坚持和发展什么样的中国特色社会主义、怎样坚持和发展中国特色社会主义这一重大时代课题，提出了一系列具有开创性意义的新理念新思想新战略，为我们立足广袤国土、聚合磅礴智力走好自己的路，提供了更具实践广度、现实深度、历史厚度的思想理论支撑，也从根本上引领了党和国家事业全面开创新局面。新思想正是在伟大时代中应运而生、在当代中国的新实践发展中顺势而成的。面对世界经济、国际安全、国际治理等一系列重大问题，世界站在发展何去何从的路口，而中国前所未有地走近世界舞台中央，鲜明提出一系列关乎人类前途命运的新理念新思想新主张，提供了中国方案。

新思想传播了中国精神。习近平新时代中国特色社会主义思想，是中国精神的时代精华。这一思想鲜明提出并系统论述了中国梦这个重大命题，中国梦成为当今中国发展进步的奋斗目标。中国梦的核心内涵是实现中华民族的伟大复兴，中国梦的基本内涵是国家富强、民族振兴、人民幸福和为世界造福。实现中国梦要弘扬中国精神。中国精神是我们国家和民族的魂，而千千万万无私奉献的人、千千万万在生活中闪耀真善美的人都是中国精神的造就者。习近平新时代中国特色社会主义思想，始终贯穿着对民族命运的担当、对美好世界的担当。这种担当恰恰是一种无私担当，它扛起了一代人应扛起的责任，以身许党许国、报党报国；这种担当是一种无畏的担当，党和人民需要的时候，毫不犹豫挺身而出。正因为有了这种担当，这一思想才具有了强大之势、浩然之气；正因为有了这种担当，中国精神才更加坚实有力、坚不可摧。新思想，展示了一个以天下为己任、勇于担当的大国形象，体现了融人民立场、中国精神和世界担当为一体的家国天下情怀。

新思想展示了中国自信。习近平新时代中国特色社会主义思想，是党和人民实践经验和集体智慧的结晶。历史和现实都一再证明，一个执政党进行社会革命不容易，进行自我革命更不容易，而勇于自我革命，是我们党最鲜明的品格，也是我们党最大的优势。以习近平同志为核心的党中央，清醒认识党面临的"四大考验""四种危险"，勇于直面问题，敢于刀刃向内、敢于刮骨疗伤，带领全党以自我革命的勇气、以壮士断腕的决心，消除一切损害党的先进性和纯洁性的因素，不断增强自我净化、自我完善、自我革新、自我提高的能力。这充分展示了新时代党执政的强大真心、信心和决心，也展示了新时代马克思主义政党强大的创造力、凝聚力和战斗力。与此同时，新思想充满着对传承中华民族5000多年文明的自觉自信，对发扬党的优良传统的自觉自信，对坚持和发展中国特色社会主义的自觉自信，对党和国家事业光明前景的自觉自信。新思想透射出的大气魄、大视野、大格局，并且拥有的独特理论成熟与战略定力，都要归功于贯穿这一思想始终的中国自信。

新思想做出了中国贡献。新思想是马克思主义中国化最新成果。新思想运用马克思主义立场观点方法，聚焦新的时代命题，凝结新的思想精华，总结开创性独创性的实践经验，提出一系列新思想新观点新论断，构建起新的理论体系，它是闪耀着理性光辉和人格魅力的科学理论，集中反映着当代共产党人的政治品格、价值追求、精神风范。新思想充满着对马克思主义的坚定信仰，体现了马克思主义的理论底色，为发展马克思主义做出了中国的原创性贡献，谱写了马克思主义新篇章。这一思想，鲜明贯穿着马克思主义立场观点方法，始终把马克思主义作为理论起点、逻辑起点、价值起点，坚持马克思主义科学性与实践性的有机统一，深刻回答了新时代党和国家发展面临的一系列重大理论和现实问题，贯穿着强烈的问题意识、鲜明的问题导向。

新时代催生新思想，新思想引领新时代、指导新实践。习近平新时代中国特色社会主义思想是在新的时代背景和实践条件下创立并不断发展的，它与时俱进，它充满创新，处处体现着真理力量和实践伟力，蕴含着深刻的中国智慧，也必将开启和引领中国特色社会主义的新时代、新发展。

## 第七章

# 把舵定向的大定力

　　对一个政党来说，有没有定力，直接关系到面对挫折和挑战时能不能咬定目标不动摇，坚定前进方向不移易。"自信人生二百年，会当水击三千里"，昭示着一份不争春的从容、不畏寒的定力。党之所以"千磨万击还坚劲"，始终"咬定青山不放松"，最根本的是因为作为一个人民政党，我们党没有任何自己的私利，抱定的是"为人民谋幸福，为民族谋复兴"的初心，崇尚的是"苟利国家生死以，岂因祸福避趋之"的情操。面对东欧剧变，党义无反顾高举起中国特色社会主义旗帜，表现出充分的道路自信、理论自信、制度自信、文化自信。一路筚路蓝缕，栉风沐雨，涌动着革命血液的共产党人，从不曾停下"赶考"的步伐，始终保持重整行装再出发的精神状态，始终昂扬着"永远在路上"的斗志与执着。

大党风范：大党就要有大党的样子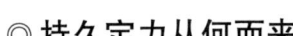

## ◎ 持久定力从何而来

《大学》有云："知止而后有定，定而后能静，静而后能安，安而后能虑，虑而后能得。"定力源于佛教，是祛除烦恼、妄想，让心凝聚一处而不散乱的禅定功力。在现代语境中，定力泛指人控制自己的欲望或行为，不为利所诱，不为名所累，不为情所困，不为难所屈，不为危所乱，专心致志于某一事物的能力。定力是共产党人的重要能力。定力是一种选择力，抗干扰，明辨是非不走眼；定力是一种内敛力，抗浮躁，凝心聚气不走神；定力是一种免疫力，抗诱惑，拒腐防变不走色；定力是一种意志力，抗打击，千难万险不走样。

党从成立那一天起，就在马克思主义世界观指导下把在中国实现社会主义、共产主义确立为自己的远大理想和奋斗目标，一代又一代共产党人确立了为之不懈奋斗的坚定信念。革命战争年代，革命先烈在生死考验面前之所以能够赴汤蹈火视死如归，就是因为他们对崇高的理想信念忠贞不渝、矢志不移。同样，在和平建设和改革开放时期，许许多多共产党员之所以能够在平凡的岗位上做出英雄壮举，也是因为他们具有崇高的理想信念。

中国共产党自诞生以来，不论是国内的困难和挑战，还是外部的忧患和封锁，抑或是自身的危险和病痛，都没能让拥有强大定力的共产党人迷了方向、乱了阵脚、失了方寸，反而愈挫愈勇、愈加强大。

第一次国共合作失败后，在反动派掀起的腥风血雨中，中国共产党毅然发动了南昌起义，建立了自己的武装。1928年秋，国民党军向井冈山黄洋界哨口发起进攻。坚守井冈山的少量红军将士，发动人民群众构筑"山下旌旗在望，山头鼓角相闻"的战略防线，最终取得了"黄洋界上炮声隆，报道敌军宵遁"的战斗胜利。"敌军围困万千重,我自岿然不动",这就是战略定力的宝贵价值。

第五次反围剿失败后,中央主力红军为摆脱国民党军队的包围追击,被迫实行战略性转移,退出中央根据地,进行了震撼世界的二万五千里长征,冲破重重围追堵截,胜利到达陕北抗日根据地。

"西安事变"发生后,中国共产党人以民族大义为重,迫使蒋介石"停止内战,联共抗日",从而实现国共两党第二次合作,建立了抗日民族统一战线。

1945年8月至1950年6月,中国人民解放军在中国共产党领导和人民群众支援下,共歼灭国民党军800余万人,摧毁了国民党各级反动政权,建立了中华人民共和国。1949年,面对美国白皮书的威胁,毛泽东在《别了,司徒雷登》昭示了共产党人的骨气和定力:多少一点困难怕什么。封锁吧,封锁十年八年,中国的一切问题都解决了。

新中国百废待兴之际,面对以美国为首的所谓联合国军疯狂挑衅,中国人民的志愿军雄赳赳气昂昂,跨过鸭绿江……决然投入了保家卫国的抗美援朝战争。20世纪末,苏联的解体、东欧的剧变,让全世界的社会主义运动进入最低谷。中国共产党坚持走中国特色社会主义道路,不仅让中国迎来了新的希望,也让世界社会主义运动柳暗花明。

……

共产党人的定力,让党成为一个英雄辈出、群星闪耀的群体,也让中国共产党成为一个不可战胜的钢铁整体,在一次次的困难危机面前睿智抉择、奋起斗争。

回望历史,在中国革命、建设和改革的实践中,拥有坚定的定力,是中国共产党的鲜明特征、强大优势。习近平总书记强调:"战略问题是一个政党、一个国家的根本性问题。"党和人民的事业之所以始终立于不败之地,一个重要原因在于党战略上判断得准确，战略上谋划得科学，战略上赢得主动，遇到节点科学谋划、开创新局，遇到挑战冷静应对、化危为机，遇到困难精准研判、攻克艰险。在中国这样一个社会主义大国，在民族复兴曙光在前这样一个关键时刻，定力无疑是披荆斩棘、砥砺奋进的重要保证。

共产党人定力发源于对理想信念的忠诚坚守。理想信念是共产党人之本，也是定力之源。人"定"，方可胜天。共产党人的定力，是战胜敌人、战胜困难、战胜自身不足的强大内功。历史一再证明，共产党人只要有了崇高的理想和坚定的信念，就有了自己的"定心丸""铁布衫""金钟罩"，就能无坚不摧、无往不胜、无所不御。对一项工作的极端负责，对一项事业的真正热爱，对一个目标前赴后继，靠的都是忠贞不渝的信仰信念。"毒刑拷打，那是太小的考验。竹签子是竹子做的，共产党员的意志是钢铁！"江姐的定力，比钢铁还要硬、比磐石还要坚。建设社会主义现代化强国、实现民族复兴的信心之本、力量之源，就在于坚守对马克思主义的信仰，坚守对中国特色社会主义的信念。无论过去、现在还是将来，共产党人为人民谋幸福、为民族谋复兴的初心不会变、恒心不会改。只要信仰有光芒、信念有定力，奋进身影就会愈战愈勇，逐梦征程就会所向披靡。理想信念坚定是"压舱石"。只有政治清醒、立场坚定，才能明辨是非、把握方向，才能自觉防范被利益集团"围猎"，经受住各种风险和考验，永葆共产党人的政治本色。

共产党人定力植根于对光明前景的远见卓识。"我自岿然不动"的定力，就是因为看到了光明的未来，所以处变不惊、临危不乱，不会对眼前的困难和遭遇束手无策。在中国革命最艰难的时候，以毛泽东同志为代表的共产党人却眺望到胜利航船的"桅杆尖头"。苏共有20万党员时夺取了政权，有200万党员时打败了德国法西斯，却在有2000万党员时垮台了。究其主要原因，就是苏共在后期缺乏政治远见，丧失理想信念，严重脱离群众。远见源于对事物发展变化规律的准确把握。东欧剧变后,当世界社会主义运动陷入低潮,以邓小平同志为代表的共产党人,坚持基本路线不动摇,走出一条中国特色社会主义的康庄大道。习近平总书记强调:"全党要坚定道路自信、理论自信、制度自信、文化自信,继续沿着党和人民开辟的正确道路前进,不断推进国家治理体系和治理能力现代化。"走在正确的大路上,更加美好的未来等待中国人民奋力创造。

共产党人坚定的定力,关键在于朝着既定目标笃定前行。"泰山崩于前而色不变,麋鹿兴于左而目不瞬"。心中有目标,脚下才有力量。当今世界正经历百年未有之大变局,面对国内外风险挑战明显上升的复杂局面,尤须呼唤"咬定青山不放松"的韧劲。韧劲就是面对困难不松劲、面对问题不退缩、面对责任不逃避,做到心如磐石。韧劲成就定力。"活着我没有治好沙丘……死了也要看着兰考人民把沙丘治好。"焦裕禄的定力,定在了全心全意为人民服务上。这句遗言,怎不让人"把泪焦桐成雨"?古代,越王勾践忍辱负重,卧薪尝胆,成就大业。现在,我们党筚路蓝缕,百折不挠,带领人民迎来中华民族伟大复兴的曙光。笃定战略目标,保持战略定力,树立"功成不必在我"的理念,以"前人栽树,后人乘凉"的奉献精神奋力前进,没有任何力量能够阻挡中国人民和中华民族的前进步伐。

"千磨万击还坚劲,任尔东西南北风"。胸襟就是格局与气度。博大的胸襟滋养定力。共产党人的爱是对国家民族、对人类的大爱,胸怀大格局,阔步新时代,巍然屹立在世界东方的社会主义中国,必将创造让世界刮目相看的新的更大奇迹,为中华民族伟大复兴、为人民美好生活而努力奋斗。

## ◎ 坚如磐石的战略定力

战略定力，是指能够独立自主地分析客观形势，准确敏锐地把握事物发展规律，为实现战略意图和战略目标而审时度势做出科学判断和正确选择，它既是一种冷静睿智的战略思维能力，也是一种坚定沉着的战略行动能力，具有明方向、指道路、定目标、辨正误、防偏差的功能。一个人有定力，才能处变不惊、"泰山崩于前而色不变"；一个国家和民族有战略定力，才能临危不惧、"任尔东西南北风"。党是具有强大战略定力的伟大政党。百年来，中国共产党之所以能够承受其他政治力量不可能承受的艰难困苦，之所以能够战胜其他政治力量不可能战胜的风险挑战，一个根本原因就是在坚持马克思主义、共产主义、中国特色社会主义方面始终保持强大战略定力。有了强大战略定力，才能站得稳脚跟、担得起风险、把得住大局、看得清方向。

无论是革命时期还是建设年代，以毛泽东同志为代表的共产党人都表现出强大战略定力，成为共产党取得成功的精神源泉。比如，随着1927年国民党右派对国民大革命的背叛，党遭受了自创建以来的重挫，党的红色政权在经济基础薄弱的乡村地区生存与发展非常艰难，"红旗到底打得多久"等疑惑开始在党内逐渐显现。于是，1930年初毛泽东写下的《星星之火，可以燎原》一文，就是一个"定海神针"。他实事求是地分析当时的国际国内形势，既批判了盲目夸大革命的主观力量的观点，也批判了过高估计反革命力量的观点。越是逆境，越能激发毛泽东的诗情。起到稳定党心和军心的巨大作用："马克思主义者不是算命先生……但我所说的中国革命高潮快要到来……它是站在海岸遥望海中已经看得见桅杆尖头了的一只航船，它是立于高山之巅远看东方已见光芒四射喷薄欲出的一轮朝日，它是躁动于母腹中的快要成熟了的一个婴儿。"在这篇文章里，毛泽东表现出的革命信心和乐观情绪，有效地克服了在党内和红军内的消极悲观情绪。历史表明,坚定战略定力对党和国家事业发展非常重要。

无论是改革开放时期还是进入全面深化改革的新时代,党一如既往保持战略定力,推动社会主义现代化建设事业一路前行。以邓小平同志为代表的中国共产党人从中国国情出发,不论遇到什么惊涛骇浪都始终坚持"一个中心、两个基本点"的基本路线。邓小平同志多次强调,在整个改革开放的全过程都要坚持四项基本原则,这是立党立国之本。进入新时代,以习近平同志为核心的党中央不仅正式提出"战略定力"这一概念,并使之系统化,为新时代坚持和发展中国特色社会主义注入了新的生机和活力。习近平总书记指出:"从历史上看,新兴大国出现必然带来国际格局调整,必然遭到守成大国遏制。这也是我国在今后较长时期内将面临的重大挑战。我们要充分认识这种战略变化的客观必然性,把握好大国关系演变的特点,保持战略清醒和战略定力……我们要集中精力办好自己的事,不断全面提高综合国力……才能从根本上保障国家主权、安全、发展利益,才能在激烈的国际竞争中赢得主动、赢得优势、赢得未来。"这是"战略定力"首次出现在党和国家重大会议的文件中。"我们既要保持战略定力,推动我国经济发展沿着正确方向前进;又要增强忧患意识,未雨绸缪,精准研判、妥善应对经济领域可能出现的重大风险。"这展示了以习近平同志为核心的党中央更加注重战略定力的决心。

习近平总书记指出:"战略问题是一个政党、一个国家的根本性问题。战略上判断得准确,战略上谋划得科学,战略上赢得主动,党和人民事业就大有希望。"在国际形势风云变幻、国内改革攻坚克难的今天,面对风险与挑战,能不能始终保持坚如磐石的战略定力,是检验政治品格的试金石,也是实现改革发展稳定的压舱石。党的十八大以来,以习近平同志为核心的党中央始终把握正确航向，不断增强战略自信、保持战略清醒、锤炼战略耐力，坚定不移引领中华民族这艘巨轮乘风破浪、勇往直前，展现了坚如磐石的战略定力。

增强战略自信，为战略定力提供丰沛思想源泉。"问渠那得清如许，为有源头活水来"。增强战略自信是保持战略定力的思想基础。习近平总书记指出："在道路、方向、立场等重大原则问题上，旗帜要鲜明，态度要明确，不能有丝毫含糊。"百年来，中国共产党之所以能够面对艰难困苦而玉汝于成，之所以能不惧风险危机而转危为安，之所以能历经惊涛骇浪而屹立不倒，一个根本原因就在于高举中国特色社会主义伟大旗帜，在坚持中国特色社会主义道路自信、理论自信、制度自信、文化自信方面保持了强大战略定力，既不走封闭僵化的老路，也不走改旗易帜的邪路，而是以马克思主义为指引，坚定不移走中国特色社会主义道路。进入新时代，我们比历史上任何时期都更接近、更有信心、更有能力实现中华民族伟大复兴的中国梦这一战略目标与历史使命。"行百里者半九十"，越是接近目标，压力和责任就越大，桎梏和干扰就越多，就越离不开科学理论的指导。我们要将习近平新时代中国特色社会主义思想作为主心骨、定盘星、度量衡，不断增强以"四个自信"为主要内容的战略自信，以巨大的政治勇气和强烈的责任担当，同心擘画未来中国发展蓝图。

保持战略清醒，为战略定力提供科学现实依据。治理大国，政贵有恒。保持战略清醒是保持战略定力的重要前提。习近平总书记多次强调："中国是一个大国，决不能在根本性问题上出现颠覆性错误，一旦出现就无法挽回、无法弥补。"看国内，改革进入深水区，好啃的骨头都啃完了，剩下的都是硬骨头。各种思想相互激荡，各类矛盾相互交织，不同诉求相互碰撞，多种力量竞相发声，改革的敏感程度前所未有、复杂程度世所罕见。观世界，国际风云变幻、局势复杂多变，"黑天鹅"事件频频发生，世界充满不确定性，一些国家对崛起的中国虎视眈眈，一些国外势力别有用心地唱衰中国。这要求我们必须始终保持头脑清醒，牢牢把握社会主义初级阶段这个最大国情，牢牢立足社会主义初级阶段这个最大实际，更准确地把握世情、国情的新变化。不为各种错误观点所左右，不为各种干扰杂音所迷惑，坚持一切从实际出发，以我为主。在制定政策时冷静观察、谋定后动，在改革实践中清醒研判、凝聚共识，在国际争端中平心静气、静观其变，牢牢把握改革的领导权和主动权，做到"任凭风浪起，稳坐钓鱼船"。

锤炼战略耐力，为战略定力提供正确方法论指引。"暮色苍茫看劲松，乱云飞渡仍从容"。战略耐力，是战略定力在实践中的具体体现。近年来，从要求"多做打基础、利长远的事"，到倡导"功成不必在我"的理念；从发扬"钉钉子精神"，再到强调"一张蓝图绘到底"，处处闪耀着战略耐力的智慧光芒。锤炼战略耐力体现在具体工作中，就是要树立正确政绩观，善于从长远角度看待当前形势，从全局高度看待未来目标，坚持稳中求进的工作基调，该稳的要稳住，该进的要进取，把握好工作的节奏和力度，保持工作方式方法上的稳定性、持续性和创新性。习近平总书记强调，我们既要有"乱云飞渡仍从容"的战略定力，又要有"不到长城非好汉"的进取精神。"稳"与"进"，是辩证统一、互为条件的。没有战略定力就不会有创新进取的魄力，离开创新进取就无法保持战略定力的长久生命力。锤炼战略耐力、保持战略定力，是唯物辩证法的创造性应用，是我国传统文化精髓的生动再现，是我们党对马克思主义哲学方法论的重大贡献。

党领导中国人民取得今天的成就来之不易，党领导全国人民开创的中国特色社会主义道路来之不易。我们在前进道路上会遇到各种惊涛骇浪，保持战略定力至关重要。办好中国的事情关键在党，党的领导是定海神针，是我

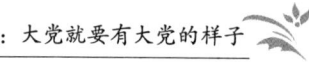

们战胜一切困难的根本保证。对于我们这个大国来讲,只要党内不出问题,中国就不会出现大的问题。只要我们坚持党的领导不动摇,坚持习近平新时代中国特色社会主义思想不动摇,保持敏锐的洞察力和分辨力,保持战略定力,咬定青山不放松,我们就一定能取得新的胜利,伟大的中国梦就一定会实现。

## ◎ 政治定力是"定盘星"

习近平总书记说的政治定力,指在思想上政治上排除各种干扰、消除各种困惑,坚持正确立场、保持正确方向的能力。中国共产党是一个政治组织,政治组织就要讲政治。习近平曾经严肃告诫全党:"共产党不讲政治还叫共产党吗?"正所谓"纲举目张""先立其大",政治这个"纲"举起来、这个"大"立住了,其他一切方面就都有了基础,有了"主心骨"。共产党人坚定的政治定力从何而来?这个东西,不是头脑中固有的,也不是先天带来的,得靠打牢信仰的底子。只有信仰坚定者,才能在大是大非问题上不迷失方向,才能在大风大浪中不晕头转向,才能在疾风暴雨中不左右摇摆,就像一颗钉子,牢牢定在那里。也只有信仰坚如磐石者,才能保持正确的立场、正确的方向。

政治定力来源于政治上的清醒。各种定力中,居于首位的核心的是政治定力,我们党始终是非常清醒的。毛泽东同志从来就不相信"任何东西是完全的,是不再向前发展的",他在1962年就深刻指出,"从现在起,五十年内外到一百年内外,是世界上社会制度彻底变化的伟大时代,是一个翻天覆地的时代,是过去任何一个历史时代都不能比拟的。处在这样一个时代,我们必须准备进行同过去时代的斗争形式有着许多不同特点的伟大斗争"。

他还指出，由这一点出发，把包括制度建设在内的社会主义建设的时间"设想得长一点，是有许多好处的，设想得短了反而有害"。着眼解决制度现代化问题的邓小平同志不仅在1992年高瞻远瞩地指出，"恐怕再有三十年的时间，我们才会在各方面形成一整套更加成熟、更加定型的制度"，而且，他还强调，"巩固和发展社会主义制度，还需要一个很长的历史阶段，需要我们几代人、十几代人，甚至几十代人坚持不懈地努力奋斗，决不能掉以轻心"。习近平总书记这样评价邓小平同志的这段话，"几十代人，那是多么长啊！从孔老夫子到现在也不过七十几代人。这样看问题，充分说明了中国共产党人政治上的清醒"。正是鉴于对"要把中国特色社会主义建设好、建设成，需要一个很长的历史时期"的清醒认识，共产党人始终牢记，"一代人干一代人的事，但没有历史眼光，没有长远眼光，也干不好当下的事"。

政治定力源于坚定的政治信仰，任何情况下政治信仰都绝对不能动摇。习近平总书记多次强调，对马克思主义的信仰，对社会主义和共产主义的信念，是共产党人的政治灵魂。铁一样的信仰，钢一样的意志，生死不灭，泰山难移。对于党员领导干部来说，信仰是决不可失守的精神高地，是安身立命、经受住各种考验的精神支柱。只有守住政治信仰这个精神高地，才能经受住各种考验，在各种政治风浪中立场鲜明，而不迷失方向。无论处于顺境还是逆境，我们党从未动摇过对马克思主义的信仰。老一辈无产阶级革命家留下的精神财富与优良传统，是我们党不忘初心、继续前进的"财富存量"。作为一名合格的共产党员，不仅要珍视、继承好这些弥足珍贵的精神财富与优良传统，更要像党的好干部孔繁森、杨善洲那样信仰忠贞，忠诚向党、一心为民，弘扬"存量"增加"增量"，为党旗添彩，为党争光。只有这样才能不断自我净化、自我完善、自我革新、自我提高，经受"四大考验"、克服"四种危险"、坚持"四个自信"，确保我们党不变质、不变色，带领全国各族人民统筹推进"五位一体"总体布局，协调推进"四个全面"战略布局，稳步前行。

政治定力源于坚定的政治自信，任何情况下政治自信都绝对不能迷茫。习近平总书记提出，共产党人坚持"不忘初心、牢记使命"，就是要坚持"四个自信"即"中国特色社会主义道路自信、理论自信、制度自信、文化自信"。政治自信是"四个自信"的高度浓缩，彰显中国特色社会主义的文化依据和理论基石。坚持和发展中国特色社会主义不动摇，是中国发展的历史选择，更是人民的选择和实践的选择。坚持政治自信，是对中国特色社会主义的坚定信念，体现了对我国国情的深切把握、对民族命运的理性思考、对人民福祉的责任担当。任何情况下都不能，也不应该对此产生怀疑和迷茫。改革开放以来，特别是党的十八大以来国家取得的伟大成就，就是最有力的证明，也让我们增强了这种自信。

政治定力源于坚定的政治担当，任何情况下政治担当都绝对不能懈怠。真正的共产党人，胸怀天下，情寄苍生。以造福天下苍生为己任，理所当然地成为每名中国共产党人的政治担当。"不担当，半点忠诚也没有"。习近平总书记多次讲到担当问题，从民族担当、为民担当到改革担当，乃至面向国际的大国担当，无一不身体力行，充分显示了敢于担当的政治品格和人格风范，为全党树立了榜样。纵观我党百年的奋斗历程，对忠诚的诠释无时无刻不闪烁着"担当"二字的光辉。革命战争时期，救民族于危亡，救人民于水火，体现着中国共产党人的大义担当；社会主义建设时期，带领全国人民走向富强，体现着中国共产党人的责任担当；在中华民族走向复兴的新的伟大历史时期，更需要这种前仆后继、义无反顾的担当精神、担当力量与担当气魄。民族要复兴，事业要发展，没有担当就没有发展，没有实干一切皆为空谈。真正的共产党人要敢担当、真担当、善担当，一个敢于担当的共产党人，才能不负组织重托和群众期望；一个敢于担当的政党，才能赢得人民的拥护和支持。

高举旗帜跟党走，心有定力稳步行。大是大非面前，立场坚定，旗帜鲜明，坚定地团结在以习近平同志为核心的党中央周围，全党一心，上下一心，中华民族伟大复兴的中国梦必将早日实现。

## ◎ 伟大旗帜引领方向

党从诞生之日起，就把马克思主义写在自己的旗帜上，把实现共产主义确立为最高理想。百年来，我们党成长的每一个脚步都离不开马克思主义的指导。革命战争年代，在马克思主义的感召下，无数优秀中华儿女奋不顾身，融入奔腾不息、波澜壮阔的民族独立、解放、自强洪流；改革开放时期，也是在马克思主义的指导下，我们党以巨大的勇气和魄力开辟了中国特色社会主义道路，打开了中国通往民族复兴的大门。这就是理想的召唤、信仰的力量。

"主义譬如一面旗子，旗子立起来了，大家才有所指望，才知所趋赴。"从"军叫工农革命，旗号镰刀斧头"到"六盘山上高峰，红旗漫卷西风"，毛主席领导中国共产党和人民军队一直鲜明地打出自己的旗帜，高举起自己的旗帜。可以说，一部党率领人民从站起来、富起来到走向强起来的历史，就是一部高扬马克思主义、共产主义旗帜，战胜其他各种主张的历史。党的旗帜，就是党所确立的指导思想，即通常所说的"主义"。旗帜问题至关紧要，旗帜就是信仰，旗帜就是方向，旗帜就是形象，旗帜就是力量。

"主义譬如一面旗子"，这是毛泽东的重要论断，深刻、生动、形象地说明了主义———指导思想对于一个政党的重要性。正是在"主义"这一"旗帜"的指引下，无数革命先烈抛头颅、洒热血，义无反顾地投身于民族独立和人民解放事业。夏明翰在就义前写下"砍头不要紧,只要主义真。杀了夏明翰,还有后来人"的壮丽诗篇,相信革命事业后继有人。方志敏烈士在被捕后囚禁于敌人的监牢中时写下的《死》一文,很好地诠释了这些先烈不畏惧死亡、献身革命的原因:"敌人只能砍下我们的头颅,决不能动摇我们的信仰!因为我们信仰的主义,乃是宇宙的真理!为着共产主义牺牲,为着苏维埃流血,那是我们十分情愿的啊!"

回顾党百年的风雨历程,党的指导思想是极为重要的。中共一大就把马列主义作为自己的指导思想。纵观中国革命、建设和改革开放各个历史时期,党始终坚持把马克思主义基本原理同中国具体实际相结合,运用马克思主义立场、观点和方法分析和解决中国的理论和实践问题,从而推动革命和建设事业取得一个又一个胜利。实现了中华民族从"东亚病夫"到站起来的伟大飞跃。这一伟大飞跃以铁一般的事实证明,只有社会主义才能救中国!

改革开放以来,共产党人把马克思主义基本原理同中国改革开放的具体实际结合起来,团结带领人民进行建设中国特色社会主义新的伟大实践,使中国大踏步赶上了时代,实现了中华民族从站起来到富起来的伟大飞跃。这一伟大飞跃以铁一般的事实证明,只有中国特色社会主义才能发展中国!

在新时代,共产党人把马克思主义基本原理同新时代中国具体实际结合起来,团结带领人民进行伟大斗争、建设伟大工程、推进伟大事业、实现伟大梦想,推动党和国家事业取得全方位、开创性历史成就,发生深层次、根本性历史变革,中华民族迎来了从富起来到强起来的伟大飞跃。这一伟大飞跃以铁一般的事实证明,只有坚持和发展中国特色社会主义才能实现中华民族伟大复兴!

新时代孕育新思想,新实践产生新理论。习近平同志以巨大的理论创新勇气和历史担当,创立了习近平新时代中国特色社会主义思想,形成了马克思主义中国化的最新成果，实现了马克思主义中国化的又一次历史飞跃，使马克思主义在21世纪放射出更加璀璨的真理光芒。

习近平总书记指出："指导思想是一个政党的精神旗帜。"旗帜问题至关重要，旗帜就是方向，旗帜就是形象。方向是一个政党选择和确定的道路及其目标，形象是一个政党展现给外界的风貌以及外界对它的印象和评价，两者互相联系，体现着一个政党的基本纲领或指导思想。马克思、恩格斯说："一个新的纲领毕竟总是一面公开树立起来的旗帜，而外界就根据它来判断这个党。"旗帜问题的实质，就是由方向和形象体现的党的指导思想问题，由此决定了旗帜问题的至关紧要性。作为共产党人，要主动作为，积极进取，牢固树立"举旗帜、争先进"的思想，用自己的才干推动党和国家事业不断迈向新的胜利。

旗帜引领方向，道路决定命运。举旗帜是第一位的，带有根本性、全局性、战略性意义。新时代，举旗帜就是要高举马克思主义、中国特色社会主义的旗帜，坚持不懈用习近平新时代中国特色社会主义思想武装全党、教育人民、推动工作，在学懂弄通做实上下功夫，推动当代中国马克思主义、21世纪马克思主义深入人心、落地生根。马克思主义、中国特色社会主义的旗帜，是党和中国人民团结的旗帜、奋进的旗帜、胜利的旗帜。宣传思想战线必须始终扭住这一根本任务，用党的旗帜定向指航、定调稳舵、定心聚力，巩固全党全国人民团结奋斗的共同思想基础。

举旗帜，最根本的是始终坚持以马克思主义为指导。江河万里总有源，树高千尺也有根。党自成立之初，便把马克思主义写在自己的旗帜上。从二大通过的首部党章开始，马克思主义有关原理和要求就在党章中得以体现。从七大党章开始，增设总纲部分，马克思主义作为指导思想被明确写入党章。"中国共产党为什么能""中国特色社会主义制度为什么管用"，最根本的原因就是我们党始终把马克思主义作为行动指南,并坚持在实践中不断丰富和发展马克思主义。无论过去、现在还是将来,马克思主义永远是我们立党立国的根本指导思想,任何时候都不能背离或放弃马克思主义,否则就会失去灵魂、迷失方向。不忘本来才能面向未来,不忘初心方能继往开来。必须把学习掌握马克思主义基本原理作为共产党人的"真经",持之以恒开展党的理想信念教育,补精神之钙、固思想之元,引导共产党人做马克思主义的忠实传人。

旗帜引领方向的核心是要用习近平新时代中国特色社会主义思想武装全党。沧海横流显砥柱,万山磅礴看主峰。党的十八大以来,以习近平同志为核心的党中央,在推动党和国家事业取得历史性成就、发生历史性变革的伟大实践中,创立了习近平新时代中国特色社会主义思想,开辟了马克思主义新境界、中国特色社会主义新境界,为发展当代中国马克思主义、21世纪马克思主义做出了历史性贡献,是新时代全党全国人民的思想旗帜、精神旗帜。坚持用新思想武装头脑,必须坚持学思用相结合、知信行相统一,使新思想真正成为全党全国人民政治上的主心骨、思想上的定盘星、行动上的指南针。坚持用新思想武装头脑,必须坚决维护习近平总书记在党中央和全党的核心地位、坚决维护党中央权威和集中统一领导。

旗帜引领方向关键在于不断增强道路自信、理论自信、制度自信、文化自信。旗帜昭示未来,火炬照亮前程。中国特色社会主义进入新时代,发展机遇前所未有、风险挑战前所未有。在风云变幻的国际形势中站稳脚跟,在发展模式的国际比较中增强底气,在固守根本中保持定力,在众声喧哗中立心固魂,要坚定"四个自信"。现实的成功是最好的理论,没有一种抽象的教条能够和它辩论。当前,坚定"四个自信",具有坚实的理论基础、实践基础、物质基础、民心基础。在前进的道路上,面对进行伟大斗争、建设伟大工程、推进伟大事业、实现伟大梦想的艰巨任务,我们比以往任何时候都更加需要高举旗帜、坚定自信,统一思想、凝聚力量,大张旗鼓地讲马克思主义、讲共产主义、讲中国特色社会主义,旗帜鲜明坚持真理、立场坚定批驳谬误,不断增强社会主义意识形态的凝聚力和引领力,鼓舞人民朝着民族复兴伟大梦想奋勇前行。

一个时代有一个时代的主题,一代人有一代人的使命。百年来,面对民族独立、人民解放、国家富强、人民幸福等时代考题,一代又一代共产党人,在马克思主义指引下,以坚定的理想信念、强烈的历史担当、昂扬的精神状态,书写了无愧于民族、历史和人民的优异答卷。当前,我们比历史上任何时期都更接近中华民族伟大复兴的目标,比历史上任何时期都更有信心和能力实现这个目标。每一名共产党人都要胸怀马克思主义的明灯,自觉做共产主义远大理想和中国特色社会主义共同理想的坚定信仰者和忠实实践者,为实现中华民族伟大复兴的中国梦贡献自己的力量。

## ◎ 从制度自卑走向制度自信

制度是治国之重器,良制是善治之前提。近代以来的中国一路放眼西眺,赴西天取经,以西为师,可是"老师总是打学生"。中国在现代化进程中一路艰难行走,摸索从器物学习谋自强。然而,中日甲午海战打碎了中国人器物现代化之梦,使不少知识精英断然选择走制度现代化新路。戊戌变法、清末立宪运动探索过中国制度现代化之途,却脱离国情,免不了失败的命运。五四运动期间,中国的年轻人吼出"民主""科学"的口号,希望从观念上启迪民智,走向现代化,然而也免不了矫枉过正,掉入把传统和现代对立起来的误区。中国人民和中华民族客观上存在利益的最大公约数,如:国家统

一、人民富裕、国家强大、文化繁荣兴盛等等，这是建立现代国家的逻辑起点，也是确立国家制度体系的逻辑起点。从历史合力论角度看，一切有利于代表并实现这个公约数的政治力量和社会制度就会被历史和人民所选择，一切背离这个公约数的政治力量和社会制度就会被历史和人民所抛弃。历史和人民最终做出了正确选择，选择了中国共产党，选择了社会主义制度。

1921年党成立后，党把马克思列宁主义与中国国情结合起来，在一个人口多、底子薄、生产力不发达的发展中大国成功找到了现代化新路：坚持党的集中统一领导，集中力量办大事；用马克思主义中国化的最新成果武装全党全国人民；确立社会主义制度和这个制度基础上的国家治理体系；始终朝着解放和发展生产力，建设社会主义现代化强国的目标前进。随着社会主义制度的确立与巩固，随着党的领导日益巩固，国家制度的优势不断转化为国家治理效能，中国人民从此走出制度自卑的阴影，一个日益强大的社会主义中国屹立在世界东方。

任何制度要长盛不衰，都必须在本国土壤中长出来，不能简单从外国抄过来，长出来的，有生命力；抄过来的，没有生命力。恩格斯曾经指出："所谓'社会主义社会'不是一种一成不变的东西，而应当和任何其他社会制度一样，把它看成是经常变化和改革的社会。"我国的社会主义制度是历史和人民的选择，是马克思主义中国化的产物，诞生于中国土壤，拥有文化根基，然而却缺乏实践经验。因此，建立社会主义制度不易，发展和完善社会主义制度更难。

新中国成立，党带领全国各族人民探索并确立了社会主义制度。从政治上看，确立了人大制度、政协制度、新型政党制度、民族区域自治制度，确保人民主体地位；从经济上看，随着"三大改造"完成，确立了公有制和计划经济体制，确保实现人民利益最大公约数；从文化上看，确立了马克思主义在意识形态领域的指导地位，同时确立了人民享有平等文化权益的制度；等等。新中国成立以来，党领导人民确立的社会主义制度尽管还不够成熟、不够完善，但已经能够使中国摆脱自近代以来国家四分五裂、人民"一盘散沙"的困境，在资源有限的条件下集中力量办大事，加快推进国家的现代化建设。

改革开放后，邓小平基于对历史经验和教训的深刻认识，认真思考我国现代化的关键：制度建设。早在1980年，邓小平就指出："领导制度、组织制度问题更带有根本性、全局性、稳定性和长期性。"1992年，邓小平在南方谈话中拓展了制度视野，提出再有三十年时间，在各方面形成更加成熟、更加定型的制度。沿着这个思路，党的十四大、十五大、十六大、十七大都对制度建设提出了明确要求。这一时期，党带领人民健全和完善了党和国家领导制度、健全和完善了根本政治制度、健全和完善了基本政治制度、健全和完善了基本经济制度、健全和完善了中国特色社会主义法治体系等等。在所有这些制度中，党的领导制度是根本和关键，决定了其他制度的执行力和效能。

党的十八大以来，以习近平同志为核心的党中央把制度建设摆在了更加突出的位置。党的十八届三中全会提出全面深化改革的总目标是完善和发展中国特色社会主义制度、推进国家治理体系和治理能力现代化，并在此后全面深化改革的实践中大力推进国家制度和国家治理体系现代化，取得了历史性成就。党的十九届四中全会《决定》凝练概括了我国国家制度和国家治理体系13个方面的显著优势，涵盖党的领导和经济、政治、文化、社会、生态文明、军事、外事等领域，第一次全面系统地向世人展示了"中国之治"的制度密码；提出了坚持和完善我国国家制度和国家治理体系建设的13个努力方向，体现了共产党人和中国人民"坚持和巩固什么、完善和发展什么"的制度自觉，也为完善和发展制度定向。

中国制度为什么行？党的十九届四中全会决议给出了清晰的回答，用"13个坚持"系统总结了中国国家制度和国家治理体系13个方面的显著优势。这13个方面的显著优势，是坚定中国特色社会主义道路自信、理论自信、制度自信、文化自信的基本依据。"13个坚持"涵盖范围的广泛性是前所未有的，既有确保国家始终沿着社会主义方向前进的显著优势，又有紧紧依靠人民推动国家发展的显著优势；既有切实保障社会公平正义和人民权利的显著优势，又有集中力量办大事的显著优势……"13个坚持"所具有的广泛性特征，使人们对中国国家制度和国家治理体系优势的认识实现了空前拓展，也使坚定制度自信的基本依据实现了空前拓展。凭借"13个坚持"的显著优势，任何对中国特色社会主义制度的质疑和攻讦都无法站稳脚跟。实践表明，中国特色社会主义制度和国家治理体系是以马克思主义为指导、植根中国大地、具有深厚文化根基、深得人民拥护的制度和治理体系，是具有强大生命力和巨大优越性的制度和治理体系，是能够持续推动拥有14亿人口大国进步和发展、确保拥有5000多年文明史的中华民族实现"两个一百年"奋斗目标进而实现伟大复兴的制度和治理体系。

走向制度自觉。中国特色社会主义进入新时代，标志着中国特色社会主义制度和国家治理体系进入更加成熟、更加定型、更加完善、更加巩固和优势充分发挥的时代。党的十九届四中全会把这个制度和治理体系系统总结为根本制度、基本制度、重要制度。即：民主集中制这一党和国家的根本领导制度、人民代表大会制度这一根本政治制度、马克思主义在意识形态领域指导地位制度这一根本文化制度、共建共治共享这一根本社会治理制度、党对人民军队绝对领导这一根本军事制度，以及中国共产党领导的多党合作和政治协商制度、民族区域自治制度、基层群众自治制度这三大基本政治制度，公有制为主体、多种所有制共同发展，按劳分配为主体、多种分配方式并存，社会主义市场经济体制等三大基本经济制度，和众多由根本制度、基本制度派生而来的、贯穿于国家治理各领域各方面各环节的具体的重要制度。坚持完善、巩固发展这些根本制度、基本制度、重要制度，是实现"两个一百年"奋斗目标的重大任务，是把新时代改革开放推向前进的根本要求，是应对风险挑战、赢得主动的有力保证。

党带领中国人民独立自主探索国家治理体系和治理能力现代化的成功经验表明，中国拓展了发展中国家走向现代化的途径，给世界上那些既希望加快发展又希望保持自身独立性的国家和民族提供了全新选择。建党百年之际，党之所以能够实现制度定型、保持制度定力、完善制度定向，带领中国人民摆脱自近代以来的制度自卑，走进制度自信，走向制度自觉，取决于党的品格。党的初心使命保证了制度和治理体系的道德性，党的科学理论保证了制度和治理体系的科学性，党的群众路线保证了制度和治理体系的人民性，党的开阔胸襟保证了制度和治理体系的开放性，党的组织力保证了制度和治理体系的稳定性，党的自我革命精神保证了制度和治理体系的革命性。在实现"两个一百年"奋斗目标交汇之际，中国的制度优势之所以能够持续转换为国家治理效能，取决于党的领导制度。一句话：中国之治，离不开中国之制；中国之制，离不开中国共产党之志。

"天下将兴，其积必有源"。中国特色社会主义进入新时代，我们党的领导和我国社会主义制度坚强牢固、充满活力，中国人民和中华民族前程伟大、前途光明。把党的领导这一最大优势更加充分发挥好，我们必将在中国特色社会主义发展史上，在中国特色社会主义制度建设上，在中华民族伟大复兴的浩荡征程中，书写下新的璀璨篇章。

## ◎ 鞋子合不合脚，穿着才知道

"鞋子合不合脚，自己穿了才知道"。道路走得怎么样，最终要用事实来说话。中国道路是在中国的基本国情下走出来的。在中华民族积贫积弱、任人宰割的时期，各种主义和思潮都进行过尝试，资本主义道路没有走通，改良主义、自由主义、社会达尔文主义、无政府主义、实用主义、民粹主义、工团主义等也都"你方唱罢我登场"，但都没能解决中国的前途和命运问题。是马克思列宁主义、毛泽东思想引导中国人民走出了漫漫长夜、建立了新中国，是中国特色社会主义使中国发展步入快车道。

从新中国到新时代彰显民族复兴的道路自信，道路自信是在回望走过的路中确立的，是在眺望未来的路所要坚持的。道路自信是建立在历史发展规律之上的自信，是建立在历史发展成就之上的自信。新中国成立70多年，我们矢志不渝推进中华民族伟大复兴，在披荆斩棘中不断开辟中国道路，在站起来、富起来、强起来中不断增强道路自信。

新中国：站起来的自信。鸦片战争后，外有西方列强大肆入侵，内有封建统治日益腐化，积贫积弱的中国坠入半殖民地半封建社会的深渊，面临着亡国亡族的危险。"起来，不愿做奴隶的人们……中华民族到了最危险的时候，每个人被迫着发出最后的吼声"，《义勇军进行曲》发出的是何等悲怆的声音。新中国以此为国歌，第一句就是"起来"。毫无疑义，"站起来"是实现民族复兴最迫切、最基础的任务。

新时期：富起来的自信。党的十一届三中全会实现了新中国成立以来党的历史的伟大转折，开启了我国改革开放和社会主义现代化建设的历史新时期。近代以来由于帝国主义与封建主义的压迫和剥削，由于长期的动荡和战乱，我们国弱民穷，人民生活极为窘迫。直到改革开放之前，人们生活还普遍处在比较贫穷的状况。富起来就是改变经济文化落后状况,首先是解决人民基本生存的温饱问题,并进而让人民过上幸福美好的生活。

新时代:强起来的自信。中国特色社会主义进入新时代。党的十八大以来,以习近平同志为核心的党中央深刻认识党和国家事业发生的历史性变革,科学把握当今世界和当代中国的发展大势,顺应实践要求和人民愿望,以巨大的政治勇气和强烈的责任担当,统揽伟大斗争、伟大工程、伟大事业、伟大梦想,统筹推进"五位一体"总体布局、协调推进"四个全面"战略布局,推出一系列重大战略举措,出台一系列重大方针政策,推进一系列重大工作,取得了改革开放和社会主义现代化建设新的重大成就。新时代我们迎来了从站起来、富起来到强起来的伟大飞跃。

"中国特色社会主义不是从天上掉下来的,是党和人民历尽千辛万苦、付出各种代价取得的根本成就。"它是在改革开放40多年的伟大实践中走出来的,是在中华人民共和国成立70多年的持续探索中走出来的,是在对近代以来180多年中华民族发展历程的深刻总结中走出来的,是在对中华民族5000多年悠久文明的传承中走出来的,具有深厚的历史渊源和广泛的现实基础。坚持社会主义方向,坚持走中国特色社会主义道路,是经过实践检验、符合中国国情的成功之路,必须坚定不移走下去,真正做到"千磨万击还坚劲,任尔东西南北风"。

中国道路是在革故鼎新的不懈奋斗中走出来的。我国国内生产总值自2010年开始稳居世界第二位,货物进口和服务贸易总额均居世界第二位,对外投资和利用外资分别居世界第二位、第三位,高铁运营总里程、高速公路总里程和港口吞吐量均居世界第一位;2019年,经济总量再创新高,国内生产总值达990 865亿元,稳居世界第二位。我国人均国内生产总值70 892元,按年平均汇率折算达到10 276美元,稳居上中等收入国家行列。2019年,

人均GDP实现新跃升,超1万美元,居民人均可支配收入突破3万元;2019年,我国位列全球创新指数排名第14位,比上年上升3位。嫦娥四号首次成功登陆月球背面,长征五号遥三运载火箭成功发射,雪龙2号首航南极,北斗导航全球组网进入冲刺期,5G商用加速推出……重大科技成果层出不穷。2019年一个美国专栏作家在《华盛顿邮报》网刊发文章说:在不到一代人的时间里,中国共产党将中国从贫穷的农业社会转变为工业化的中等收入国家,历史上没有一个国家能够实现如此迅速而持续的经济增长。70多年里,我国从一穷二白的发展中大国发展为世界第二大经济体,中国人民站起来以后,又在富起来、强起来的征程上迈出了决定性的步伐。这些成就是全党全国人民以咬定青山不放松的顽强意志、坚韧精神,闯关夺隘、攻坚克难干出来的。事实雄辩地证明了走中国特色社会主义道路走得通、走得对、走得好。

中国道路是在为了人民的伟大实践中走出来的。"老百姓是天,老百姓是地。忘记了人民,脱离了人民,我们就会成为无源之水、无本之木,就会一事无成。"中国共产党之所以能够发展壮大,中国特色社会主义之所以能够不断前进,正是因为依靠人民。谋划发展,最了解实际情况的,是人民群众;推动改革,最大的依靠力量,也是人民群众。改革开放在认识和实践上的每一次突破和发展,改革开放中每一个新生事物的产生和发展,改革开放每一个方面经验的创造和积累,无不来自亿万人民的实践和智慧。人民是历史的创造者,是决定党和国家前途命运的根本力量。人民立场是党的根本政治立场,是马克思主义政党区别于其他政党的显著标志。坚持以人民为中心,坚持人民主体地位,坚持依靠人民、为了人民、发展成果由人民共享,始终是中国共产党不变的追求。

历史和实践证明,中国道路是一条符合中国国情、富民强国的正确道路。没有正确的道路,再美好的愿景、再伟大的梦想都不能实现。只有中国特色社会主义道路,才能发展中国、稳定中国,这是一条通往复兴梦想的人间正道。一切伟大的成就都是接续奋斗、接力探索的结果,一切伟大的事业都需要在承前启后、继往开来中推进。马克思曾经写道:"在科学上没有平坦的大道,只有不畏劳苦沿着陡峭山路攀登的人,才有希望达到光辉的顶点。"我们领悟贯彻习近平总书记关于道路问题的重要论述,就是要坚定道路自信,以志不改的韧劲、道不变的恒心,以"社会主义是干出来的"的豪情,在历史前进的逻辑和时代发展的潮流中续写中国特色社会主义这篇大文章,不断推进兴党兴国、强党强国的宏伟事业,谱写出实现中华民族伟大复兴中国梦的时代华章。

## ◎ 文化定力彰显文化自信

文化是民族的身份特征和灵魂血脉,承载着一个民族的实践智慧和历史记忆,维系着民族的生存和发展命运。任何一个有文化自觉意识的民族都会珍视自己的文化,高度认同自己文化的价值,精心守护自己的精神家园,对自己文化的发展前途满怀信心。这种对自己民族文化的理性心态和坚定信念就是文化自信。文化自信里的文化,包含着5000多年文明发展积淀而成的中华优秀传统文化,近现代以来淬炼而成的革命文化,社会主义建设和改革开放新时期凝聚而成的先进文化。在新时代坚定文化自信,根本上就是坚定对中国特色社会主义的自信。

文化定力是提升文化软实力的精神支撑,是推进文化发展繁荣创新的必要条件,是维护中华文化安全的时代要求。保持深厚的文化定力,才能经受各种文化思潮冲击的考验,才能一以贯之地秉持文化初心。否则,就会"乱花渐欲迷人眼",茫然四顾,在文化大潮中迷失自我,文化自信这一更基本、更深沉、更持久的力量，是战胜一切艰难险阻的精神动力。

文化定力表现为一种文化坚守。中华文化是中华民族独特的精神标识，是全体中华儿女流淌的精神血脉，是支撑中华民族屹立世界民族之林的挺拔的精神脊梁。作为一种文化坚守，就要认同自我文化的价值，坚守以本民族文化为主干、以我为本的立场，尽心竭力养护中华文化的根脉，不断凝聚推动中华文化进步、转型与创新的力量，不断夯实中华民族精神的地基坚如磐石。

文化定力体现为一种文化担当，是对中华优秀文化传承创新的一种责任与使命，是对中国共产党人创造的红色文化的景仰与倡扬，是对坚持与发展中国特色社会主义先进文化的大义担当，是对现代各文明冲突、文化思潮激荡条件下保持自我文化基因的执着与守望，是汲取各类型文明之优长并融入本民族文化之精髓、构筑中华文化博大精深之体系的耐性与张力。

文化定力内生为一种文化气质，是理性对待文化多样性而能海纳百川的包容与胸襟，是面对各民族文明创造和精神文化滋养择善而取、从容吞吐的魄力与气度，是积极融入多样文明交汇而努力展示自我文化魅力的从容与淡定，是推陈出新、洋为中用、推动中华文化走向世界的自信与底气。

文化定力体现为一种文化品格，不被所谓强势文化裹挟，不被异质文化同化，不被腐朽文化侵蚀，不被落后文化牵绊，自觉维护自我文化的价值与脉动，竭力彰显本民族文化的底片与亮色，保持一种文化性格上的坚韧与品质。

文化定力彰显为一种文化力量，这种力量体现为我们对于文化的汲取、选择、消化、整合、引领的能力，体现为文化的创新、创造、转型与提升的持久动能，体现为塑造崇善心灵、净化本真魂灵、强健精神魂魄、熔炼恒久信仰的文化熔铸力，体现为推动文化事业文化产业双向互动、共促大发展大繁荣的文化锻造力。

文化定力体现为一种文化主见,即对自我文化在世界文化格局中坐标方位的正确判定,对世界文化潮流发展大势的深刻洞察,对多样文化碰撞交融中纷繁袭扰的清醒认知,对眼花缭乱的各种文化现象的清晰定位,对未来文化发展道路及前景的理性思考与战略谋划。

文化自信,就是要在中国特色社会主义伟大实践中,以马克思主义为指导,以社会主义核心价值观为灵魂,以中华优秀传统文化为根基,以革命文化和社会主义先进文化为支柱与活水,构筑中华民族独特的精神标识,凝聚强大的中国精神、中国价值、中国力量。中华民族走出文化迷茫、经历文化自觉、走向文化自信、追求文化自强的历史逻辑昭示我们,没有中国共产党的文化担当,就不可能有中华民族的伟大复兴和民族文化的自信自强。

党领导中国人民实现了从站起来、富起来并走向强起来的愿景,为中华民族的文化自信奠定了国力和心理基础。文化境遇与国家的命运和民族的兴衰相互依托,没有民族的独立和国力的强盛,就不可能有文化的自信。在漫长的历史进程中,中华文化长期处于世界领先地位,由此涵养了中华民族的文化自豪感。但鸦片战争以后,在饱受列强欺辱、奴役后,有的中国人逐步丧失了文化自信。党正是在中华民族国运衰微、惨遭欺凌,在文化方面陷入困顿迷茫的境遇下登上历史舞台、担负起救亡图存和民族复兴使命的。经过艰苦卓绝的探索和奋斗,找到了一条异于资本主义模式的现代化发展道路,终结了中华民族受宰制、受奴役、受屈辱的命运,把被列强视为"东亚病夫"的旧中国建设成为一个社会主义现代化国家,用无可辩驳的历史事实诠释了中国文化的价值,为文化自信奠定了国力和心理基础。

党为中国文化注入了清泉活水,激活了中华文化的生命活力,为中华民族的文化自信提供了现实依据。中华文化具有旺盛的生命力。但清代以后,封建统治者的文化专制和闭关锁国所导致的文化封闭不仅窒息了中华文化的生命活力,也遮蔽了中华民族的文化视野。近代以后,面对西方列强的入侵和欺凌,古老的文化已难以承担起为民族安身立命和救亡图存提供智力支撑以及方向引领的使命,中华民族被迫从域外先进文化中苦苦寻求民族救赎的智慧和药方。直到马克思主义传入和中国共产党成立,才出现了希望的曙光。中国共产党引领和实践先进文化,一方面运用马克思主义的科学理论和方法观照并分析解决中国革命、建设以及改革开放中的现实问题,另一方面运用中国文化诠释和传播、发展马克思主义,推动了马克思主义与中国文化的深度融合,使古老的中华文化焕发出生机活力,为新民主主义革命、社会主义建设和改革开放的成功奠定了思想文化基础,为坚定文化自信提供了历史和现实依据。

党创新培育了富有时代气息的民族精神,激发了民族精神的巨大能量,增强了中华民族坚定文化自信的底气。民族精神是民族文化的灵魂和核心,是彰显民族精神气象和性格特质的文化依托,也是民族文化自信的思想基础和动力之源。党在担当历史使命的进程中,一方面自觉地弘扬以爱国主义为核心的民族精神,另一方面自觉地把马克思主义的批判精神、科学精神注入民族精神之中,创新培育了"红船精神"、井冈山精神、长征精神、延安精神、西北坡精神、"两弹一星"精神和改革开放精神,为中国人民应对各种风险、挑战和战胜各种艰难险阻提供了强大的精神动力,充分发挥了民族精神的文化功能,也增强了坚定文化自信的底气。

党领导中国人民创造培育了革命文化和社会主义先进文化,彰显了中华民族的文化创造能力,为重振中国文化自信培植和积淀了更加深厚的文化基础。创新是文化发展的动力源泉。中华民族是富有文化创造力的民族,在谋求生存和发展的历史进程中,创造了辉煌灿烂、绵延古今的中华文化,不仅支撑了中华民族的生存和发展,也为人类文明作出了重大贡献,赢得了全世界的尊重和认可。中国共产党带领中国人民自强不息,刚健有为,在担当救亡图存和民族复兴大任的同时,也自觉地担负起延续发展和复兴民族文化的使命。既为中华民族的解放、富强和复兴提供了智慧滋养、智力支撑和方向引领,也彰显了中华民族的文化创造能力,为文化自信奠定了坚实的基础。

党找到了继承和发展民族文化的智慧和方法,为中华文化的未来发展指明了方向。中国文化向何处去,如何对待传统文化和外来文化也一直是让中国人纠结的理论和现实课题。对于这两大难题,五四运动以后,无论是文化保守主义还是文化激进主义都没能做出符合文化发展规律的回答。代表中国先进文化前进方向的中国共产党在肩负民族复兴使命的进程中也一直在探索民族文化发展之道。在文化建设中如何对待传统文化和外来文化的问题上,党通过不断的实践探索,从马克思主义中找到了传承和发展中国文化的智慧与方法,先后悟出了"吸取其精华、剔除其糟粕"与创造性转化、创新性发展的原则、"不忘本来、吸收外来、面向未来"的方针和坚守中国文化的立场,确立了面向现代化、面向世界、面向未来的民族的、科学的、大众的社会主义文化这一价值目标,明确了中国文化未来发展的方向,也为文化自信提供了理想和信念。

今天,共产主义理想和中国特色社会主义共同理想,蕴含着中华民族世代传承的价值追求;马克思主义中国化的过程,就是同中华传统文化精华相融合、与中国具体实践相结合的过程;社会主义核心价值观,是中华优秀传统文化、革命文化和社会主义先进文化共同熔铸的结晶。所有这一切,都为我们党、人民、军队提供了坚不可摧的精神力量。在新时代建设中国特色社会主义伟大实践中,我们对传统文化加以创造性转化、创新性发展,就一定能不断铸就中华文化新辉煌,形成"沛然莫之能御"的强大力量。培植文化定力，提升文化自信，是铸就中华文化繁荣兴盛的内生动力。习近平总书记强调："只有民族的才是世界的，只有引领时代才能走向世界。"培植与淬炼文化定力的过程，就是中国特色社会主义文化自信不断进入新境界、达到新高度的过程，也是中国文化走向世界、打造中国文化名片、引领世界文化潮流的质的嬗变的亮丽征程。

# 第八章
## 自我革命的大品格

　　我们党之所以能够团结带领人民不断战胜艰险，创造辉煌，非常重要的一条就是始终重视自我革命，始终重视管党治党。以无私斗争精神和无畏政治勇气，开启一场自我革命、自我重塑的伟大征程。党的十八大以来，以习近平同志为核心的党中央以坚定的决心、顽强的意志、空前的力度，推进全面从严治党，坚持思想建党和制度治党相统一，以党的政治建设为统领，全面推进党的思想建设、组织建设、作风建设、纪律建设，把制度建设贯穿其中，拧紧思想"总开关"，架起行为"高压线"。环顾当今世界，没有哪个政党能有如此意志和力度"自己给自己动刀子"，这也充分彰显了我们党作为马克思主义执政党勇于自我革命的大品格，从而使我们党永葆旺盛生命力和强大战斗力，成为始终走在时代前列、人民衷心拥护、勇于自我革命、经得起各种风浪考验、朝气蓬勃的马克思主义执政党。

## ◎ 自我革命是最鲜明的品格

最可贵的坚持,不仅是历经磨难,重要的是保持初心;最艰难的成功,不仅是超越别人,而是战胜自己;最巨大的勇气,不是大义灭亲,而是革自己的命。勇于自我革命是永葆青春活力的优势所在,也是党战胜一切艰难险阻的动力源泉和法宝。正是由于自觉坚持勇于自我革命,才使我们党始终保持了独特优势和推动社会主义事业发展的强大动力。党的自我革命,概括来说就是不忘初心、牢记使命,坚持一切从实际出发,在自我警醒、自我否定、自我反思、自我超越中实现自我净化、自我完善、自我革新、自我提高。

勇于自我革命之所以成为"我们党最鲜明的品格",源自共产党人顽强而执着地追求那些闪烁着自我革命品质的信念。毛泽东说,"谁有真理就服从谁""我们如果有缺点,就不怕别人批评指出。不管是什么人,谁向我们指出都行。只要你说得对,我们就改正。你说的办法对人民有好处,我们就照你的办";周恩来说,"最重要的是以身作则,从自我批评开始;多看人家的长处,多看自己的短处";邓小平说,"领导干部特别是高级干部以身作则非常重要",因为群众对干部总是要听其言、观其行的。习近平总书记指出:中国共产党的伟大不在于不犯错误,而在于从不讳疾忌医,敢于直面问题。也就是说,关键是对于问题所采取的态度。

党的最鲜明品格是由马克思主义政党的性质和中国文化传统共同铸就的。马克思主义的一个根本指向,就是革剥削者和压迫者的命,解放全人类,建立一个尽善尽美的共产主义社会。这一目标不是一蹴而就的,作为引领无产阶级为之奋斗的共产党需要不断地进行自我革命,来适应和进行各种新的伟大斗争。许多国家的共产党在这一过程中倒下了、瓦解了,从某种意义上,这彰显了中国共产党"最鲜明的品格"。其中,一个内在的动因是中国传统文化的作用。中国作为一个古老大国,生生不息,无论历经什么样的磨难,最终都能以崭新的面貌屹立于世界,关键就在于中国人内在的自我革命精神。可以说,自我革命作为党的最鲜明品格是马克思主义与中国传统文化相结合而成的,这是世界上其他政党所不具备的,也是近代以来的中国其他政党所不具备的。

党永不自满、永不懈怠的"自我觉醒"意识是党"自我革命"的鲜明政治品格和风骨。政治品格是一个政党的基本素质,它决定了这个政党回应挑战的模式。"自我觉醒"即自己有所认识而主动地对自己去做忍痛剜疮、刮骨割瘤以保持肌体永续健康的举动。为永葆党的先进性和纯洁性,宣示全面从严治党,把我们党建设成学习型服务型创新型的现代化政党,表明了党的敏锐和坚定、主动和担当、自律和自净、理性和清醒,以未雨绸缪的主动出击,防止养痈为患后被动应付。"勇于自我革命,是我们党最鲜明的品格,也是我们党最大的优势。"概括出了党的本质属性和特点,揭示了党从胜利走向胜利的动力源泉。党"自我革命"的品格优势是在夺取革命胜利和提高执政能力的历史中形成的,党的事业推进的历史和自身发展壮大的历史,就是一部自我觉醒、警醒史。党不惜"以考验和危险之危言警醒今日辉煌之我",每一次靠自己积极回应并解决了自身存在问题,靠着"自我觉醒"的品格,自我奋斗,推进"自我革命",党久经磨难、浴火重生、淬炼成钢。

邓小平指出:"中国要出问题,还是出在共产党内部,对这个问题要清醒。"习近平同志指出:"如果管党不力、治党不严,人民群众反映强烈的党内突出问题得不到解决,那我们党迟早会失去执政资格,不可避免被历史淘汰。"这两段话阐明了若治党不力、不能有效解决党内存在的种种问题,势必会导

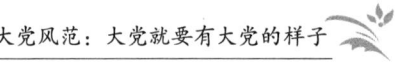

致严重的政治后果,这给全党敲响了警钟。新时代对党的建设提出了新的更高要求。这种警醒和危机自觉是对全党的战略警醒。党要保证永葆生机活力,必须以居安思危的自我革命精神打造和锤炼自己,以敏捷的反应力适应时代和人民的要求。

党靠革命起家,原始使命就是推翻一个旧世界,建立一个新世界。在革命的同时又"自我革命",革命精神与生俱来。"自我革命"精神是党独特的品格和自净属性。从革命到建设再到改革,党以大无畏的革命精神对存在问题和所犯错误正确对待,正视工作中的差距和不足,不掩盖、不懈怠,在探索中壮大,在纠偏中前行。党在历史上全局性的错误犯过三次:一是1933年9月至1934年10月的第五次反围剿,二是1958年至1960年的"大跃进"运动,三是1966年5月至1976年10月的"文化大革命"。每一次犯错误都是党自觉认识到并自省、自纠,且能知错而后自改,从对错误的深刻反省中,获得一份警醒、一份自觉:对过去和未来党面临的世情、国情有清醒的认识,对党的发展、优势劣势及挑战有充分的把握,对党的形象及品牌展示有恰当的定位,从而形成了一种修正错误的动力和活力。人民群众没有因为党犯的错误而抛弃党,而是信仰并追随党、热爱党。"错误和挫折教训了我们,使我们比较地聪明起来了,我们事情就办得好一些。"

"党领导人民已经取得举世瞩目的成就,我们完全有理由因此而自豪,但我们自豪而不自满,决不会躺在过去的功劳簿上。全党必须警醒起来,打铁还需自身硬。"体现了把握时代脉搏、积极契合民意的主动品格,"中国特色社会主义进入新时代,我们党一定要有新气象新作为。""打铁必须自身硬。"从还需到必须彰显我们从严治党、赢得党心民心的自信和坚定。这种自信和坚定,是建立在中国共产党人虚怀若谷的高风亮节之上的;是建立在开拓事业新境界的高度之上的;是建立在我们党具有强大的意志力及自我净化、自我完善、自我革新、自我提高能力，依靠自身力量修复并保持肌体健康，永葆先进性和纯洁性的清醒认识之上的；是建立在全党清醒地认识到面临的"四大考验""四大风险"、复杂的执政环境影响、弱化党的先进性纯洁性的复杂因素之上的。

回顾建党百年的历史，我们可以清楚地看到，在进行社会革命的同时不断进行自我革命，是我们党区别于其他政党的显著标志，也是我们党不断取得成功的关键所在。

自我革命是坚持真理、修正错误的过程，旨在清除一切损害党的先进性和纯洁性的因素，使党不断自我净化、自我完善、自我革新、自我提高。勇于自我革命，是我们党不断发展壮大的重要原因。在长期的革命、建设和改革进程中，我们党之所以能一次次纠正错误、转危为安，一次次从胜利走向新的胜利，离不开党的自我革命精神。我们党总是根据党在不同历史时期担负的使命和党的自身建设面临的新形势，以高度的政治自觉、理论自觉、思想自觉、行动自觉不断对党进行革命性锻造。从八七会议、古田会议、遵义会议到延安整风，从党的十一届三中全会拨乱反正、重新确立实事求是的思想路线到党的十八大后以前所未有的力度反腐败，我们党正是通过一次次自我革命，及时消除党内存在的突出问题，从而更好顺应时代发展的潮流、实践发展的要求。一部中国共产党党史，包括我们党通过自我革命坚持真理、修正错误的历史。勇于自我革命是我们党发展壮大、长盛不衰的内在动力。

世界上的政党林林总总，勇于自我革命的政党却不多。为什么党能勇于自我革命？这是由党的性质和根本宗旨决定的。中国共产党是用马克思主义武装起来的、全心全意为人民服务的政党，没有自己的私利私心，因革命而生、为革命而兴。马克思主义政党区别于其他政党的一个鲜明特点就是勇于直面问题、勇于自我革命、勇于追求真理。党作为马克思主义政党，天然地带有反躬自省、检视自己的政治基因，能够不断进行刀刃向内的自我革命，及时修正错误，永葆党的先进性和纯洁性。习近平总书记指出："我们党之所以有自我革命的勇气，是因为我们党除了国家、民族、人民的利益，没有任何自己的特殊利益。不谋私利才能谋根本、谋大利，才能从党的性质和根本宗旨出发，从人民根本利益出发，检视自己；才能不掩饰缺点、不回避问题、不文过饰非，有缺点克服缺点，有问题解决问题，有错误承认并纠正错误。"党的根本宗旨是全心全意为人民服务，使我们党敢于刮骨疗毒、壮士断腕，进行彻底的、大无畏的自我革命。

任何一个政党都不可能不犯错误，马克思主义政党的先进性和纯洁性也不是一劳永逸、一成不变的。党之所以伟大，不在于不犯错误，而在于其追求的是真理、遵循的是规律、代表的是最广大人民的根本利益，永远为了真理而奋斗、为了理想而斗争，因而从不讳疾忌医，敢于直面问题、自我革命，具有极强的自我修复能力。新时代要兴党强党，必须进一步以勇于自我革命精神锻造自己，把党建设得更加坚强有力。要坚持用时代发展要求审视自己，深刻认识党自身建设提出的新要求，一刻不停歇地推动全面从严治党向纵深发展，不断增强党的政治领导力、思想引领力、群众组织力、社会号召力，确保我们党永葆旺盛生命力和强大战斗力；坚持以强烈忧患意识警醒自己，突出问题导向，保持战略定力，大力发扬勇于自我革命精神，自觉砥砺自我革命意志，不断提高自我革命能力，使党永葆青春活力，永远立于不败之地，确保党始终成为中国特色社会主义事业的坚强领导核心。

## ◎ 兴党强党的关键一招

"胜人者有力，自胜者强"。在百年历史中，中国共产党能够从成立时只有 50 多名党员的弱党、小党，经历了一次次生与死的考验，转危为安、化险为夷，取得一个又一个胜利，发展到今天拥有 9000 多万党员、在 14 亿多人口大国执政的世界第一大政党。归根到底，就在于我们党能够根据形势的发展不断进行自我革命。

自我革命是兴党强党的关键，回顾党的历史，我们党为什么能够在现代中国史上各种政治力量的反复较量中脱颖而出？为什么能够始终走在时代前列、成为中国人民和中华民族的主心骨？为什么能够领导人民实现从站起来到富起来再到强起来的历史性飞跃？根本原因就在于，党始终保持自我革命精神，勇于进行自我革命。把党的自我革命作为实现自身长盛不衰，实现事业不断推进的重要法宝，是我们党百年奋斗历程取得的一条宝贵经验，也是党执政 70 多年创造无数中国奇迹的一个成功秘诀。这背后有着深刻的历史渊源，是我们党性质宗旨的生动体现。

建党初期，中国共产党就对腐化分子混入党内的现象高度警惕，明确提出："应该很坚决地洗清这些不良分子，和这些不良倾向斗争，才能坚固我们的营垒，才能树立党在群众中的威望。"在土地革命战争时期，面对党内把马克思主义、苏联经验和共产国际决议教条化、神圣化的错误倾向，我们党坚持反对本本主义，从中国革命实际出发，对党内的错误倾向进行自我革命，克服和战胜了党员和党的一些组织存在的思想不纯、组织不纯以及来自"左"倾、右倾两方面错误的干扰，开拓了中国革命的新道路。

长征途中，面对党和军队生死存亡的关键抉择，在与党和军队中存在的"左"倾冒险主义、张国焘分裂逃跑主义的斗争中，确立了毛泽东同志的正确思想和路线的领导地位。抗战初期，在处理著名的"黄克功案件"时，面对因黄克功过去对革命的贡献而请求让他戴罪立功、不要处以极刑的呼声，毛泽东同志告诫全党："正因为黄克功不同于一个普通人，正因为他是一个多年的共产党员,是一个多年的红军,所以不能不这样办。"对黄克功案的果断处置,抓住了关键少数,让党内部分居功自傲的人对革命法纪产生了敬畏之心。延安时期,通过整风,对党内存在的主观主义、教条主义、经验主义进行坚决斗争,确立了毛泽东思想的指导地位,确立了毛泽东同志的领导核心地位,为中国革命的胜利奠定了思想和组织基础。

新中国成立初期,面对刚刚在废墟中崛起的共和国,为了阻止腐败的滋生和蔓延,我们党拿起自我革命的武器,在全国范围内开展了声势浩大的"三反""五反"运动。在"三反"运动中查出的贪腐分子刘青山、张子善都是我们党的高级干部,他们在抗日战争和解放战争中,都做出过贡献。但在和平环境中,逐渐腐化堕落,成为党和人民的罪人。面对一些请求对其宽大处理的呼声,毛泽东同志强调指出:"正因为他们两个人的地位高、功劳大、影响大,所以才要下决心处决他们。只有处决他们,才可能挽救20个、200个、2000个犯有不同程度错误的干部。"事实证明,对刘青山、张子善处以极刑,犹如两声惊雷,向全党敲响了拒腐防变的警钟,保持了我们党和国家几十年的清正廉洁。毛泽东同志告诫全党:"治国就是治吏!礼义廉耻,国之四维。四维不张,国之不国。"毛泽东同志还振聋发聩地警示全党:"谁要搞腐败那一套,我毛泽东就割谁的脑袋。我毛泽东若是搞腐败,人民就割我毛泽东的脑袋!"我们党自我革命的决心与勇气可光昭日月。

社会主义改造胜利之后,针对党内部分同志照搬照抄苏联模式和把马克思主义教条化庸俗化的错误倾向,毛泽东同志语重心长地说:"任何国家的共产党,任何国家的思想界,都要创造新的理论,写出新的著作,产生自己的理论家,来为当前的政治服务,单靠老祖宗是不行的。"从此,我国以苏为鉴,开始了探索中国社会主义建设道路的新征程。"文革"以后,面对"两个凡是"和各种"左"的错误,邓小平同志强调:"一个党、一个国家、一个民族,如果一切从本本出发,思想僵化,迷信盛行,那它就不能前进,它的生机就停止了,就要亡党亡国。"此后召开的党的十一届三中全会,纠正了过去党在思想路线、组织路线和政治路线上的错误,做出了以经济建设为中心、实行改革开放的重大决策。这次全方位的自我革命,开启了中国特色社会主义道路,为实现中华民族伟大复兴奠定坚实基础。

改革开放新时期,面对"我们向何处去"的历史选择,我们党坚决纠正十年"文革"的错误,恢复了党的实事求是的思想路线,开辟了改革开放新的伟大征程。改革开放这场革命,深刻改变了中国社会,深刻改变了中华民族,党以自我革命实现了奋起,赢得了历史机遇和人民群众的拥护。

党的十八大以来,以习近平同志为核心的党中央坚持全面从严治党,严厉纠治形式主义、官僚主义、享乐主义和奢靡之风,坚定不移"打虎""拍蝇""猎狐",着力解决人民群众反映最强烈、对党的执政基础威胁最大的突出问题,严肃党内政治生活,净化党内政治生态,党在革命性锻造中更加坚强,焕发出新的强大生机活力。全面从严治党,彰显着强烈的勇于自我革命精神,体现了我们党推进自我革命的决心和意志。回顾我们党百年的光辉历程,我们党发扬勇于自我革命精神,由成立时只有几十名党员的小党,发展成为拥有9000多万名党员的世界第一大党,并为现代化建设事业发展提供了坚强政治保证,在新时代新征程中焕发出更加强大的生机活力。

"志之所趋,无远弗届,穷山距海,不能限也。志之所向,无坚不入,锐兵精甲,不能御也"。历史和实践已经证明,勇于自我革命,是兴党强党的重要法宝。

## ◎ 坚持真理修正错误的典范

百年来，我们党从只有50多名党员的小党，发展成为拥有9000多万党员的世界第一大党，同时也把一个积贫积弱、落后挨打的旧中国，带到民族走向复兴、人民实现小康的新时代，积累了许多成功秘诀。"坚持真理，修正错误"就是其中之一。

纵观世界，没有一个政党不犯错误。但是，决定一个政党的前途命运的不是犯不犯错误，或犯多大错误，而是犯了错误后能不能纠正、能不能及时纠正、能不能自己纠正。如果做不到，它就要失败，就要解散，就要消亡；如果能做到，它还会振兴、还会奋起，会把错误变成走向成功的先导，从错误走向正确，从失败走向胜利。党之所以伟大、光荣、正确，并不是说党从来不犯错误，而是说党犯过错误，但敢于承认错误、正视错误，又勇于纠正错误、改正错误。这是我们党所具有的了不起的特点和优点。党的自我革命精神，内蕴着"坚持真理，修正错误"的崇高追求。人们对真理和客观事物的认识不可能一蹴而就，往往要经过一个探索的过程，而修正错误是认识真理的必经环节。一部马克思主义政党的发展史，就是不断坚持真理、修正错误的历史，也是不断实现自我革新、自我提高的历史。

回顾20世纪初辛亥革命之后的中国，政党政治兴起，最多时有几百个政党，后来许多政党在中国历史舞台上昙花一现，我们党最终不断发展壮大起来。然而，党的发展历程并非一帆风顺。党也遭受过挫折，也犯过错误。比如，在新民主主义革命时期，就曾遭受过两次大的挫折，犯过两次大的错误。一次挫折是大革命失败，犯的是陈独秀右倾机会主义的错误；一次挫折是第五次反围剿失败，犯的是王明"左"倾教条主义的错误。大革命失败后，无数共产党人和革命群众惨遭反动派杀害，近6万党员锐减到1万多人。

毛泽东同志后来形象地比喻说：被人家一巴掌打在地上，像一篮鸡蛋一样摔在地上，摔烂很多，但没有都打烂，又捡起来，孵小鸡。第五次反围剿失败，使红一方面军，红二、六军团，红四方面军，红二十五军等先后被迫退出革命根据地，实行战略性转移，进行二万五千里长征。土地革命战争时期创立的十几块革命根据地大部分丢失，最后仅保留陕甘革命根据地，成为各路红军长征的落脚点。当时革命力量遭受极大损失，红军从30万人减到3万人左右，党员从30万人减到4万人左右。然而，我们党经历两次挫折后，又两次奋起。大革命失败后，党认真总结经验教训，纠正错误路线，转变战略策略，很快实现土地革命战争的兴起，开创出革命新局面。第五次反围剿失败后，党在长征途中召开遵义会议，改组中央领导机构，开始形成以毛泽东同志为核心的第一代中央领导集体。党领导红军打破敌人的围追堵截，确立北上抗日方针，战胜张国焘分裂主义，取得长征的伟大胜利。紧接着党又适应形势任务的发展变化，提出抗日救国纲领和抗日民族统一战线政策，从局部走向全国，成为在全国有影响力的大党，实现全民族抗日战争的兴起。

党在社会主义革命和建设时期，也曾遭受过两次大的挫折，犯过两次大的错误。一次挫折是发动"大跃进"和在农村实行人民公社化运动，犯了"左"倾错误；一次挫折是发动"文化大革命"，犯了极左错误。"大跃进"和农村人民公社化运动，违反客观规律，欲速则不达，造成国民经济比例严重失调，使高指标、瞎指挥、浮夸风和"共产风"泛滥开来，国家和人民遭受重大损失。"文化大革命"是一场内乱，使国民经济几乎到了崩溃边缘，给党、国家、人民带来严重灾难。但党经历两次挫折后，又两次奋起。党以勇于自我革命的精神，直面问题，纠正错误，最终"柳暗花明又一村"。面对"大跃进"和农村人民公社化运动造成的经济困难，党确立新的经济方针，对国民经济和其他领域的各种关系进行调整，很快使国民经济得到恢复，局面得以改观。

面对"文化大革命"造成的混乱和损失，在党的十一届三中全会上形成的以邓小平同志为核心的党的第二代中央领导集体，做出把党和国家工作重心转移到经济建设上来、实行改革开放的历史性决策，成功开创了中国特色社会主义。历史是最好的教科书，党的历史表明，勇于自我革命，坚持真理、修正错误，是我们党永葆生机活力的根本保障和动力源泉。

百年来，党不仅养成了发现和纠正错误的习惯，更在党内形成了一套纠错机制，成为"修正错误"的制度性保障。马克思主义提出"人民群众是历史创造者"的观点，共产党人结合中国国情，把它发展成为"始终保持党同人民群众的血肉联系"的群众观点，提出了"一切为了群众，一切依靠群众，从群众中来，到群众中去"的群众路线，并将其作为党的根本工作路线；把"全心全意为人民服务"作为党的根本宗旨，写入党章。1944年9月，毛泽东在《为人民服务》的演讲中说："因为我们是为人民服务的，所以，我们如果有缺点，就不怕别人批评指出"，"只要我们为人民的利益坚持好的，为人民的利益改正错的，我们这个队伍就一定会兴旺起来"。半个多世纪后，习近平总书记掷地有声地宣告："贯彻党的群众路线、保持党同人民群众的血肉联系的历史进程永远不会结束。"群众的眼睛是雪亮的，让人民群众来监督党，承载着共产党人的初心，构筑起一道党防范和纠正错误的重要"防火墙"。

百年来，党保持了一系列优良传统和作风，形成了修正错误的又一组利器。一个是实事求是的思想路线。1943年，毛泽东应延安中央党校的请求，亲笔书写了"实事求是"四个大字，作为党校的校训，警醒每一名共产党人。习近平总书记说："坚持在实践中检验真理和发展真理。"坚持实事求是，就能在实践中及时发现和纠正错误，实现"检验真理和发展真理"的目标。

再有，坚持批评与自我批评。党的七大审议通过的党章明确提出，党应该用批评和自我批评的方法，经常检讨自己工作中的错误与缺点，来教育自己的党员和干部,并及时纠正自己的错误。邓小平说:"没有批评与自我批评精神,就不会及时地总结经验,修正错误。"习近平总书记强调,"坚持开展批评和自我批评,坚持惩前毖后、治病救人",显示出共产党人对纠正错误一以贯之的坚持。

党纠错机制的另一种重要形式,就是开展整风和思想教育活动,纠正思想认识上的偏差。从20世纪40年代的延安整风开始,到党的十八大以后的群众路线教育实践活动,全党范围内的整风和思想教育活动已经开展过十几次之多。实践证明,这样的形式不仅可以提高全党的理论水平,纯洁党的组织和作风,提高党的战斗力、凝聚力和创造力,而且可以防范和纠正各种错误。

百年来,党是在不断纠正错误中一路走来的。孔子把"不贰过"作为个人修养的崇高标准,党在纠错方面达到了这样的标准。因为党不仅能及时纠正错误,更能及时总结经验教训,防止重复以前的错误。例如,六届七中全会通过《关于若干历史问题的决议》,全面总结了建党20多年的经验教训,纠正了一些错误思想,使党在思想上高度统一,为七大的顺利召开提供了条件。新中国成立后,党在领导建设社会主义问题上出现过失误,甚至出现了"文化大革命"的严重错误。十一届三中全会后,党进行了指导思想和各条战线的拨乱反正工作,十一届六中全会通过《关于建国以来党的若干问题的决议》,对新中国成立以来党的工作进行了正确总结,统一了全党的认识,为领导改革开放事业奠定了思想基础。党用历史的、动态的、辩证和发展的眼光来看待历史事件,并做出符合时代要求和人民意愿的决策,这更加证明了我们党是一个敢于承认错误、勇于纠正错误的政党。

站在新的历史起点,党肩负着带领全国人民建设中国特色社会主义、实现中华民族伟大复兴的光荣使命,责任重大,任务艰巨,在前进的征途上仍

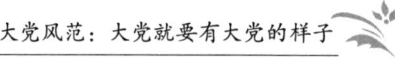

然会遇到各种各样的严峻挑战和考验,甚至可能会遇到大大小小的挫折。纵观党百年的历史,我们有理由相信党一定会传承坚持真理、修正错误的一贯作风,始终保持奋发有为的精神状态,战胜前进道路上的一个又一个艰难险阻,带领亿万人民群众实现中华民族的伟大复兴。

## ◎ 永远保持"赶考"状态

1949年3月23日,中共中央和毛泽东同志离开西柏坡前往北平。毛泽东同志说:"今天是进京赶考的日子。"周恩来同志答道:"我们都应当考及格,不要退回来。"毛泽东同志坚定地说:"退回来就失败了。我们决不当李自成!我们都希望考个好成绩!"

进京"赶考"的中国共产党人都明白,夺取全国胜利,这只是万里长征走完了第一步,建设国家、治理国家的路更长、更艰苦、更伟大。70多年沧桑巨变,70多载翻天覆地。中华人民共和国成立70多年来,我们党领导人民创造了世所罕见的经济发展奇迹和政治稳定奇迹,中华民族迎来了从站起来、富起来到强起来的伟大飞跃。特别是党的十八大以来,党的面貌、国家的面貌、人民的面貌、军队的面貌、中华民族的面貌发生了前所未有的变化。可以自豪地说,我们党在"赶考"路上交出了优异答卷。在赶考路上,树立了一面光辉的"旗"。马克思主义作为一种科学性与人民性高度统一的科学理论,从创立之日起就占据着真理和道义的制高点,走出了一条独特的"路"。通往共产主义的道路是什么、路在哪里、路如何走,是世界无产阶级面对的重要课题,贯穿了一个伟大的"梦"。19世纪中叶,马克思、恩格斯用其划时代著作《共产党宣言》使共产主义作为一种崇高的梦想追求,成为世界无产阶级及其政党的奋斗目标。

回首来时路，砥砺赶考心。今天，我们党面临的"四大考验""四种危险"依然复杂严峻，党的自我革命任重而道远。共产党人必须增强忧患意识，保持战略定力，不忘初心、牢记使命，奋力走好新时代的长征路。如果缺乏"赶考"的清醒和坚定，就难以继续考出好成绩。中国共产党人面临的"赶考"远未结束，习近平总书记的告诫"全党同志一定要不忘初心、继续前进，永远保持谦虚、谨慎、不骄、不躁的作风，永远保持艰苦奋斗的作风，勇于变革、勇于创新，永不僵化、永不停滞，继续在这场历史性考试中经受考验，努力向历史、向人民交出新的更加优异的答卷！""宜将剩勇追穷寇，不可沽名学霸王。""赶考"，需要革命到底的精神。保持"赶考"的清醒和坚定，就要坚持走自己的道路，认真学习党史、新中国史，深刻认识红色政权来之不易、新中国来之不易、中国特色社会主义来之不易，时刻保持"赶考"状态，坚定理想信念，保持革命意志，发扬斗争精神，坚决战胜前进道路上的各种艰难险阻。

永远保持"赶考"状态饱含自觉自警的忧患意识。辽沈战役之后战争的形势已经非常明朗，国民党已是强弩之末。因为胜利来得很快，全党会不会被胜利冲昏了头脑，而重蹈李自成的覆辙，出现"人亡政息"的后果？基于以上的思考，毛泽东在1949年1月6日到8日召开的中共中央政治局会议上指出，"基本地打倒了国民党……尚有许多地区待我们去占领和去工作。轻敌的观念无论何时是不应该有的，我们决不要使胜利冲昏自己的头脑"。在随后召开的七届二中全会上，毛泽东提出了"两个务必"，并提议通过了防止骄傲自满的"六条规定"，即不做寿，不送礼，少敬酒，少拍掌，不以人名作地名，不把中国同志同马恩列斯平列。毛泽东向全党提出了一个很严肃的问题：在胜利面前，党内容易滋长四种情绪，分别是骄傲情绪、以功臣自居的情绪、停顿起来不求进步的情绪和贪图享乐不愿再过艰苦生活的情绪，一些过去不被拿枪的敌人征服过的人可能会被资产阶级的"糖衣炮弹"击败，这种情况必须要提防。与此相关的论述还有很多，无不饱含着中国共产党人自觉自警的忧患意识。

永远保持"赶考"状态彰显共产党人奋发有为的进取精神。"我们不但善于破坏一个旧世界，我们还将善于建设一个新世界。中国人民不但可以不要向帝国主义者讨乞也能活下去，而且还将活得比帝国主义国家要好些。"毛泽东的这段话展示了中国共产党人深深的自信，彰显了中国共产党人奋发有为的进取精神。从1840年到1949年，中华民族屈辱了整整一个世纪，各个阶层都试图挽救民族危亡，但无不以失败而告终。辛亥革命后，中华大地一度出现了300多个政党共存的局面，然而，大浪淘沙，真正肩负起拯救民族于危难之际的只有中国共产党，共产党人的自信来自人民军队的不怕牺牲、勇往直前，来自党的坚强领导，来自人民群众的衷心拥护。可以说，正是有了之前"善于破坏一个旧世界"的磨砺，所以对未来"善于建设一个新世界"才有了十足的底气。"夺取全国胜利，这只是万里长征走完了第一步。如果这一步也值得骄傲，那是比较渺小的，更值得骄傲的还在后头……中国的革命是伟大的，但革命以后的路程更长，工作更伟大，更艰苦。"在毛泽东看来，夺取全国胜利只是一出戏的开头，更精彩的篇章还在后面。"赶考"只是序幕，更广阔的天地等着共产党人去开拓。

永远保持"赶考"状态积淀着共产党人对国家治理的初步思考。西柏坡到北平距离并不远，但对我们党而言，发生的却是质的变化，"进京赶考"意味着党的地位和工作重心即将发生巨大的变化，任务也将发生根本性的转变。第一，党的地位发生转变，由领导革命的政党变为领导国家建设的执政党。革命胜利和执掌政权在即，中国共产党人能不能经受住胜利和执政的考验，关系到革命成果能否巩固，社会主义目标能否实现，中国式建设道路能否走下去。革命重在推翻旧的、腐朽的上层建筑,而执政重在建设新的政权。第二,党的工作重心由乡村转移到城市。随着工作重心转变到城市,就"必须用极大的努力去学会管理城市和建设城市""学会在城市中向帝国主义者、国民党、资产阶级作政治斗争、经济斗争和文化斗争,并向帝国主义者作外交斗争"。第三,城市工作必须以生产建设为中心。新中国刚成立时,人民的生产生活遭到极大破坏,国内经济一片萧条,尽快恢复经济,改善人民生活是摆在共产党人面前的首要问题。毛泽东从巩固人民政权的高度阐述了在城市中搞生产建设的极端重要性,号召全党要用极大的努力去掌握以前不熟悉、不懂的东西,通过恢复和发展城市中的生产开始建设事业,务必避免"占领一个城市好几个月,生产建设的工作还没上轨道"。第四,毛泽东在党的七届二中全会上所做的报告与同年6月所写的《论人民民主专政》一文,一起构成了新中国成立的理论和政策基础。在政体上,实现人民民主专政的国家政权;在经济上,没收官僚资本归国家,利用、限制城乡资本主义;在国家发展方向上,提出逐步引导个体农民和个体手工业经济向着集体化方向发展;等等。

在新的历史性"赶考"中,"主考官"是人民,我们面临的"考题"是实现"两个一百年"奋斗目标和中华民族伟大复兴的中国梦。"不忘初心,继续前进",就是要凝聚起意志力量,齐心协力答好这道考题。共产党人不论肩负什么职务、不论处在什么岗位,都要牢记这一时代考题,将眼前任务置于时代大背景下审视和考量,跳出一时一域的"小圈子",正确看待眼前和长远、局部和整体、个人和集体的关系,不懈奋斗、砥砺前行。"赶考"只有进行时没有完成时,考试仍在继续,共产党人在"赶考"的路上从未停歇。我们只有永远保持"赶考"状态,党的各项事业才能永葆蓬勃生机,使"中国号"巨轮继续破浪前进、扬帆远航。

## ◎ 纪律是推进自我革命的保障

没有规矩，不成方圆。没有纪律，不成政党。制定了纪律和规矩却不严守，那必定是做不了大事、没有前途的政党，纪律是推进自我革命的保障。这里，有一极为鲜明的对照：抗日战争时期颁布的《陕甘宁边区施政纲领》里边有一句话："共产党员有犯法者都从重治罪。"一个特别典型的例子，就是"黄克功案件"。黄克功是个老红军，参加过反围剿，参加过二万五千里长征。他年龄不大，只有26岁，当时是抗日军政大学一个学员队的队长，算是一个高级干部。他跟陕北公学的一个女学生刘茜谈恋爱，两个人谈不来，发生了矛盾，黄克功就掏枪把刘茜给杀了。这个事情发生以后，在延安引起了轩然大波，出现了两种不同的观点。一种观点是共产党员犯法必须依法治罪，还要从严治罪；另一种观点就说，黄克功是党的高级干部，在革命形势还需要人才的时候，可以从轻发落，而且在当时第二种观点在党内占主流。在审判黄克功的时候，审判长雷经天问他，说一下你是谁。黄克功说能不能给我松一下绑，把我的衣服脱下来？他把上衣脱下来，裤子撩起来，从他的胳膊一直到腿部，伤疤连着伤疤，像打结的老树皮一样。那是从死人堆里爬出来，有赫赫战功的人。他说，我犯了法，罪有应得，但是我不想死在人民的枪口下，给我一挺机枪让我到战场上戴罪立功，让我在向敌人冲锋的过程中死去。当时，好多人都为他求情，包括审判会场的很多青年学生，都高喊刀下留人。这个时候，毛泽东托人送来了一封信，要求雷经天当场宣读。这封信里有一句话说，正因为黄克功是一个多年的共产党员，正因为他是红军，所以他犯了罪不能用一般人那样的处理方法，必须从严。最后黄克功被判处死刑。这体现出中国共产党从严治党的方针在那个时候就已经贯彻得非常严格。

第八章　自我革命的大品格

特别有戏剧性的是，在当时，延安出了一个"黄克功案件"，而在西安国民党统治区出了一个"张灵甫杀妻案"。张灵甫，是国民党王牌军74军军长。张灵甫当时驻扎汉中，怀疑妻子背叛自己，一气之下就把她枪杀了。事情发生后，就涉及对张灵甫的处理问题。张灵甫是蒋介石的爱将，蒋介石就干预司法，对张灵甫轻判10年。在监狱里待了两年，蒋介石就以抗战需要人才为由把他放出来了。大家看，同一时期，共产党这边的"黄克功案件"，国民党那边的"张灵甫案件"，处理方式完全不一样，那个时候已经暗含了两个政党未来的走势。毛泽东在延安时说"延安作风打败西安作风"，蒋介石败退台湾后感慨："共产党有纪律，国民党没纪律。"

没有革命的纪律，就没有革命的胜利。在长期的革命建设改革实践中，我们党栉风沐雨、历经坎坷，从小到大、由弱变强，发展成为世界第一大政党，靠的就是统一意志、统一行动、统一步调的严明纪律和规矩。党百年的奋斗历程充分证明，严明的纪律和规矩，是我们党立党兴党，推进自我革命的强大武器，是我们党从胜利走向胜利的根本保证。

《三大纪律八项注意》这首歌的诞生，是党从理论走向实践的起步阶段。这不仅标志着党直接走进群众，担负起发动群众、组织群众的领导责任，同时，也体现了中国共产党明确地把自己也作为群众的一分子，融入群众的一个基本态度。从井冈山到延安再到北京，我们有许多正确的政策和理论在指导着实践。但是，从赢得群众支持，在群众中树立起共产党的形象，这首《三大纪律八项注意》的唱响和认真地执行，无疑产生了巨大的作用。

很多人可能不曾想到，我们军队的最早的群众纪律是不准拿老百姓一个红薯。"三湾改编"后，工农革命军在向井冈山进军途中，有人挖老百姓的红薯充饥。毛泽东当即给部队规定，不准拿老百姓一个红薯。这看似简单的一条规定，却成为人民军队执行铁一般纪律的底蕴。

在革命斗争中，我军不断赋予纪律新的内涵。从最初的说话和气、买卖公平、不拉夫、不打人、不骂人，再到"三大纪律六项注意"，直至"三大纪律八项注意"，优秀的纪律文化使我军有效克服了旧军队遗留下来的军阀作风，极大地改善了官兵关系和军民关系，使红军队伍不断壮大，战斗力不断增强。朱德总司令曾经回忆说："在井冈山的时候，被敌人一直追了一二千里路，敌人一个也未消灭我们，反被我们消灭了许多，原因就是纪律好。过年时老百姓都跑了，部队几天没吃饭，吃了老百姓的东西，第二次回来，都算了账，还了钱。老百姓说'这个队伍真了不得！'红军的招牌一下就响了。长征时我们就是靠纪律吃饭的。"

长征不仅是一次军事"大考"，更是一次政治"大考"。红军在极其险恶的环境中，表现出的守纪律、顾大局、讲团结、敢牺牲的高贵品质和英雄气概，是红军能够一次次绝处逢生、一次次战胜强敌的重要保证。长征途中，为抢渡金沙江，在仅有7只船的极端困难情况下，红军制定了严格的纪律：一只船一次渡多少人，多一人不行，少一人也不行；哪支部队先走，哪支部队殿后，各司其职，令行禁止。正是依靠执令如山、守纪如铁，3万多红军未损一兵一卒，抢在追兵前面全部安全渡江，跳出了几十万敌人的包围圈。

抗战时期，毛主席用电台指挥工作，"嘀嗒、嘀嗒"就是毛主席和党中央的声音。在风雨如晦的艰苦岁月，也正是依靠铁一般信念和铁一般纪律，全党全军无条件地执行延安发出来的指令，上下团结如一人、行动如一人，使得党中央能够运筹帷幄之中、决胜千里之外。

抗日战争结束后，国民党拥有800多万军队，但派系林立，党纪军纪松弛，犹如一盘散沙。蒋介石到台湾后总结失败教训，其中一条就是：共产党有纪律，国民党没纪律。毛泽东同志亦指出，"加强纪律性，革命无不胜"。两人的"不约而同"，道出了纪律之于我们党、我们正在从事的伟大事业的重要性。

解放战争期间，严明的纪律和规矩同样发挥了巨大的保障作用。在国共两党两军展开大规模战略决战的历史转折关头，毛泽东同志选择以纪律建设为核心来推动全局工作。从中共中央发出《关于建立报告制度》的党内指示，到1948年9月中央政治局会议前夕毛泽东提出"加强纪律性，革命无不胜"的鲜明口号，党开展了一场持续深入的纪律建设，使全党对政治纪律的认识和实践达到了新的高度。1948年11月11日，毛泽东致电各中央局、野战军前委，提出"军队向前进，生产长一寸，加强纪律性，革命无不胜"。新中国诞生的前夜，解放军从120万人迅猛增加到400万人，解放区从偏僻狭小的几小块地域急速扩展到了长江以北的大半个中国。如果没有严明的纪律来保证中央战略意图的实施，解放战争的进程恐怕将会是另外一番无法想象的情景。如此举世瞩目的成就，就得益于党的集中统一、组织性与纪律性的极大增强。

新中国成立后，党的地位和任务发生了巨大变化：党成为执政党，党的任务由革命变为建设。为适应新形势新变化，党的八大通过了新的党章，突出强调要加强执政党建设，保证各级党组织和党员更好执行党的路线、决议和方针政策，党加强纪律和规矩建设，进行了全国范围的整党和整顿党的基层组织运动，成立中央和地方各级纪律检查机构，与贪污腐化等各种不良倾向进行坚决斗争。正是靠严明的纪律与规矩，党带领人民迅速巩固了新生政权，建立了社会主义制度。

十一届三中全会后，以邓小平同志为核心的党中央领导集体重塑党的政治纪律。恢复中央和地方各级纪律检查委员会，为党的纪律检查工作提供了组织保证；制定和贯彻党内政治生活的若干准则、法规，为各级党组织和全体党员遵守政治纪律提供了组织依据；把"坚持四项基本原则"作为党的主要政治纪律写进党章。四项基本原则成为团结全党和全国各族人民的重要政治基础，为现代化建设事业的顺利发展提供根本保证。

党的十八大以来，以习近平同志为核心的党中央重申党的纪律，开展党的群众路线教育实践活动等，加强党风廉政建设，大力惩治腐败，"老虎苍蝇一起打"，得到了全体人民的拥护和赞扬。周永康、徐才厚等一批大案要案的查处再一次警醒我们，腐败现象的出现，纪律涣散、监督不力、自我革命精神弱化是重要原因。加强党的纪律性，是推进自我革命，提高党的战斗力的制度保证，是党保持战斗队形、保持凝聚力和领导力的基本要求，也是各项事业继续发展、在民族复兴道路上胜利前行的内在组织保证。

无论是在革命战争年代，还是社会主义建设时期，党的发展历程都表明，严明的纪律与规矩是党战胜困难、克敌制胜的法宝。是党团结一致、从胜利走向胜利的根本保证。邓小平同志曾说过，"我们这么大一个国家，怎样才能团结起来、组织起来呢？一靠理想，二靠纪律。"对一个拥有9000多万党员、在一个14亿人口大国长期执政的马克思主义政党，尤须严明纪律、严守规矩。只有把纪律建设摆在更加重要的位置，努力在全党营造守纪律、讲规矩的浓厚氛围，保证全党统一意志、统一行动、统一步调、令行禁止，才能将我们的事业不断推向前进。

苏沃洛夫说过："纪律是胜利之母。"有约束才更自由，有纪律才更有力。加强纪律性，革命无不胜。党的纪律为共产党人划定了行为空间，明确了权利与责任，是我们党不断实现自我净化、自我完善、自我革新、自我提高，焕发活力的重要保障。每名共产党人要永远牢记那如同号令的"嘀嗒、嘀嗒"声，严守纪律、恪守规矩，在党中央的带领下，齐心协力走好新长征路上的每一步，为实现中华民族伟大复兴的中国梦贡献光和热！

## ◎ 以自我革命推动社会革命

一条红船造就了一个大党，一个政党改变了一个民族的命运。党百年的奋斗历程，就是一部不断推动伟大社会革命、实现中华民族伟大复兴的光辉历史。伟大社会革命之所以能够发动、开展、成功并持续向前，是由社会基本矛盾以及各个历史时期的社会主要矛盾所决定的，也是我们党通过自我革命锻造坚强领导核心所推动的。

党的自我革命是伟大社会革命的推进器。党自成立以来，领导人民进行新民主主义革命，推翻三座大山，建立新中国；进行社会主义革命，建立了社会主义基本制度；进行改革开放新的伟大革命，破除阻碍国家和民族发展的一切思想和体制障碍，开辟了中国特色社会主义道路。与我们党推动伟大社会革命相伴随相适应的，是在不同历史时期进行的党的自我革命。比如，1929年召开的古田会议、1942年开始的延安整风运动等，都是我们党进行深刻自我革命的成功实践。新中国成立后特别是改革开放以来，我们党在"赶考"路上从未懈怠，持续推进党的自我革命，着力解决党的建设中出现的新问题，尤其是着力解决党内出现的腐败问题，确保党始终成为中国特色社会主义事业的坚强领导核心。

党的自我革命为伟大社会革命打造坚强领导核心。在一个半殖民地半封建社会建立社会主义国家，在一个经济文化落后的东方大国建设社会主义，在世界发生巨大变化的时代条件下建设中国特色社会主义，都需要依靠不同性质和内涵的社会革命促成历史转变、达到社会进步。各个历史时期的社会革命都不是自发的，必须在先进政党的正确领导下，"唤起工农千百万，同心干"，才能取得胜利。因此，实现民族独立、夺取政权要有一个马克思主义政党作为革命的先锋队，实现长期执政更需要建设一个始终走在时代前列、人民衷心拥护、勇于自我革命、经得起各种风浪考验、朝气蓬勃的马克思主义执政党。我们党要成为一个能够领导伟大社会革命的坚强政党，就要在领导伟大社会革命过程中，不断解决部分党员的政治素质与党的性质宗旨不相适应的矛盾，教育好一代代共产党人始终保持党的先进性和纯洁性；坚持把马克思主义作为指导思想，同时反对教条主义，创造性地把马克思主义基本原理同中国具体实际相结合，推进马克思主义中国化；清除一切侵蚀党的健康肌体的病毒，确保党永葆旺盛生命力和强大战斗力。

党的自我革命达到的历史高度决定伟大社会革命的实践深度。党的自我革命与伟大社会革命相辅相成、相互促进，构成我们党百年奋斗历程的基本线索。伟大社会革命酝酿发生的关键时期，往往是党的自我革命的攻坚时期；党的自我革命取得重大进展，往往能推动伟大社会革命发生历史性飞跃。党的自我革命不是孤立发生、单独进行的，而是服从服务于党领导的伟大社会革命。伟大社会革命的性质和内涵，决定了党的自我革命的性质和内涵。同时，伟大社会革命不是自然发生、盲目进行的，而是我们党顺应历史潮流和人民意愿引导革命、推动变革的产物。党的自我革命达到的历史高度和先进程度，决定伟大社会革命所能取得的历史进展和实践深度。

党领导人民进行的百年实践斗争历史表明：正是党不断地进行自我革命，才能始终保持马克思主义政党天然的纯洁性和先进性，才能使党始终成为伟大事业的坚强领导核心；正是中国共产党在自我革命的同时不断推动伟大的社会革命，中国特色社会主义建设才不断取得成功。以党的自我革命推动社会革命是中国发展的基本经验。

"坚持真理，修正错误"，这是我们党一贯坚持的辩证唯物主义的根本立场。新民主主义革命时期，中国共产党人在马克思列宁主义理论指导下，以中国革命的具体实践为依据，克服了教条主义、机会主义和经验主义，坚决抵制"左"和右的错误,提出了马克思主义中国化命题,以自我革命的勇气,领导中国人民推动中国社会革命不断前进,终于推翻了"三座大山",取得了新民主主义革命的伟大胜利。

中华人民共和国成立后,我们党继续要求保持"过去革命战争时期的那么一股劲,那么一股革命热情,那么一种拼命精神,把革命工作做到底",谦虚谨慎、戒骄戒躁,始终保持革命精神,开展"三反五反",进行整党整风,清除张子善、刘青山等腐败毒瘤,以自我革命推动社会革命,顺利完成了社会主义三大改造的社会革命,建立了社会主义制度,为生产力发展、人民的幸福生活奠定了制度前提。

回顾党的百年光辉历程,党的初心使命,旺盛的革命精神,激励了一代又一代共产党人英勇奋斗,成为我们党永葆生机活力的不竭源泉。依靠伟大的革命精神,我们党取得了新民主主义革命的伟大胜利,带领人民在一个千疮百孔的国土上建立了社会主义制度,开启了中华民族的新纪元。依靠伟大的革命精神,我们党坚持解放思想、实事求是,把马克思主义基本原理与中国具体实际相结合,做出改革开放的伟大壮举,开辟出中国特色社会主义道路。从而才能够领导中国人民取得一个又一个胜利,迎来了中华民族从站起来、富起来到强起来的伟大飞跃。进入新时代,我们党要带领人民决胜全面建成小康社会,全面建设社会主义现代化强国,实现中华民族伟大复兴中国梦,必须始终弘扬伟大的革命精神。

新时代党仍然面临着"四大考验",要经受住"四种危险",要推动伟大的社会革命,这就必须勇于自我革命。通过自我革命,使党始终成为坚强的领导核心,始终保持马克思主义政党的性质不变,保持党的先进性不变,确保我们党团结带领人民不断完善中国特色社会主义制度,有效应对重大挑战、抵御重大风险、克服重大阻力、解决重大矛盾。习近平总书记强调,要兴党强党，就必须以勇于自我革命精神打造和锤炼自己。今天，我们比历史上任何时候都更加接近实现中华民族伟大复兴的目标。决胜全面建成小康社会、实现社会主义现代化强国和中华民族伟大复兴，不是轻轻松松、敲锣打鼓就能够实现的，"全党同志必须保持革命精神、革命斗志，勇于把我们党领导人民进行了百年的伟大社会革命继续推进下去"，同时"要把新时代坚持和发展中国特色社会主义这场伟大社会革命进行好，我们党必须勇于进行自我革命，以自我革命推动伟大的社会革命"。

"革命是历史的火车头"，从全面建成小康社会到基本实现社会主义现代化，再到全面建成社会主义现代化强国，把党领导人民进行的这场伟大社会革命继续下去，实现新时代党的历史使命，就要发扬自我革命精神，在新征程上不断做出新贡献。

## ◎ 青春永驻的重要法宝

习近平总书记多次讲道：党能够自我净化、自我完善、自我革新、自我提高。可以说，这"四自"贯穿于党的全部历史轨迹之中，体现于党的管党治党策略之中。党的建设的经验表明，经受考验、应对挑战的不二规律则是加强自身建设，坚持"四自"，是确保党永不变色、永获拥护、永葆青春的法宝。

自我净化、自我完善、自我革新、自我提高是党管党治党的优良传统。井冈山革命斗争时期，由于党和工农红军绝大部分成员来自农民，自由散漫、纪律松弛问题较为突出。毛泽东同志发现后及时组织加以纠正，十分注意党和军队的自我净化、自我完善。1927年10月，毛泽东同志在荆竹山对部队进行政治纪律教育，首次提出了"三大纪律"：行动听指挥；打土豪筹款要归公；不拿老百姓一个红薯。1928年1月，工农革命军打下遂川，建立遂川县工农兵政府后,在李家坪首次向部队宣布了"六项注意",即上门板;捆铺草;说话和气;买卖公平;不拉夫,请来夫子要给钱;不打人骂人。3月底,在桂东沙田,毛泽东向部队重申了"三大纪律、六项注意"(后为"八项注意"),教育全体党员、工农红军要注意密切党民、军民关系。为加强党和军队建设,古田会议的决议案进一步明确了要用无产阶级思想进行军队和党的建设。长征途中,以毛泽东同志为核心的党中央,同张国焘的分裂图谋进行了坚决斗争,使党在极为困难的境遇中,实现着自我净化、自我完善。

延安时期,从1942年5月到1945年4月党的"七大"召开前,党在领导敌后抗战的同时,在以延安为中心的全党范围内,开展了一场深入的马克思主义教育运动,这就是著名的延安整风运动。这一运动历时三年,整顿党风、整顿学习、整顿文风,反对教条主义、主观主义和宗派主义,从思想、政治、组织上克服各种不良倾向和作风。这是一次全党范围的马克思主义的思想教育运动,是一次破除党内把马克思主义教条化、把共产国际决议和苏联经验神圣化错误倾向的伟大思想解放运动,更是一次"四自"的思想建党运动。延安整风对克服抗战中的严重困难,创造了精神方面的有利条件,也为全党树立了实事求是、理论联系实际、批评与自我批评的优良作风,是党的建设史上的伟大创举,为夺取抗战胜利和民主革命的胜利,奠定了重要的思想政治基础。

就在解放战争胜利前夜、新中国建立前夕,毛泽东同志还在七届二中全会上提醒全党:务必使同志们继续地保持谦虚、谨慎、不骄、不躁的作风,务必使同志们继续地保持艰苦奋斗的作风。"两个务必",是即将夺取全国政权后,对我们党自我净化、自我完善、自我革新、自我提高的谆谆告诫。

新中国建立后,我们党取得了执政权。在这样的条件下,党一直保持"四自"这一优良传统,使得党的科学化建设不断得到加强,带领全国人民百折不挠，砥砺奋进，中国实现了从积贫积弱到世界第二大经济体的转变，中华民族实现了从饱受欺凌到迈向伟大复兴的转变，人民生活实现了从缺衣少食到推进全面建成小康社会的转变。

"四自"是中国共产党区别于其他政党的显著标志。世界上的政党不计其数，每个国家都有这样那样的许多政党。有的执政、有的在野；有的信仰明确，有的使命不清；有的只为一党之私，有的只为夺得政权；有的今年建立，明年解散；有的盲目自满、止步不前，有的高傲自大、目中无人；有的文过饰非、将错就错；有的掩耳盗铃、讳疾忌医……而中国共产党，从组建那一天起，就初心坚定，以马克思列宁主义作为自己的指导思想，作为自己的灵魂支柱；以实现共产主义作为自己的信仰，作为自己的目标追寻；以全心全意为人民服务作为自己的宗旨，作为自己的使命指向。

执政70多年，中国共产党做到了自省自警，警钟长鸣。她十分清醒地知道，权力是人民赋予的，必须行权为民，"水可载舟，亦可覆舟"，脱离群众，就会被人民所抛弃；她也十分明白，能够执政，并非样样精明、事事精通，"能人背后有能人，天外还有大天地"，一直与八大民主党派精诚合作，国是面前总是与他们相商，同时她随时随地都在自觉地接受着民主党派的监督、接受着人民群众的监督、接受着社会各方面包括新闻舆论的监督。一直保持着批评与自我批评的优良作风。1962年，在七千人大会上，毛泽东同志曾带头做自我检讨。坚持这样的"四自"，谁还可以与之相比？谁还不会望而生敬？

"四自"是党永立不败之地的重要法宝。我们说，共产党执政是人民的选择，但话说回来，人民的选择不是永固不变的，过去的选择不意味着今天选择，今天选择也不意味着永远选择，这完全取决于共产党自身。走过百年历程的世界第一大执政党，也时刻面临着如何理解自身、完善自身的命题。如果说，带领一个14亿多人口的大国实现现代化，是人类历史上不曾有过的壮丽征程；那么，让一个党员比德国等欧洲大国人口都多的大党时刻保持初心、不断焕发生机，无疑更是一个世界级的挑战。

党基于对世情、国情、党情的深刻分析和研判，提出党面临着"四大考验"，即执政考验、改革开放考验、市场经济考验、外部环境考验；与此同时，党还存在"四种危险"，即精神懈怠的危险，能力不足的危险，脱离群众的危险，消极腐败的危险。并指出：全党必须牢记，党的先进性和党的执政地位都不是一劳永逸、一成不变的，过去先进不等于现在先进，现在先进不等于永远先进；过去拥有不等于现在拥有，现在拥有不等于永远拥有。全党要时刻准备应对重大挑战、抵御重大风险、克服重大阻力、解决重大矛盾。

而党始终坚持"四自"是确保党永不变色、永获拥护、永葆青春的法宝。党的十八大以来，以习近平同志为核心的党中央审时度势，极好地运用这一法宝，先后出台党内法规50余项，令行禁止，言出法随，踏石留印，抓铁有痕：涤荡"四风"，党风政风为之一新；铁腕反腐，党心民心为之一振；强调"四个意识"，加强党的团结统一，维护坚强领导核心；践行群众路线，党要管党，从严治党，措施多多、力度空前，倡导"三严三实"，推动"两学一做"，深化党内不忘初心牢记使命教育，锻造合格党员……全面从严治党，严肃党内政治生活、净化党内政治生态，展示出非凡的政治智慧和政治勇气。更使得管党治党从宽松软走向了严紧硬，"使党铁一样地巩固起来"。

千秋伟业，百年恰是风华正茂。对我们这样的大党大国来说，外力是不能打倒我们的，能够打倒我们的只有我们自己。在决胜全面建成小康社会、夺取新时代中国特色社会主义伟大胜利的关键时刻，我们要以伟大工程引领伟大斗争、伟大事业、伟大梦想，不断进行自我革命，实现党的自我净化、自我完善、自我革新、自我提高，以永葆马克思主义政党本色、永远走在时代前列的精神面貌，引领"中国"号巨轮行稳致远，驶向民族复兴的光明未来。

# 第九章

# 兼济天下的大担当

　　马克思主义以实现人的自由全面发展和全人类解放为己任。作为以马克思主义为指导的执政党,其大担当表现在:勇敢肩负起对民族命运的担当、为人民谋幸福的担当、建设美好世界的担当。当前,霸权主义、强权政治时有出现,民族主义、保护主义、逆全球化不断抬头,全球安全问题十分错综复杂,世界很不安宁。国内外形势复杂严峻,看不见的硝烟依然在时时考验着我们,中国特色社会主义前进的道路不会是一帆风顺的平坦大道。我们党依然坚持走和平发展道路,勇担世界经济复苏的重任,承诺改革开放的大门永远不会关闭,以"一带一路"推进人类命运共同体的建设,同世界人民一道同心协力共同创造人类的美好未来。中国方案正在为国际社会摆脱低迷走出困境开辟新的路径、提供新的借鉴、奉献新的智慧,将昭示、吸引并指引着全世界人民朝着普遍向往的美好方向继续前行。

## ◎ 兼济天下的人类情怀

习近平总书记在中国共产党与世界政党高层对话会上发表题为《携手建设更加美好的世界》的主旨讲话,站在人类历史发展进程的高度,以大国大党领袖的责任担当,深入思考人类前途命运,深情描画了建设一个美好世界的"四大愿景",这就是"远离恐惧、普遍安全""远离贫困、共同繁荣""远离封闭、开放包容""山清水秀、清洁美丽",展现了中国共产党人的世界观、发展观、价值观和治理观,生动体现了共产党人崇高的政治追求、宽广的世界视野、深厚的天下情怀和勇毅的时代担当。这"四大愿景"超越意识形态分歧、价值观念差异、文明之间隔阂、社会制度异同,有助于各国政党和人民对人类命运共同体思想深刻内涵和世界意义的理解,有利于凝聚共识,汇聚力量。

远离恐惧、普遍安全,是构建人类命运共同体的政治保障。安全是全人类的共同期盼,人类命运共同体不可能建立在一个国家安全而其他国家不安全、一部分国家安全而另一部分国家不安全的基础之上。在全球化时代,安全问题早已超越国界,任何一个国家的安全短板都会导致外部风险大量涌入,形成安全风险洼地;任何一个国家的安全问题积累到一定程度又会外溢成为区域性甚至全球性安全问题。各国可谓安危与共、唇齿相依,没有哪个国家能够置身事外而独善其身,也没有哪个国家可以包打天下来实现所谓的绝对安全。然而,一些国家迷信权力政治理论,以意识形态画线搞结盟对抗、追求自己和盟友的绝对安全。这种完全以自我为中心、不顾他国合理安全关切的做法,本质上是霸权主义和强权政治的体现,只会进一步加剧安全困境,导致各国陷入军备竞赛和冲突对抗的恶性循环。

普遍安全，就是国家不论大小、强弱、贫富以及社会制度和文化传统有多大差异，都应该得到安全保障，各国人民都能远离恐惧，过上安宁祥和的生活。要实现普遍安全，就要摒弃以冷战思维为指导的旧的安全观，贯彻中国政府倡导的共同、综合、合作、可持续的新安全观，多一点信任，多一分包容，以合作促理解、谋和平，营造公平正义、共建共享的安全格局。大家安全才是真的安全。"普遍安全"为消除引发战争的根源、解开世界安全困局、实现持久和平与共同安全提供了根本遵循。

远离贫困、共同繁荣，是构建人类命运共同体的经济基础。"仓廪实而知礼节"。发展是人类社会永恒的主题，人类命运共同体不可能建立在一批国家越来越富裕、另一批国家长期贫穷落后的基础之上。今天的世界，物质技术水平已经发展到古人难以想象的地步，但发展不平衡不充分问题仍然普遍存在。富国与穷国、富人与穷人之间的贫富差距不断拉大，财富愈发集中于少数国家、少数人手中。贫困和饥饿依然严重，世界仍有 8 亿人生活在极端贫困之中。世界上的很多问题，包括战乱冲突、恐怖主义等，也都能从发展问题上找到源头。不公正不合理的全球治理体系更进一步加剧了贫富鸿沟。

共同繁荣，就是坚持双赢、多赢、共赢，共同做大世界发展的蛋糕，让发展成果惠及世界各国，人人享有富足安康。国际金融危机蔓延十年的深刻教训告诉我们，西方新自由主义只顾追求资本利益最大化的生产发展方式是难以为继的。世界各国要做合作共赢的伙伴，以合作取代对抗，以共赢取代独占，最大限度地解决南北之间发展失衡的问题。要完善全球经济治理，推动经济全球化朝着更加开放、包容、普惠、平衡、共赢的方向发展。发展寄托着生存和希望，象征着尊严和权利。共同繁荣为破解全球发展赤字、推动全球发展治理变革、促进各国包容联动发展提供了新思路。

远离封闭、开放包容，是构建人类命运共同体的文化底色。人类命运共同体，也是人类文明大家庭，每种文明都是人类智慧的结晶，都有其独特魅力和深厚底蕴，没有高低之别，更无优劣之分，都应该受到尊重、得到珍惜。历史上，古丝绸之路跨越埃及文明、巴比伦文明、印度文明、中华文明的发祥地，跨越佛教、基督教、伊斯兰教信众的汇集地，不同文明、宗教、种族求同存异、开放包容，并肩书写了相互尊重、共同发展的壮丽诗篇。然而当今世界，文明冲突的危险正在加剧，其根本原因是一些国家"西方中心主义"的观念在作祟，它们标榜自己代表了"进步"和"文明"，借助国家强权不顾他国人民的意愿，强行推销自己的价值观、宗教信仰、生活方式。历史反复证明，任何想用强制手段来解决文明差异的做法都不会成功，反而会给世界文明带来灾难。

开放包容，就是以文明交流超越文明隔阂、文明互鉴超越文明冲突、文明共存超越文明优越，推进不同文明和谐共生，共同为人类发展提供精神力量。要理性处理本国文明与其他文明的差异，坚持求同存异、取长补短，不攻击、不贬损其他文明。不要看到别人的文明与自己的文明有不同，就感到不顺眼，就要千方百计去改造、去同化，甚至企图以自己的文明取而代之。社会制度和发展道路是一个国家文明的核心和本质，因此必须尊重和维护各国自主选择社会制度和发展道路的权利，允许各国以不同方式和路径迈向文明民主繁荣的共同目标，各个国家和民族也应对自身文明自尊、自爱、自信、自立。"开放包容"为人类走出文明困境、创造全新的文明交往格局和秩序注入了强大动力。

山清水秀、清洁美丽，是构建人类命运共同体的应有之义。人类命运共同体也是人与自然的生命共同体，作为自然存在物，人类的产生、存在和发展离不开自然界所提供的物质保障。"天育物有时，地生财有限，而人之欲无极。"人类追求发展的需求和地球资源的有限供给是一对永恒的矛盾。回顾过去几个世纪的人类发展历程，全球工业化创造了前所未有的物质繁荣，也对环境产生了难以弥补的生态创伤。当前全球生态环境的恶化与生态系统的失调，已严重威胁着人类社会的可持续发展。在可预见的将来，人类都要生活在地球之上。生态环境没有替代品，用之不觉，失之难存。我们应该共同呵护好地球家园，为了我们自己，也为了子孙后代。生态兴则文明兴，生态衰则文明衰。"清洁美丽"为营造和谐宜居的人类家园、实现人类文明永续发展奠定了坚实基础。

"远离恐惧、普遍安全""远离贫困、共同繁荣""远离封闭、开放包容""山清水秀、清洁美丽"的"四大愿景"是新时代中国共产党对于建立一个什么样世界的政治宣言，也是对人类命运共同体思想的进一步丰富和发展。无论是普遍安全、共同繁荣，还是开放包容、清洁美丽，都是着眼全人类文明发展和世界各国人民福祉的高度来论述的。中华民族历来具有"民胞物与""协和万邦""天下为公"的历史文化传统。构建人类命运共同体思想是中国共产党人在人类进入全球化时代，日益形成你中有我、我中有你的命运共同体新的历史条件下提出的，为打破狭隘的冷战思维和化解民粹主义思潮提供了重要思路和宝贵启示，已经得到世界大多数国家政党和人民的强烈共鸣，并被写入了联合国文件。日益走近世界舞台中央的中国共产党，将以更大的决心、更大的气力，为构建人类命运共同体锲而不舍、驰而不息地努力，推动"四大愿景"早日成为现实，让建设美好世界的宏伟实践，与实现中华民族伟大复兴中国梦的历史进程交相辉映，共同照亮人类美好的明天。

## ◎ 千古伟业贵在担当

时光倒流，1921年，中国共产党诞生，全国只有50多名党员。彼时，中国积贫积弱，列强欺凌，民不聊生，有亡国灭种之忧。斗转星移，我们党将迎来百岁诞辰，拥有9000多万名党员。此时，中国屹立于世界东方，是举足轻重的大国，正阔步走在中华民族伟大复兴的历史征程上。

新民主主义革命时期的担当是救国，领导中国人民站起来。习近平总书记指出："历史、现实、未来是相通的。历史是过去的现实，现实是未来的历史。"近代以来的中国，由于西方列强的入侵以及封建统治者的腐败无能，具有5000多年文明历史，创造过四大发明，出现过文景之治、贞观之治、康乾盛世的中国，成为西方列强争食的羔羊，沦为半殖民地半封建社会。人为刀俎，我为鱼肉。中华民族遭受了山河破碎、生灵涂炭、积贫积弱的深重苦难，中国人民生活在水深火热之中。无数志士仁人发扬中华民族担当的优良传统，挺起脊梁，奋起抗争，以百折不挠的精神，进行了气壮山河的斗争，谱写了可歌可泣的史诗。

辛亥革命后，很多政党、政治团体在上海、北京等地兴起，但结果都是昙花一现，很快在政治舞台上消失。这些政党和政治团体，既没有科学的理论做指导，也没有先进的阶级作基础，更不可能提出代表劳苦大众利益的纲领，大多都是为了小团体之利，缺乏政治担当，得不到广大人民群众的支持和拥护，因此不可能承担起领导中国人民完成反帝反封建的历史重任。在中华民族内忧外患、社会危机空前深重的关键时刻，1921年7月，中国共产党诞生。这是"开天辟地的大事变"，中国共产党深刻地改变了近代以后中华民族发展的方向和进程，彻底扭转了中国人民和中华民族的前途和命运。

## 第九章　兼济天下的大担当

党自成立之日起，将救亡图存作为自己的担当，团结带领广大人民从南湖的红船上起步，肩负着救国的重任，一步一步地前行。正如李大钊所说，要"冲决历史之桎梏，涤荡历史之积秽，新造民族之生命，挽回民族之青春"。井冈山上的反围剿、长征路上的不畏艰难、延安窑洞的灯火、敌后根据地的抗日烽火、与国民党反动派的决战，在一个个重大历史关头，共产党人坚持共产主义信念，抛头颅、洒热血，做出了巨大的牺牲和奉献。李大钊、夏明翰、方志敏、叶挺、左权、赵一曼、江竹筠、刘胡兰、董存瑞……无数中国共产党人"捐躯赴国难，视死忽如归"，以鲜血和生命践行了对民族和人民的担当。经过28年的浴血奋战，中国人民终于打败了日本帝国主义，推翻了国民党反动统治，完成了新民主主义革命，建立了人民当家作主的中华人民共和国。正是由于中国共产党人的担当，才能彻底结束近代中国半殖民地半封建社会的历史，才能彻底结束一盘散沙的局面，才能彻底废除列强强加给中国的不平等条约以及帝国主义在中国的一切特权。由此，中国实现了从几千年封建专制政治向人民民主政权的伟大飞跃，中国人民真正站起来了！

社会主义革命和建设时期的担当是立国，领导中国人民挺起来。新中国是在百弊待除、百废待兴、一穷二白基础上，开始社会主义建设的。以毛泽东同志为代表的共产党人，以决不做李自成的历史清醒和对人民负责的历史担当，很快确立了社会主义基本制度，消灭了一切剥削制度，完成了中华民族有史以来最为广泛而深刻的社会变革，为当代中国的一切进步和发展奠定了政治前提和制度基础，为中国的繁荣富强和人民的富裕幸福奠定了坚实的基础。广大劳动人民第一次真正成为国家的主人，占世界人口四分之一的中国人民在世界上挺起来了。

新中国成立伊始，美国悍然发动侵朝战争，直接威胁新中国的主权、独立和安全。尽管敌我双方经济和军事实力差距巨大,但以毛泽东同志为代表的共产党人,以敢于"担当"的精神,毅然决定抗美援朝。这既是一场敌我双方军力的较量,更是一场国家意志的较量。共产党人以"打得一拳开,免得百拳来"的豪迈气概,打破了世界头号强国美帝国主义不可战胜的神话,打出了新中国的国威和军威。抗美援朝的胜利,标志着中华民族受侵略、受凌辱、受欺侮的时代一去不复返了。在与国内外敌对势力进行坚决斗争的同时,党团结带领中国人民进行了全面大规模的社会主义改造和建设,扫除了文盲、吸毒等丑恶的社会现象,逐步建立了比较完整的工业体系和国民经济体系,取得了大庆油田、"两弹一星"等历史性重大成就,涌现出邱少云、黄继光、雷锋、王进喜、邓稼先、钱学森、焦裕禄等一大批英雄模范人物,人民生活总体上得到很大改善,一个社会主义新中国巍然屹立于世界的东方。

改革开放时期的担当是兴国,领导中国人民富起来。党的十一届三中全会召开,以邓小平同志为代表的中国共产党人敢于担当,冲破了"两个凡是"的思想束缚,开启了真理标准问题大讨论,促进了人们的思想解放,以巨大的政治勇气、理论勇气和实践勇气拨乱反正,实现了全党工作重心从以阶级斗争为纲向以经济建设为中心的战略转移,开启了改革开放新的伟大革命。邓小平同志明确指出,"改革开放胆子要大一些,敢于试验,不能像小脚女人一样。看准了的,就大胆地试,大胆地闯","走不出一条新路,就干不出新的事业"。习近平总书记是这样评价邓小平同志的:开拓创新,是邓小平同志一生最鲜明的领导风范,也永远是共产党人应该具有的历史担当。

中国共产党人领导的改革开放是从家庭联产承包责任制开始的,然后以敢于探索、敢于超越的担当,逐步将改革推进到城市经济体制、计划体制、价格体制、财政体制、金融体制、外贸体制等全方位多层次，中国逐渐确立了社会主义市场经济体制，国民经济连续高速增长，综合国力大大增强，开辟出了一条具有中国特色的社会主义发展道路，形成了中国特色社会主义理论体系，创造了中国速度、中国道路、中国奇迹，实现了中华民族由近代以来不断衰落到根本扭转命运的转变，走上了持续繁荣昌盛的兴国之路。

新时代的担当是强国，领导中国人民实现中华民族伟大复兴。如今，中国特色社会主义进入新时代，社会主要矛盾转化为人民日益增长的美好生活需要和不平衡不充分的发展之间的矛盾，以习近平同志为核心的党中央把担当贯穿于执政兴国、治国理政的全过程。习近平同志多次强调担当："人民对美好生活的向往，就是我们的奋斗目标。""我们肩上的重大责任，就是对民族的责任，对人民的责任，对党的责任。责任重于泰山，事业任重道远。"正是这份沉甸甸的担当，以习近平同志为核心的党中央夙夜在公、殚精竭虑，以巨大的政治勇气和强烈的责任担当，提出了一系列新理念新思想新战略，创立了习近平新时代中国特色社会主义思想。正是这份沉甸甸的担当，以习近平同志为核心的党中央为了实现伟大梦想，团结带领全国人民进行具有许多新的历史特点的伟大斗争，建设伟大工程，推进伟大事业，汇集起14亿中国人民的无穷智慧和磅礴力量，党和国家事业取得了辉煌成就。解决了许多过去想解决而没有解决的难题，办成了许多过去想办而没有办成的大事，党和国家事业发生了历史性变革。

千古伟业贵在担当，正是因为有这份担当精神，共产党人攻克了一个又一个难关险隘，创造了一个又一个人间奇迹。党由小变大、由弱变强，中华民族从来没有像今天这样接近实现伟大复兴的中国梦。可以说，党的历史就是一部中国共产党人担当作为、不懈奋斗的光辉历史。百年大党，恰似风华正茂。

## ◎ 新时代新使命的历史担当

新时代党的历史使命,源自历史、植根国情、立足时代。中华文明源远流长。在长达5000多年的历史进程中,中国创造了辉煌文明,写下不朽篇章。中华民族在世界上曾经领潮流和时代之先,对整个人类文明做出卓越贡献。只是到了近代,由于自身封建统治衰朽,又受到西方列强侵略,中国逐渐陷于落后境地,一步步成为半殖民地半封建社会。

艰难困苦,玉汝于成。百年磨难,没有摧毁中华民族自强不息的意志和精神;身处逆境,更激起中华儿女奋斗的信念和决心。面临深刻的民族危机,面对奔腾的时代潮流,无数志士仁人为救亡图存上下求索。1921年党一经成立,就义无反顾肩负起实现中华民族伟大复兴的历史使命,一代又一代共产党人为之接续奋斗。走过百年奋斗历程,中国共产党人始终不忘自己的初心和使命,就是为中国人民谋幸福、为中华民族谋复兴。

为了实现自己的历史使命,党无论弱小还是强大,无论顺境还是逆境,都初心不改、矢志不渝,团结带领人民破除千难万险,付出巨大牺牲,攻克了一个又一个看似不可攻克的难关,创造了一个又一个彪炳史册的人间奇迹,使近代以来久经磨难的中华民族迎来了从站起来、富起来到强起来的伟大飞跃,迎来了实现中华民族伟大复兴的光明前景。

今天,中国特色社会主义进入新时代。实现中华民族伟大复兴,这个近代以来中华民族最伟大的梦想,依然激励着中国共产党人,依然是我们党必须肩负的历史使命。在新时代,这一历史使命有着与以往不同的新特点,具有崭新的时代高度、世界广度和变革深度,绝不是轻轻松松、敲锣打鼓就能实现的。不忘初心,方得始终。党必须始终牢记自己的历史使命,付出更为艰苦的努力,才能带领全国各族人民,同心同德、不懈奋斗,在实现中华民族复兴的伟大梦想中创造出无愧于前人的光辉业绩，走在人类文明发展进步的时代前列。

牢记使命，自觉担负起历史使命，首先要学习党的历史，深刻理解中国共产党在革命、建设、改革的伟大实践中是如何担负起中华民族伟大复兴历史使命的。1942年3月，毛泽东指出："如果不把党的历史搞清楚，不把党在历史上所走的路搞清楚，便不能把事情办得更好。"那么，在新时代如果不把党为了实现中华民族伟大复兴而不懈奋斗的历史搞清楚，党便难以自觉地担负起历史使命。其次，牢记使命，自觉担负起历史使命，要坚定理想信念。习近平总书记指出："中国共产党一经成立，就把实现共产主义作为党的最高理想和最终目标，义无反顾肩负起实现中华民族伟大复兴的历史使命。"纵观党的历史，中国共产党人的理想信念和历史使命始终互相交织，不断激励着中国共产党人为着实现共产主义的崇高理想和中华民族伟大复兴的历史使命前赴后继、奋勇拼搏。牢记使命，自觉担负起历史使命，还要弘扬革命精神。在革命、建设、改革各个历史时期，有无数共产党员为了党和人民事业英勇牺牲，支撑他们的就是"革命理想高于天"的精神力量。新时代的中国共产党人只有继承革命先辈留下的宝贵精神遗产，把红色基因传承下去，才能将所担负的历史使命"内化于心，外化于行"，把所担负的历史使命转化为自觉行动。

主动作为，勇于担负起历史使命，这是新时代中国共产党人担负起历史使命的关键一环。担负起实现中华民族伟大复兴的历史使命，心里怎么想固然重要，但如何去做更为关键。主动作为，勇于担负起历史使命，首先要激发共产党人的担当精神和责任意识。一个人有多大担当，能担多大责任，才能干多大事业，对于一个政党来说也是如此。1939年12月，毛泽东在《纪念白求恩》一文中批评过党内不愿担当、不负责任的现象，他说："不少的人对工作不负责任，拈轻怕重，把重担子推给人家，自己挑轻的。一事当前，先替自己打算，然后再替别人打算。出了一点力就觉得了不起，喜欢自吹，生怕人家不知道。对同志对人民不是满腔热忱，而是冷冷清清，漠不关心，麻木不仁。这种人其实不是共产党人，至少不能算一个纯粹的共产党员。"习近平总书记也说过："担当就是责任，好干部必须有责任重于泰山的意识，坚持党的原则第一、党的事业第一、人民利益第一，敢于旗帜鲜明，敢于较真碰硬，对工作任劳任怨、尽心竭力、善始善终、善作善成。"经过几代人的努力，我们从来没有像今天这样离实现中华民族伟大复兴的目标如此之近。勇于担负起中华民族伟大复兴的历史使命，积极主动作为，既是中国共产党人对中华民族的责任，也是对前人和后人的责任。主动作为，勇于担负起历史使命，还要培育崇尚苦干实干的风气。"空谈误国，实干兴邦"，实干是成就事业的必由之路。培育崇尚苦干实干的风气，使苦干实干在全党蔚然成风，踏踏实实干事，只有如此才能使中华民族伟大复兴的梦想一步一步变为现实。

提高本领，这是新时代中国共产党人担负起历史使命的重要保证。即使思想上做到了，行动也落实了，但是如果能力不足，终究难以担负起实现中华民族伟大复兴的历史使命。提高本领，首先要提高广大党员干部的马克思主义理论水平。马克思主义是中国共产党人的"真经"，百年来中国共产党之所以能够担负起近代以来各种政治力量不可能完成的历史使命，就在于始终把马克思主义这一科学理论作为自己的行动指南，并坚持在实践中不断丰富和发展马克思主义。1938年10月，毛泽东在党的六届六中全会上强调："如果我们党有一百个至二百个系统地而不是零碎地、实际地而不是空洞地学会了马克思列宁主义的同志，就会大大提高我们党的战斗力量。"习近平总书记指出："认真学习马克思主义理论，这是我们做好一切工作的看家本领，也是领导干部必须普遍掌握的工作制胜的看家本领。"唯有提高共产党人的马克思主义理论水平，系统掌握马克思主义基本理论，在当前，特别是要全面学习贯彻落实习近平新时代中国特色社会主义思想，才能在纷繁复杂的形势下坚持科学指导思想和正确前进方向，担当起实现中华民族伟大复兴的历史使命。要提高共产党人的战略思维能力、辩证思维能力、综合决策能力、驾驭全局能力。中国共产党人特别是党员干部只有提高这四种能力，正确判断形势，增强工作的科学性、预见性、主动性，避免陷入少知而迷、不知而盲、无知而乱的困境，才能适应新时代担负起中华民族伟大复兴历史使命的要求，战胜各种风险和挑战，确保中华民族伟大复兴的巨轮始终沿着正确航向破浪前行。

千古风流在担当！越是伟大事业，越是充满艰难险阻，越是需要敢于担当。实现中华民族伟大复兴的中国梦，征程未有尽时，奋斗未有尽时，中国共产党人的担当未有尽时！

## ◎ 担当起人类命运共同体责任

大时代需要大格局，大格局需要大智慧。在世界局势处于大转型、大变革的关口，习近平总书记提出构建人类命运共同体理念，彰显人类社会共同理想和美好追求，在新的历史时期升华了传统中国天下大同、协和万邦的思想，阐扬了中国维护世界和平、促进共同发展的外交政策宗旨，宣示了党为世界做出新的更大贡献的担当，得到国际社会广泛认同和积极响应。

所谓人类命运共同体就是一个"持久和平、普遍安全、共同繁荣、开放包容、清洁美丽的世界"，建设这样一个世界符合全世界人民的共同利益，大概除了极少数极端自私的利益集团和反人类势力外，人类的绝大多数都拥护、支持实现这个美好理想。人类命运共同体，是世界人民为生存、谋发展和造福祉而结成的一种互利共赢、休戚与共的相互依存关系。人类命运共同体是中国对人类文明走向的智慧判断,是习近平总书记顺应时代呼唤书写的重要时代篇章,彰显了中国共产党人的大爱情怀。习近平总书记指出:"中国共产党人和中国人民完全有信心为人类对更好社会制度的探索提供中国方案。"构建人类命运共同体就是党带领中国人民在新的历史条件下参与全球治理、应对现代社会分裂危机、引领重塑世界秩序而设计的中国方案,具有鲜明的时代价值和历史意义。

构建人类命运共同体根植于中国共产党人的理想信念和价值追求。人类命运共同体思想是对马克思共同体思想的继承与发展。发展是人类社会永恒的主题,每个人自由而全面的发展是共产主义的基本原则,中国共产党人作为马克思主义者,把实现共产主义作为自己的最高理想,并坚持在实践中不断丰富和发展马克思主义。如今世界处于各国彼此联系和彼此依存的经济全球化时代,"你中有我、我中有你"的命运共同体越来越成为人类需要的模式。人类命运共同体思想的价值诉求,是在真实的共同体中实现全人类的共同发展,这既是马克思主义理论创新的重要成果,也是对当今时代问题的有力回答。人类命运共同体思想扎根于中华传统文化的厚重土壤。中国传统文化崇尚和谐,推崇天下大同、天人合一、协和万邦、和而不同。人类命运共同体的理念中蕴含着传统中国的天下观、义利观,它追求人类和平相处,倡导人类共同进步。传统中国的天下观体现着天下为公的价值共识、公平正义的治理理念、和而不同的文化理念,是对于人类美好社会和当今世界进步发展潮流的理想追求。构建人类命运共同体,就要在正确义利观指导下,不冲突、不对抗,立足国内,放眼世界,顺应和平、发展、合作、共赢的时代潮流,推动建立合作共赢的新型国际关系,这是一种和平绿色的国际发展战略,是一种更加恢宏、高远的国际关系准则。

构建人类命运共同体彰显了中国共产党人的政治自信和历史担当。人类命运共同体是中国梦与世界梦的有机统一。习近平总书记强调，"中国共产党是世界上最大的政党。大就要有大的样子"。当今世界，政党之大取决于政党影响力的大小，影响力来自其对国家和世界的贡献与责任。习近平总书记提出，"中国共产党所做的一切，就是为中国人民谋幸福、为中华民族谋复兴、为人类谋和平与发展"。党始终带领中国人民在实现中国梦、点亮世界梦的道路上不断前进，积极推动全球治理变革。中国梦是和平、发展、合作、共赢的梦，是奉献世界的梦，是"美美与共""天下大同"的梦想，与世界各国人民的美好梦想是相融相通的。"人类命运共同体"作为大国特色外交理念超越了西方传统国际关系理论，超越了现实主义、建构主义等西方逻辑。作为一个问题导向的发展理念，它把各个国家的命运联系在一起、将不同民族和不同个体的命运连接在一起，获得了全世界的肯定，被认为是一种新的秩序观、价值观。努力构建人类命运共同体，共创和平、安宁、繁荣、开放、美丽的世界，是中国共产党和中国人民顺应历史、顺应时代发展而发出的伟大倡议，是为推动人类共同发展展示出的中国方案、中国担当和中国智慧，是对中国特色社会主义道路自信、制度自信的有力彰显。

人类命运共同体体现了中国共产党人的历史担当。中国为构建人类命运共同体做出了杰出贡献。中国提出"一带一路"倡议，成立丝路基金，发起成立亚投行，推动互联互通建设，与沿线国家开展互利合作；设立中国—联合国和平与发展基金，支持联合国工作，促进多边合作事业，为世界和平与发展做出新的贡献。在抗击埃博拉病毒、国际人道主义援助、也门撤侨行动和尼泊尔强震救援等方面，中国都显示出伟大的国际利他主义精神。中国不仅坚持自己走和平发展道路，而且把中国梦与世界梦联结起来，让全世界人民共享发展机遇。

构建人类命运共同体，共赴全人类共同发展的美好愿景。

人类命运共同体思想为全球生态和谐贡献了中国方案和中国智慧。人类命运共同体，首先是生命共同体，生态共同体。日益严重的气候变暖和环境污染等问题警示我们，地球生态危机问题越来越严重，地球已达其能承受人类过度消费和浪费的极限，生态一旦崩溃任何国家都不能幸免。尽管中国承载着巨大的发展压力，但是仍主动承担责任，将绿色列为"五大发展理念"的基本内容，作为经济社会发展的根本指南；同时推动经济结构转型升级、创新绿色科技，积极落实《巴黎协定》等国际合作项目。

人类命运共同体思想为国际和平事业贡献了中国方案和中国智慧。作为世界人口最多的发展中国家，中国保持长期团结稳定、繁荣发展、社会进步，同时，妥善处理好周边关系，广泛参与区域合作和全球事务。与奉行强权政治、霸权主义、单边主义的西方强国通过入侵战争、策划政变、经济制裁等手段到处插手他国事务不同的是，中国是在奉行和平发展、合作共赢原则的基础上，通过对内改革、对外开放，主动参与国际合作，经过数十年努力奋斗实现自身强大之后，顺应世界格局演变的趋势，应世界各国的强烈呼吁而积极参与国际事务，维护世界和平。人类命运共同体思想蕴含着中国维护生态和谐与世界和平的智慧，是变革全球治理体系应当遵守的基本价值规范。

人类命运共同体思想为变革全球治理体系贡献了中国方案和中国智慧。"一花独放不是春，百花齐放春满园"，共赢、共享不仅是中国对世界秩序的美好希冀，也是世界人民的共同愿望。中国早就意识到，"中国发展离不开世界，世界繁荣也需要中国"。因此，中国积极推动"一带一路"倡议、派出维和部队、支持非洲建设，将共赢共享理念贯彻到实践中去。这些都表明，全世界都能够共享中国的发展成果。建设新型国际关系，变革全球治理体系，大国是关键。"国家之间要构建对话不对抗、结伴不结盟的伙伴关系。大国要尊重彼此核心利益和重大关切，管控矛盾分歧，努力构建不冲突不对抗、相互尊重、合作共赢的新型关系。"

人类命运共同体为构建全球公平正义的新秩序贡献了中国方案和中国智慧。国家只有大小之别，没有高下之分；文明只有特色之别，没有优劣之分。构建全球公平正义的新秩序，必须秉持共商共建的发展新理念。在经济方面，要引导经济全球化健康发展，反对逆全球化的保守主义倾向，避免不公正的贸易战争，"需要加强协调、完善治理，推动建设一个开放、包容、普惠、平衡、共赢的经济全球化，既要做大蛋糕，更要分好蛋糕，着力解决公平公正问题"。在政治方面，着力解决恐怖主义、难民问题、武装冲突等急切而棘手的重大问题，"当事各方要通过协商谈判，其他各方应该积极劝和促谈，尊重联合国发挥斡旋主渠道作用"。在文化方面，海纳百川，有容乃大，不同文明要平等交流、共同进步，"让文明交流互鉴成为推动人类社会进步的动力、维护世界和平的纽带"。

大道之行，天下为公。中国共产党人积极参与全球治理体系改革和建设，同时也为国际社会的良性、可持续发展贡献了中国智慧、中国方案、中国力量。点亮人类命运共同体的思想火炬，捍卫多边主义，努力推动构建新型国际关系，我们有信心也有能力让世界更加和平、更加美丽、更加繁荣，构建人类命运共同体的目标一定能够实现。

## ◎ 推动完善全球治理的责任担当及智慧自信

为人类不断做出新的更大的贡献，是党和人民对世界做出的庄严承诺。习近平总书记郑重指出："中国将积极参与全球治理体系建设，努力为完善全球治理贡献中国智慧，同世界各国人民一道，推动国际秩序和全球治理体系朝着更加公正合理方向发展。"这一承诺充分表明中国共产党和中国人民在全球问题上的科学把握、责任担当和智慧自信。

全球治理是全球化进程中各国政府以及非政府机构共同参与，旨在解决和处理全球问题，增进共同利益，维护和发展国际秩序诸多方式的总和，涉及环境问题、人口问题、能源问题、贫困问题、恐怖主义、核问题、网络安全等。这些问题盘根错节、复杂多变，超越了单个国家能够处理的范围，需要各个国家联合起来共同面对。对此习近平总书记指出，"世界上的事情越来越需要各国共同商量着办，建立国际机制、遵守国际规则、追求国际正义成为多数国家的共识"。也就是说，全球治理不是独角戏，不能搞一言堂、一家姓，而是要充分体现世界的多样性，在尊重各国主权、历史文化和发展道路的基础上，各国人民同心协力，变压力为动力，化危机为生机，以合作取代对抗，以共赢取代独占，共同构建人类命运共同体。那么，中国共产党和中国人民是如何为全球治理贡献智慧及担当的？

以"知行合一、止于至善"推动全球治理走向公正合理。"知行合一、止于至善"是明代思想家王阳明所提倡的，也是中国共产党和中国人民"做事把握分寸、追求恰到好处"的具体体现。第二次世界大战以后，全球形成了以联合国为核心、以联合国宪章宗旨和原则为基础的国际体系。中国是现行国际秩序和国际体系的维护者、建设者和贡献者，也是世界和平稳定以及国际公平正义的坚定捍卫者，在同各国政府和人民共同推进全球治理进程中，需要充分发挥传统"东方智慧"，形成时代新智慧；需要积极参与解决核扩散、气候变化等一系列国际问题，发挥自己不可或缺的独特作用。

以"开放包容、公正平等"推动中国与世界各国共商、共建、共享。开放包容，是中国参与全球治理的基本原则、基本理念，也是中国与国际社会对全球治理组织机制、重点领域、发展方向等的共识。对于中国和广大发展中国家来说，"开放包容"意味着相互协商、共同面对挑战，需要列出自己的清单，既向世界表明"不要什么"，更要说清楚"要什么"和"为什么"。这就需要打破西方对商议主体和客体的垄断，不断深化和推进全球治理。公正平等，是指中国同其他国家在全球治理方面既享有同等地位和权利，也要共同担负建设、创新的责任和要求。当下，全球治理的重点包括热点议题、道义道德、思想理论等。针对这些重点，必须处理好新与旧的关系，在循序渐进基础上推陈出新；处理好"南"与"北"的关系，倡导南北对话和南南合作；处理好内与外的关系，实现内外联动和统筹。中国共产党一向主张国家不分大小、强弱，不能由哪个国家说了算，不能由少数人说了算，主张通过开放包容、公正平等的制度性安排，使世界各国在共商、共建中共享全球治理的成果和红利。中国和所有国家都要以实力和智慧双管齐下，在经济中高端的规制权、政治安全的决策权、思想文化的话语权方面，增加代表性、提高公正性、推进民主化。

以"义利兼顾、兼善天下"推动中国积极参与联合国在全球的行动。作为世界第二大经济体，如何处理与他国的关系，不仅关系到我们自身发展与稳定，也关系到世界和平与发展。"国不以利为利，以义为利也"，"先义后利者荣，先利后义者辱"，"重义轻利""先义后利""取利有道"是中华民族一以贯之的道德准则和行为规范。2013年，习近平总书记在访问非洲时首次提出要坚持"正确义利观"，并将这一重要思想贯穿于外交之中。"正确义利观"为构建人类命运共同体提供了理论指导，成为新时期中国外交的一面旗帜。"计利当计天下利"，从亚投行到"一带一路"，从丝路基金到金砖银行，为何中国倡议能够如此迅速赢得众多国家的响应？正是因为中国秉持和衷共济、合作共赢的理念，为各国创造了共赢发展的机会。中国积极参与联合国在全球的行动，体现了负责任大国的担当。

以"顽强拼搏、文化自信"推动全球治理理念创新发展。顽强拼搏、文化自信是中国参与全球治理的一贯姿态。习近平总书记明确提出"要推动全球治理理念创新发展，积极发掘中华文化中积极的处世之道和治理理念同当今时代的共鸣点"。正如许多国际观察家所认为的，发挥传统文化的优势和精华，将其注入全球治理创新当中，中国可以做出独特贡献。中国共产党倡导"你中有我、我中有你"的人类命运共同体意识，倡导树立双赢、多赢、共赢的新理念，呼吁摒弃"你输我赢、赢者通吃"的旧思维，彰显了中国智慧和中国价值观。中国坚决反对干涉别国内政、以强凌弱，坚持维护国际公平正义；中国决不放弃自己的正当权益，也不觊觎他国权益；中国不嫉妒他国发展，也决不会拿自己的核心利益做交易。

取得全球化实践成效。在"人类命运共同体"理念指导下的"一带一路"建设，取得了举世公认的成效。自2013年以来，"一带一路"已成为当今世界推动全球化发展的最广泛的国际平台，"共商、共建、共享"的全球化理念得到广泛认同，"六廊六路多国多港"的合作格局基本成型，一大批互联互通项目成功落地。截至2019年4月，中国与沿线国家进出口总额超过6万亿美元，对"一带一路"沿线国家投资超过860多亿美元，中国同沿线国家共建的82个境外合作园区为当地创造近30万个就业岗位，已经有127个国家和29个国际组织同中方签署了"一带一路"合作协议。通过"一带一路"国际合作的具体行动，东部非洲有了第一条高速公路，马尔代夫有了第一座跨海大桥，白俄罗斯第一次有了自己的轿车制造业，哈萨克斯坦第一次有了自己的出海通道，东南亚正在施工建设高速铁路，中欧班列成为亚欧大陆上距离最长的合作纽带。这些事实说明，"一带一路"倡议的实施，加快了各国的发展进程，改善了沿线的民生需求，开辟了互利共赢的发展前景，也扩大和深化了跨越各洲之间的联系，并将推动亚洲、非洲、欧洲、大洋洲以及拉丁美洲之间的网状联系结构的形成，从而更多体现全球化的实际功效。

世界潮流浩浩荡荡，顺之则昌，逆之则亡。中国共产党所倡导的全球治理理念和模式，必将为中国发展、人类进步做出更大贡献，为完善全球治理的担当及智慧将在应对全球挑战中迸发出更加耀眼的光芒。

## ◎ 守卫世界和平发展的大国担当

习近平总书记强调，要始终不渝走和平发展道路，始终不渝奉行互利共赢的开放战略，加强同各国的友好往来，同各国人民一道，不断把人类和平与发展的崇高事业推向前进。这一阐述，再次宣告了中国共产党和中国人民的立场，将一如既往地为世界和平发展贡献中国智慧。和平与发展是当今世界的主题。党和中国人民从艰苦卓绝的斗争中走过来，深知和平的珍贵、发展的价值。没有和平，中国和世界都不可能顺利发展；没有发展，中国和世界也不可能有持久和平。坚持走和平发展道路，不但是中华民族优秀文化传统的传承和发展，也是中国人民从近代以后苦难遭遇中得出的必然结论。这一结论符合中国人民的最根本利益，也是所有爱好和平、渴求发展的国家和人民的共同诉求。

党始终是世界和平的建设者、全球发展的贡献者、国际秩序的维护者。新中国的成立，结束了中国四分五裂、战乱不已的局面，这本身就是对世界和平的一大贡献。第二次世界大战后，国际局势发生显著变化，虽然冷战对抗持续，但经历了两次世界大战的世界人民渴望和平。与此同时，各国都需要谋求发展。和平与发展逐渐成为时代主题。随着民族解放运动的兴起，那些摆脱殖民统治、实现民族独立的国家寻求独立发展。中国高举和平旗帜，积极开展国际合作，提出并倡导和平共处五项原则。长久以来，党坚持独立自主的和平外交政策，在和平共处五项原则的基础上同所有国家发展友好合

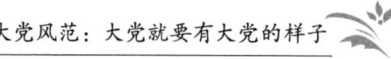

作;中国坚定不移实行对外开放的基本国策,70多年来,中国共产党和中国人民始终坚持维护国际公平正义,坚持和平解决国际争端,积极参与联合国维和行动,用实际行动维护着以联合国为核心的当代国际秩序和国际体系。新的历史时期,中国迈出了更为坚定有力的步伐。从致力于构建新型国际关系,到不断拓展全球伙伴关系网络,再到倡导打造人类命运共同体,"一带一路"建设更为世界各国带来了共赢发展的宝贵契机;中国是捍卫和平的坚定力量,中国人民将始终不渝走和平发展道路,始终不渝奉行互利共赢的开放战略,在和平共处五项原则基础上发展同一切国家的友好合作,为人类和平与发展做出更大贡献。

党始终坚持走和平发展道路。中国需要和平,就像人需要空气一样,就像万物生长需要阳光一样。只有坚持走和平发展道路,才能实现全面建成小康社会、实现中华民族的伟大复兴,才能为世界做出更大贡献。经过改革开放40多年的快速发展,中国经济总量已经位居世界第二,有人认为中国的发展是一种"威胁"。事实上,中国早就向世界郑重宣示,要坚定不移走和平发展道路,既通过维护世界和平发展自己,又通过自身发展维护世界和平。无论发展到哪一步,中国都永远不称霸、永远不搞扩张,永远不会把自身曾经经历过的悲惨遭遇强加给其他民族。中国坚持走和平发展道路,但绝不会忘记历史,不容许他人无端挑衅。中国人民将以最大的决心和努力,坚决捍卫世界反法西斯战争胜利成果,坚决反对否认、歪曲、篡改战争历史的图谋和行径,坚决维护世界的和平与发展。

党牢固树立人类命运共同体意识。人类发展面临的挑战和问题需要世界各国人民共同应对。当今世界正在发生深刻复杂的变化,和平、发展、合作、共赢的时代潮流更加强劲,国际社会日益成为你中有我、我中有你的命运共同体。面对全球性问题,任何国家都不可能独善其身。习近平总书记指出,偏见和歧视、仇恨和战争，只会带来灾难和痛苦。相互尊重、平等相处、和平发展、共同繁荣，才是人间正道。我们必须牢固树立人类命运共同体意识，与世界各国人民一道，切实维护以联合国宪章宗旨和原则为核心的国际秩序和国际体系，积极构建以合作共赢为核心的新型国际关系，携手应对气候变化、能源资源安全、网络安全、重大自然灾害等全球性问题，共同推进世界和平与发展的崇高事业。

历史雄辩地证明，中国人民有同侵略者血战到底的气概，有自立于世界民族之林的能力，也有维护世界和平与发展的担当。和平与发展已经成为时代主题，但世界仍很不太平，战争的达摩克利斯之剑依然悬在人类头上。中国人民应当也能够更好地担当起维护世界和平与发展的更大责任，推动建设一个持久和平、共同繁荣的世界。

这些年来，随着中国快速发展，国际上有些人开始担心，也有一些人总是戴着有色眼镜看中国，认为中国发展起来了会走"国强必霸"的路子，把中国描绘成一个可怕的"墨菲斯托"，似乎哪一天中国就要摄取世界的灵魂。实际上，这种想法是一种彻头彻尾的歪曲和偏见。

崇尚和平是中华民族的固有基因。协和万邦、四海一家等理念在中国代代相传，深深植根于中国人的精神中，深深体现在中国人的行为上。中国的先人早就知道"国虽大，好战必亡"的道理。自古以来，中华民族积极开展对外交往通商，而不是对外侵略扩张。比如，600多年前郑和率领当时世界上最强大的船队，7次远航太平洋和西印度洋，到访了30多个国家和地区，带去的不是火与剑，而是播撒和平友谊的种子，留下了友好交往、文明传播的佳话。

珍爱和平是近代以来历经苦难的中国人民得到的宝贵启示。中国近代史，是一部充满灾难、落后挨打的悲惨屈辱史，也是一部中华民族抵抗外来侵略、实现民族独立的伟大斗争史。我们既遭到过英法列强的欺辱，也受到过八国联军的蹂躏，还经受过日本帝国主义铁蹄的践踏，饱受了外国侵略带来的痛苦和摧残，是中华民族历史上无法抹去的创伤和记忆。"己所不欲，勿施于人"。中国人民不愿意再看到战争，更不会将自己曾经遭受过的悲惨经历强加给其他民族。

我们党不认同"国强必霸"的陈旧逻辑。不可否认，过去很多大国的崛起往往都伴随着对他国的侵略，这似乎是一条绕不开的"铁律"。但时代不同了，"青山遮不住，毕竟东流去"，和平与发展的时代潮流不可阻挡，谁再走殖民主义、霸权主义的老路，不仅走不通，而且一定会碰得头破血流。只有走和平发展道路，才能顺应世界发展大势，实现自身的繁荣发展。

人类命运共同体表明了中国共产党引领世界走向美好未来的理想。中国从世界和平与发展的大义出发，积极构建以合作共赢为核心的新型国际关系，为开创相互促进、合作共赢格局做出努力。大国是国际社会发展的决定性力量，自党的十八大以来，我国坚持积极处理与各大国的关系，妥善处理分歧，拓宽合作领域。如构建中美新型大国关系、提升中俄全面战略协作伙伴关系、携手打造金砖国家新的"金色十年"等。同时，努力构建全球伙伴关系。中国致力于推进国际关系民主化，坚持国家不分大小、强弱、贫富一律平等，倡导共商共建共享的原则，支持联合国发挥积极作用，支持扩大发展中国家在国际事务中的代表性和发言权，希望与世界各国一道实现自主发展和可持续发展，这有助于一个更加民主和平和谐、更加公正合理的国际秩序的建立。无论是"一带一路"、丝路基金，还是博鳌亚洲论坛、中非合作论坛、中国—中东欧国家经贸论坛，都彰显出中国对待所有国家一律平等、开放包容、共赢共享的态度与精神。中国共产党始终做世界和平的建设者和贡献者。

人类命运共同体为解决国际社会面临的各种全球性挑战提出了中国方案。中国致力于用"利益共同体"把各国和各地区联成"命运共同体"，如"一带一路",就是要寻找和培养各国的利益交会点,积极支持参与的国家和国际组织有一百余个,已成为当今世界规模最大的国际合作平台和各方普遍欢迎的全球公共产品。同时,中国用实际行动推进建设人类命运共同体,积极参与包括核安全、气候变化、网络等新兴领域治理规则的制定,推动全球治理体系变革,并推动国际秩序和全球治理体系朝着更加公正合理方向发展。此外,中国积极参与国际人道主义救援活动、联合国维和行动等,不断为国际社会应对共同挑战增添力量,为人类和平和发展事业做出更大的贡献。

迈进新时代、开启新征程的中国共产党人,将更加紧密地团结在以习近平同志为核心的党中央周围,高举中国特色社会主义伟大旗帜,以前所未有的自信日益走近世界舞台的中央,同世界各国人民一道,携手推动构建人类命运共同体,为实现人类和平与发展的世界梦不懈奋斗。构建人类命运共同体思想,为世界发展和人类未来指明了正确方向。深邃智慧的中国理念,必将穿透迷雾,直抵人心;共赢共享的中国行动,必将凝聚广泛力量,实现共同梦想;中国与世界携手并进,必将迈向人类共同的美好未来。

## ◎ 始终担当起坚强领导核心

实现中华民族伟大复兴,关键在党。千秋伟业,百年正是风华正茂。决定中国共产党的格局,从来不是时间的长短,而是使命的力量。今天的中国共产党党员,是一个拥有9000多万名党员、460多万个基层党组织的世界第一大党,在各种现实风险迭起、履行历史使命压力等带来的诸多挑战面前,如何永远保持先进性,始终担当起坚强领导核心,是一个极其严峻的时代课题。大有大的荣光,中国共产党必然因其使命非凡而壮大,必然因其道路壮阔而伟大,必然因其本领高强而强大。但不容忽视的是,大也有大的难题,如果不能正视这些难题就难以保持战略清醒、战略定力,就可能犯下错误。因此,大更要有大的样子,那就是永远葆有大的抱负和大的担当,始终为人民谋幸福,为民族谋复兴,为世界谋大同,始终肩负宏大使命,在波澜壮阔的世纪大潮中发展壮大。

党政军民学,东西南北中,党是领导一切的。历史和现实充分证明,我们党是一个用革命性锻造、先进性纯洁性特征鲜明的党,是一个坚持用马克思主义科学理论和新思想武装的党,是一个经受得住各种风险考验、执政力高强、执政智慧高超、不断成熟自信的党。中国共产党始终是领导中国的核心力量,没有中国共产党的领导,就没有新中国,就没有当代中国的一切发展进步。离开了中国共产党的领导,就不可能有中华民族的伟大复兴。如何才能保证永远担当起坚强领导核心,让伟大事业的航船不偏离正确的航道?答案是需要一个坚强的领导核心来掌舵,建设一个坚强集体来奋楫,并通过不断做好加强党的建设这一大文章,铸就中国特色社会主义事业的坚强领导核心,不断增强党的政治领导力、思想引领力、群众组织力、社会号召力,确保我们党永葆旺盛生命力和强大战斗力,凝聚奋进合力,瞄准民族复兴伟业的目标,破浪前行。

永远担当起坚强领导核心贵在永远保持奋斗精神。"雄鸡一唱天下白"。70多年来,中国的面貌发生了前所未有的大变化,这是一代又一代中国共产党人同中国人民接续奋斗的结果。这是在中国共产党领导下,各族人民同心同德、艰苦奋斗的结果。中国共产党的初心和使命是为中国人民谋幸福,为中华民族谋复兴。中国共产党的历史就是一部为了初心和使命而矢志不渝的历史。从1921年至今,我们党带领全国人民实现了完美的"三级跳":建立新中国,让中国人民站起来;改革开放,让中国人民富起来;进入新时代,让中国人民强起来。永远保持奋斗精神,是推动党的各项事业发展的强大动力。前进征程上,我们要全面贯彻执行党的基本理论、基本路线、基本方略,确保我们党始终成为中国人民和中华民族的主心骨,始终成为民族复兴征程上的坚强领导核心。

永远担当起坚强领导核心贵在坚持人民主体地位。我们党的根基在人民、血脉在人民、力量在人民。与人民始终保持血肉联系、风雨同舟、生死与共,是我们党战胜一切困难和风险的根本所在。中国共产党是一个切实为人民服务的政党,无论是革命战争时代,还是在和平建设时期,都是因为有了人民群众的爱戴和拥护,才能够走向更加光辉而美好的未来。人民是历史的创造者,是决定国家前途命运的根本力量。前进征程上,各级党组织和共产党员要坚持人民的主体地位,始终把人民群众的利益放在首位。只有坚持了人民的主体地位,才能够在开展工作的时候找到正确的方向,更好地全心全意为人民服务。

永远担当起坚强领导核心贵在坚持"四个自信"不动摇。中国特色社会主义,由道路、理论、制度、文化"四位一体"所构成。其中,道路决定前途命运,理论提供行动指南,制度是根本保证,文化乃精神支柱。明确提出"四个自信",表明我们在道路上更加坚定,在理论上更加成熟,在制度上更加完善,在文化上更加自觉,这也是中国共产党、中国人民、中华民族自信的底气所在。坚持中国特色社会主义的"四个自信",要求我们不动摇、不懈怠、不折腾,勇于实践、勇于变革、勇于创新,坚持和拓展中国特色社会主义道路,坚持和丰富中国特色社会主义理论体系,坚持和完善中国特色社会主义制度,坚持和发展中国特色社会主义文化。唯有如此,我们才能在实践中奋力开拓中国特色社会主义更为广阔的发展前景,进而实现中华民族伟大复兴的中国梦。新中国70多年特别是改革开放以来的伟大实践无可辩驳地证明,只有坚持"四个自信",才能够解决当代中国的发展进步问题,这是党和人民从历史和现实中得出的不可动摇的结论。

用实干担当创造辉煌贵在凝聚起磅礴伟力。中国共产党不是靠"一党专政"实现长期执政的,也不是靠一党之力长期执政的。党领导的多党合作和政治协商制度是我国的一项基本政治制度。中国共产党作为执政党,是国家事业的领导核心;各民主党派作为参政党,是建设中国特色社会主义的重要促进力量。在长期共存、互相监督、肝胆相照、荣辱与共的方针指导下,中国共产党与各民主党派形成了世界政党政治中独一无二的新型政党关系。这种带有中华传统文化中"和为贵"、商量办事等浓郁特色的制度设计,是我们党将传统文化与现代政治融合的"天才创意",也是中国共产党长期执政的秘密所在,是对人类政治文明的一大贡献。目前,我国党外知识分子有8900万人,占知识分子总数的75%。党领导的多党合作和政治协商制度保障了优秀人才和社会英才向执政党汇聚,形成实现共同目标的合力。党的十八大以来,习近平总书记多次强调,要坚定不移坚持和完善中国共产党领导的多党合作和政治协商制度,支持民主党派更好履行参政党职能,充分发挥自身优势,最大限度调动一切积极因素、凝聚一切积极力量,团结一切可以团结的力量,找到最大公约数,画出最大同心圆,凝聚起实现中华民族伟大复兴中国梦的磅礴伟力。

沧海横流尽显英雄本色,初心铸就历史伟业,使命引领美好明天。历史照亮未来,征程未有穷期。我们党带领人民披荆斩棘、砥砺奋进,一个充满生机的中国,一个充满希望的中国,已经巍然屹立在世界的东方。"每一代人有每一代人的长征路,每一代人都要走好自己的长征路"。面向未来,我们的航船正在破浪前行。在习近平新时代中国特色社会主义思想指引下,我们要毫不动摇坚持和加强党的全面领导,让承载着中国人民和中华民族伟大梦想的航船乘风破浪,直济沧海,胜利驶向光辉的彼岸!

# 第十章

## 彪炳史册的大贡献

　　遥想百年前，从上海石库门民居到嘉兴南湖红船，十几位平均年龄不满 28 岁的年轻人，在南湖之上轻声呼喊"共产党万岁"，从此一船红天下，万众跟党走。中国共产党承载起为人民谋幸福、为民族谋复兴的初心使命，无论是在顺境还是逆境，都风雨兼程、矢志不渝，团结带领人民历经千难万险、付出巨大牺牲、敢于直面挫折、勇于修正错误，在革命、建设和改革的伟大征程中创造出一个又一个"中国奇迹"。今天，中国已经成为世界第二大经济体，成为世界经济增长的主要稳定器和动力源。同时，中国特色社会主义道路、理论、制度、文化不断发展，给世界上那些既希望加快发展又希望保持自身独立性的国家和民族提供了全新选择，这是中国共产党人对中国、对世界、对历史、对人类的大作为、大贡献。

大党风范：大党就要有大党的样子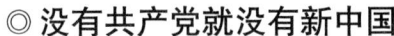

## ◎ 没有共产党就没有新中国

历史，总会在一些特殊的年份给人们以深刻启迪。新中国成立 70 周年带给中国人民最为深切的感受就是：没有共产党，就没有新中国。办好中国的事情，关键在党。

没有共产党，就没有新中国。"自从有了中国共产党，中国革命的面目就焕然一新了。"在积贫积弱、风雨飘摇的旧中国成立，在血雨腥风、千难万险中成长壮大的中国共产党，以实现人民幸福、民族复兴为己任，带领中国人民，经过 28 年的英勇奋战，艰辛奋斗，终于推翻了长期压在中国人民头上的"三座大山"，实现了中华民族的解放，完成了近代以来各种政治力量不可能完成的艰巨历史任务。成立中华人民共和国，确立社会主义基本制度，是中国历史上一次最深刻最伟大的社会变革。

没有共产党，就没有改革开放和中国特色社会主义。中国特色社会主义理论体系尤其是习近平新时代中国特色社会主义思想，使改革开放成为当代中国最显著的特征、最壮丽的气象。没有中国共产党，也就没有中国过去 40 多年的沧桑巨变。经济发展上，1979 年至 2017 年，中国经济年均实际增长 9.5%，远高于同期世界经济 2.9% 左右的年均增速；2019 年，经济总量再创新高，国内生产总值达 990 865 亿元，稳居世界第二位。我国人均国内生产总值 70 892 元，按年平均汇率折算达到 10 276 美元，稳居上中等收入国家行列。民生保障上，中国拥有覆盖 14 亿人的全球最大社会保障网，创造年减贫 1300 多万人的脱贫奇迹，中等收入群体持续扩大，2019 年，人均 GDP 实现新跃升，超 1 万美元，居民人均可支配收入突破 3 万元。生态文明上，生态文明建设被纳入"五位一体"总体布局，天蓝海碧，鸟语花香。改革开放上，从举办首届中国国际进口博览会到制定外商投资法，从降低关税水平到扩大外资市场准入，改革不停步，开放大门越开越大。科技创新，单以2019年5月份作为切口看，一颗北斗二号卫星成功发射，嫦娥四号新发现证实月幔成分，"重型燃气轮机"自主研制取得突破……党以带领中国人民实现中国从站起来、富起来到强起来的历史性的巨变，取得了不断革新中国面貌的丰功伟绩，一再证明了世界上一切怀疑、抹黑中国共产党治国理政能力的论调，都是可笑和徒劳的。

没有共产党，就没有当代中国在世界上的国际地位。中国共产党始终顺应时代发展潮流，把握人类进步大势，顺应人民共同期待，志存高远，展现担当。在推进对外开放中，中国多年对世界经济增长贡献率超过30%，成为世界经济增长的主要稳定器和动力源。特别是党的十八大以来，中国推动构建人类命运共同体，"一带一路"建设得到了国际社会的积极响应、广泛关注并取得明显成效，不断为世界和平安宁、共同发展、文明交流互鉴做出积极贡献。在中国共产党成立100周年之际，一些外国政党代表、专家学者高度评价，新中国成立70多年来，中国共产党领导中国取得前所未有的发展成就，也为全球发展注入动力。

没有共产党，就没彪炳史册的深远影响。历史的进程有多么波澜壮阔，它产生的影响就有多么广泛深远。新中国砥砺前行，深刻改变了中国的面貌、中华民族的面貌、中国人民的面貌、中国共产党的面貌，也深刻影响了全球发展的格局和世界历史的走向。70多年的时光，恍若昨日，历历在目。我们回味这段尚带温度的历史时深深感到，中国人民用双手创造的国家和民族发展的奇迹，无论是在中华民族发展史、世界社会主义运动史上，还是在世界文明史上，都是一部感天动地的奋斗史诗。从中华民族发展史看，中华民族是世界上伟大的民族,曾经创造了 5000 多年灿烂文明。但近代以来,中华民族却滑到了历史的低谷,陷入了长达百年的黑暗境地。新中国成立 70 多年的发展,从根本上扭转了中华民族不断衰落的历史颓势,迎来了持续走向繁荣富强的伟大飞跃,中华民族伟大复兴的目标从来没有像今天这样清晰可见。可以说,这 70 多年是彻底改变中国和亿万人民命运的 70 多年,在中华民族发展史上矗立起一座光彩熠熠的里程碑;从世界社会主义运动史看,社会主义从空想到科学、从理论到实践、从一国到多国,演绎了一幕幕兴衰成败的历史活剧。20 世纪八九十年代苏联解体、东欧剧变后,世界社会主义运动陷入低潮,有人对社会主义的前途产生了悲观情绪,担心红旗到底还能立多久。今天,社会主义中国以巨大的发展成就成功续写了世界社会主义运动的恢宏篇章,以无可辩驳的事实证明了科学社会主义的强大生命力;从世界文明史看,实现现代化是近代以来世界各国特别是发展中国家孜孜以求的目标。新中国打破了对其他路径的依赖,坚持自己的路自己走,用几十年时间走完了发达国家几百年走过的工业化历程,走出了一条独具特色的现代化道路。中国的巨大成功,拓展了发展中国家走向现代化的途径,给世界上那些既希望加快发展又希望保持自身独立性的国家和民族提供了全新选择,为解决人类问题贡献了新方案。

习近平总书记说,"当今世界,要说哪个政党、哪个国家、哪个民族能够自信的话,那中国共产党、中华人民共和国、中华民族是最有理由自信的"。始终牢记为中国人民谋幸福、为中华民族谋复兴的崇高初心和伟大使命,不断推进马克思主义中国化,坚定扎根中华大地的文化自信,夺取了中国革命、建设和改革开放的一个又一个伟大胜利。拥有 9000 多万党员、自信的中国共产党,必将坚守初心和使命,在习近平新时代中国特色社会主义思想的指引下,不负人民重托,无愧历史选择,聚合 14 亿中国人民的磅礴之力,实现中华民族伟大复兴的梦想。

毋庸讳言，人无完人，事无完事。新中国成立后，中国共产党在社会主义建设和探索中也走过误区、走过弯路，但中国共产党全心全意为人民服务的初心和使命始终没有改变，坚持社会主义道路的决心始终没有改变，将实现社会主义现代化作为实现中华民族繁荣富强的路径选择的决心也始终没有变。正是由于这个"始终没有变"，才使得党能够郑重对待自己的失误，自纠自改，自强不息，不断在解决问题中前进，终于找到了中国特色社会主义的正确道路。今天，在实现中华民族伟大复兴中国梦的新长征路上，虽然还有许多雪山草地需要穿越，还有许多腊子口、娄山关需要征服，但是我们有中国共产党的坚强领导，14亿中国人民坚信也非常自信，在新征程上创造出中华民族新的更大奇迹，创造出让世界刮目相看的新的更大奇迹，新中国依然前程似锦，中华民族复兴大业一定会不断从胜利走向新的胜利！祖国大地河山锦绣，人民幸福安康美满。

## ◎ 动人心魄的三大里程碑

习近平同志指出："建立中国共产党、成立中华人民共和国、推进改革开放和中国特色社会主义事业，是五四运动以来我国发生的三大历史性事件，是近代以来实现中华民族伟大复兴的三大里程碑。"这一重要论述科学概括了20世纪以来中国历史的发展道路，准确揭示了不同阶段的历史地标，为中华民族走向新的辉煌指明了方向。

1921年中国共产党的成立，是在苦难和屈辱中挣扎的中国爆响的第一声春雷，成为中华民族复兴征程中的一大里程碑。从此，中国革命的面貌焕然一新，中国人民的命运、中华民族的命运发生了根本性改变。回望鸦片战争后的 70 余年，中国内忧外患，陷入半殖民地半封建社会的苦难深渊。尤其是西方列强的环伺宰割，使中华民族面临日益严重的生存危机。为了挽救民族危亡，摆脱落后挨打的命运，无数仁人志士进行了艰苦卓绝的探索，但从"师夷长技以制夷"到维新变法，再到辛亥革命，无一例外都失败了。五四运动以后，随着马克思主义的传播、中国共产党的成立，以毛泽东同志为主要代表的中国共产党人，把马克思列宁主义基本原理同中国革命具体实践结合起来，创立了毛泽东思想，成功开辟出一条符合中国国情、具有鲜明中国特色的革命道路。我们党团结带领全国各族人民，前赴后继，浴血奋斗，赢得了抗日战争和解放战争的伟大胜利，建立了新中国，实现了中国从几千年封建专制政治向人民民主的伟大飞跃，在中华民族伟大复兴的道路上树立起一座宏伟的历史丰碑。

1949年中华人民共和国的成立，开辟了中华民族走向复兴的历史新纪元。这一伟大历史性事件，彻底终结了中华民族100多年来被侵略、被奴役的屈辱历史，宣告中国真正成为独立自主的国家，中华民族赢得了历史性的新生，这是我们走向民族复兴的基础。在党的领导下，年轻的中华人民共和国不断成长。我们确立了社会主义基本制度，成功实现了中国历史上最深刻最伟大的社会变革，消灭了剥削制度，人民成为国家的主人；结束了旧中国四分五裂的局面，各族人民实现了空前的大团结；经济建设取得长足进步，建立了独立的比较完整的工业体系和国民经济体系；国防建设不断加强，人民军队不断壮大；等等。确立社会主义基本制度为当代中国一切发展进步奠定了根本政治前提和制度基础。在人类历史上，没有哪一种新生事物是完美无缺的，社会形态的变革尤其需要一个漫长而复杂的过程。社会主义制度的确立、巩固也不例外，不可能一蹴而就，注定充满艰辛和曲折。在新中国前30年的探索中，我们经历了严重曲折，走过不少弯路，"文化大革命"十年内乱使党、国家和人民遭受严重的挫折和损失。但历史的学费不会白交。党在社会主义革命和建设中取得的独创性理论成果和巨大成就，为在新的历史时期开创中国特色社会主义提供了宝贵经验、理论准备、物质基础。

1978年开始的改革开放，注定要在中华民族历史上、世界历史上留下浓墨重彩的一笔。习近平同志指出：改革开放40年来，"我们党引领人民绘就了一幅波澜壮阔、气势恢宏的历史画卷，谱写了一曲感天动地、气壮山河的奋斗赞歌"，"我们用几十年时间走完了发达国家几百年走过的工业化历程。在中国人民手中，不可能成为可能"。改革开放40年，是中华民族创造人间奇迹的40年。以经济建设为例，我国国内生产总值由1978年的3679亿元增长到2017年的82.7万亿元，占世界生产总值的比重由改革开放之初的1.8%上升到15.2%。以人民生活为例，40年来，我国贫困人口累计减少7.4亿人，贫困发生率下降94.4个百分点，谱写了人类反贫困史上的辉煌篇章。我们建成世界最大的社会保障体系，居民预期寿命由1981年的67.8岁提高到2017年的76.7岁。人民缺吃少穿、忍饥挨饿的时代总体上一去不复返了。尤其是党的十八大以来，以习近平同志为核心的党中央团结带领全党全国各族人民，以巨大的政治勇气和强烈的责任担当，迎难而上，开拓进取，在艰辛的理论和实践探索中形成了习近平新时代中国特色社会主义思想，指引党和国家事业取得历史性成就、发生历史性变革，中国特色社会主义阔步进入新时代。改革开放40多年，中华民族迎来了从站起来、富起来到强起来的伟大飞跃；中国特色社会主义迎来了从创立、发展到完善的伟大飞跃；中国人民迎来了从温饱不足到小康富裕的伟大飞跃。40多年来，中国共产党带领中国人民创造的发展奇迹，无论是放在世界范围横向比较，还是置于历史长河纵向观察，都令人叹为观止，震古烁今！

三大里程碑昭示我们只有初心不改、弦歌不辍，才能树立一座座民族复兴的巍巍丰碑。为中国人民谋幸福，为中华民族谋复兴，这是中国共产党人的初心和使命，也是激励中国共产党人不断前进的根本动力。我们党先后提出"将中国建设成为一个独立、自由、民主、统一和富强的新国家"，"把我国建设成为一个具有现代农业、现代工业、现代国防和现代科学技术的社会主义强国"，"把我国建设成为富强民主文明和谐美丽的社会主义现代化强国"等目标，其背后都蕴含着国家要富强、民族要振兴、人民要幸福的价值理性和实践目的。三大里程碑及其拉开的一幕幕复兴大剧，都是共产党人在铮铮誓言、拳拳初心的激励下，对近代以来如何走正确的道路实现中华民族的伟大复兴这一时代问卷的响亮回答。

三大里程碑昭示我们只有脚步不停、奋斗不止，才能铸就一段段民族复兴的光辉征程。民族复兴是一场接力跑，需要一棒接着一棒，一段路程接着一段路程跑下去。三大里程碑就是复兴之路上具有深远意义的三个路标，第一个路标是第二个、第三个路标的起点和前提，第二个路标是第一个路标的必然走向，第三个路标是从第二个路标继续前行的自然结果。由三大里程碑先后开启的革命、建设、改革的复兴之路具有内在的必然联系，揭示了民族复兴历史演进的大逻辑，是一代又一代中国共产党人同人民群众一道接续奋斗的结晶，是民族复兴征程中不可分割的有机组成部分。

三大里程碑昭示我们只有信念不移、方向不变，才能创造一个个民族复兴的人间奇迹。信仰、信念、信心，任何时候都至关重要。无论过去、现在还是将来，对马克思主义的信仰，对中国特色社会主义的信念，对实现中国梦的信心，都是指引和支撑中国人民奋力前行的强大精神力量。中国特色社会主义进入新时代，这是民族复兴新的历史方位。从全面建成小康社会到基本实现现代化，再到全面建成社会主义现代化强国，是党立足新的历史方位做出的重大决策和战略安排，也是新时代民族复兴伟业的逻辑推演和必然选择。站在新的起点，我们比以往任何时期都更接近，也更有信心和能力实现中华民族伟大复兴的目标，也必将在新时代铸就民族复兴新的里程碑，创造中华民族新的更大奇迹！

## ◎ 走向伟大复兴的三次飞跃

习近平总书记用三次伟大飞跃精准概括了中国共产党近百年的奋斗历程，生动诠释了中国共产党在马克思主义指引下带领中国人民创造的丰功伟绩。三次伟大飞跃，是对中国共产党历史贡献的新概括。认真回顾与总结这三次伟大飞跃对于我们在新时代坚持和发展中国特色社会主义，不忘初心、牢记使命、永远奋斗，具有十分重要的历史与现实意义。

站起来：为民族复兴奠定基础。中华民族有着悠久的历史文化传统，创造过灿烂辉煌的文明，为人类做出过卓越的贡献。然而近代以来，在列强的欺压下，中国逐渐变成了一个半殖民地半封建的社会，中华民族处于水深火热之中，求得民族独立和人民解放，实现国家的繁荣富强就成了近代以来无数仁人志士矢志不渝的奋斗目标。在各种救亡图存的抗争与探索中，我们尝试了各种各样的道路和主张，但都不能解决中国的前途和命运问题，都无不以失败告终。中国共产党一经成立，就义无反顾肩负起了实现中华民族伟大复兴的历史使命，并团结带领人民经过艰苦卓绝的斗争，在中华大地上谱写了气吞山河的壮丽史诗，建立了新中国，实现了民族独立、人民解放、国家统一、社会稳定。中华民族从此走上了社会主义的康庄大道，从此站了起来，屹立于世界民族之林。

新中国的建立为中华民族的进步奠定了坚实的基础。建国伊始，百废待兴，在党的带领下，明确了向社会主义过渡的重大任务，生产资料所有制的社会主义改造的完成，社会主义基本制度的确立，使得中华民族实现了有史以来最为广泛而深刻的社会变革，彻底扭转了中华民族自近代以来不断衰落的命运，为当代中国一切发展进步奠定了根本政治前提和制度基础。此后，经过一段时间学习苏联的实践，我们党果断提出要以苏联的经验教训为借鉴，独立探索适合中国国情的社会主义建设道路。从20世纪50年代后期开始，由于我们对迅速到来的新生的社会主义社会和全国规模的社会主义建设事业缺乏充分的思想准备和科学研究，社会主义建设出现了曲折和失误，但中华民族在艰难岁月中矢志不渝、砥砺前行，依然取得了丰富的理论成果和实践成果，为中华民族持续发展，进入新阶段提供了制度前提、理论准备、物质基础。

富起来：让民族复兴焕发活力。改革开放前国家贫穷落后，改革开放后，加快国家发展、改善人民生活成了当务之急。1978年，关于真理标准问题的大讨论吹响了思想解放的号角，此后，党的十一届三中全会决策把党和国家的工作重心转到经济建设上来，由此拉开了改革开放的大幕，进一步激发出了中华民族自强不息、顽强奋进的向上精神。1982年，邓小平同志在党的十二大上发出响亮号召，走自己的道路，建设有中国特色的社会主义。

经过不断的理论和实践探索，我国成功实现了从高度集中的计划经济体制到充满活力的社会主义市场经济体制的历史性转变，并有力地推动了其他各方面体制的改革，打开了我国经济、政治和文化发展的崭新局面。在开放方面，从经济特区的兴办、沿海城市的开放到内陆沿边、沿江城市和省会城市的开放，从东部地区到西部地区，从对发达国家的开放到对发展中国家的开放，从货物贸易到服务贸易，从"引进来"到"走出去"，从经济、教育、文化、科技等领域的开放到加入世界贸易组织，逐步形成了全方位、多层次、宽领域的对外开放格局。这一切使得中华大地焕发出无限活力。

改革开放以来,中华民族的面貌日新月异、生机益然。我们坚持以经济建设为中心,不断解放和发展社会生产力,创造了经济以接近两位数的高速度持续增长达30多年的奇迹。我国国民经济的快速增长,有效激发了整个社会的进取精神,唤醒了整个社会的创新活力,全社会充满了昂扬向上的激情与活力。经济的繁荣发展也为其他各方面建设奠定了坚实的基础,与此同时,政治建设、文化建设、社会建设、生态文明建设等协调有序地推进、相得益彰。改革开放以来,人民生活水平显著提高,社会各项事业取得了突飞猛进的发展,智慧的中国人民成功解决了"富起来"的问题。我国经济实力、科技实力、国防实力、综合国力进入世界前列,国际地位和影响力不断增强,中华民族以崭新姿态屹立于世界的东方。

**强起来**:使民族复兴日益实现。中华民族的伟大复兴在党的坚强领导下不断迎来光明前景。党的十八大以来,以习近平同志为核心的党中央统揽全局、系统谋划,开启了中华民族"强起来"的新征程。站在中华民族发展新的历史方位上,党中央科学把握当今世界和当代中国的发展大势,顺应实践要求和人民愿望,提出了一系列新理念新思想新战略,出台了一系列重大方针政策,推出了一系列重大举措,推进了一系列重大工作,解决了许多长期想解决而没有解决的难题,办成了许多过去想办而没有办成的大事,续写了民族复兴的精彩华章,推动了中国从世界大国到世界强国的历史性转变。"强起来"的中国,经济实力、科技实力、国防实力、综合国力显著提升,党的面貌、国家的面貌、人民的面貌、军队的面貌、中华民族的面貌发生了显著变化。我们比历史上任何时期都更接近、更有信心和能力实现中华民族伟大复兴的目标。

"强起来"的中国已经逐步实现了人民生活水平的全面提高,制度体系日益成熟,国家治理体系和治理能力现代化水平显著提高。我们广泛参与全球治理,为解决当今世界所面临的各种问题提供了中国智慧、中国方案,日益走近世界舞台中央。成就来之不易,我们要倍加珍惜。"满招损,谦受益"。要清醒地意识到,在民族复兴的道路上,我们还面临诸多问题需要在未来的发展中逐步加以解决。新时代,人民对美好生活的向往更加强烈,需要我们以前所未有的勇气和魄力去创造新的业绩,为实现中华民族的伟大复兴凝聚起磅礴力量。

党的十八大以来,以习近平同志为核心的党中央,紧密结合新的时代条件和实践要求,以马克思主义的巨大理论勇气,创立了习近平新时代中国特色社会主义思想,从理论和实践的结合上,系统回答了新时代坚持和发展什么样的中国特色社会主义、怎样坚持和发展中国特色社会主义。这一思想,通过对新时代坚持和发展中国特色社会主义的总任务和总目标、我国社会的主要矛盾、中国特色社会主义事业的总体布局和战略布局、全面深化改革总目标、全面推进依法治国总目标、强军目标、中国特色的大国外交战略、加强党的领导和党的建设新要求等"八个明确",从世界观的高度系统回答了新时代坚持和发展什么样的中国特色社会主义;同时通过十四条基本方略,从方法论的高度系统回答了新时代怎样坚持和发展中国特色社会主义。这一思想,开辟了马克思主义新境界、中国特色社会主义新境界、治国理政新境界、管党治党新境界,实现了马克思主义中国化新飞跃,为我们决胜全面建成小康社会,夺取新时代中国特色社会主义伟大胜利提供了新的思想武器和行动指南。

新时代,是一个全新的历史时期。我们要清醒地认识到,我国社会主义建设新的历史方位的变化,并没有改变我们仍处于并将长期处于社会主义初级阶段的基本国情,新时代中国特色社会主义事业建设还有很长的路要走。建成社会主义现代化强国,绝不是轻轻松松、敲锣打鼓就能实现的,需要付出更为艰巨、更为艰苦的努力。幸福是奋斗出来的。我们要坚持党的领导，充分发挥中国特色社会主义的政治优势，充分体现中国特色社会主义的本质特性，凝心聚力、团结奋斗，为发展新时代中国特色社会主义凝聚起磅礴力量。

## ◎ 全球治理的中国力量

为人类不断做出新的更大的贡献，是中国共产党和中国人民对世界做出的庄严承诺。习近平总书记郑重指出："中国将积极参与全球治理体系建设，努力为完善全球治理贡献中国智慧，同世界各国人民一道，推动国际秩序和全球治理体系朝着更加公正合理方向发展。"这一承诺充分表明中国共产党和中国人民在全球问题上的科学把握、责任担当和智慧自信。

鉴史知今。100多年前，现代全球治理体系雏形初现之时，处于半殖民地半封建社会的中国还是被外部世界治理的对象。70多年前，新中国成立之时，中国还是全球治理体系的"局外人"和"旁观者"。改革开放以来，特别是党的十八大以来，中国融入世界的步伐不断加快，为全球治理体系的构建与发展做出重要贡献，日益成为全球治理体系的中坚力量。这集中表现在：在国家治理领域树立中国典范。在短短40多年里，中国共产党带领中国这个世界上最大的发展中国家在改革中奋进，在开放中创新，跃升为世界第二大经济体，创造了人类社会发展史上的奇迹。当前，中国正以创新、协调、绿色、开放、共享五大发展理念为指引，持续推进结构性改革，为世界经济的结构性调整做出表率。在促进增长、减贫、减排等问题上，中国独特的治理模式和经验为全球"国家治理"树立了良好榜样；在政治安全领域展示中国担当。中国始终坚持独立自主的和平外交政策，坚定维护以联合国为核心的国际体系和国际秩序。中国是安理会常任理事国中派出维和人员最多的国家,参与亚丁湾和索马里海域的护航行动,分摊的联合国会费上升至第三位,维和行动摊款居第二位,为维护世界和平与安全发挥着重要作用。中国积极推动朝鲜半岛核、阿富汗、伊朗核、南苏丹等热点问题和反恐、防扩散、打击恐怖主义等全球性问题的解决,受到各方肯定;在经济金融领域提供中国方案。中国提出的"一带一路"倡议取得重要成果,发起的亚洲基础设施投资银行已经投入运营,金砖国家新开发银行和应急储备安排取得实质性进展,为世界发展提供了新机遇和新动力。在G20杭州峰会上,中国为世界经济增长开出标本兼治、综合施策的"药方",为深化国际经济合作、促进全球经济治理提出宏伟设想和目标,推动G20从危机应对向长效治理机制转变,在G20发展历程中留下了深刻的中国印记;在新兴领域承担中国责任。中国主动提出国内自主减排目标,在坚持"共同但有区别的责任"原则基础上,积极推动全球气候变化治理,为最终达成气候变化《巴黎协定》做出重要贡献。中国发起并主办世界互联网大会,倡导共同构建和平、安全、开放、合作的网络空间,推动建立多边、民主、透明的全球互联网治理体系,提出构建网络空间命运共同体的重要主张。在外空、极地、深海等领域,中国有关倡议和举措在国际上产生重要影响。

中国为全球治理做出独特贡献。当今世界,人类面临许多共同挑战,亟须各国人民携手应对,国际社会对推进全球治理体系变革的呼声日益高涨。多年来,中国参与全球治理体系改革和建设,发挥着不可替代的重要作用。这既是中国为自身营造良好发展环境的需要,也是中国主动承担国际责任的体现。然而,西方国家一些人从"西方中心主义"的狭隘视野出发,把中国在全球治理舞台上的积极作为看作挑战,鼓噪"中国威胁论"。这反映出这些人错误的世界观、陈旧的思维方式和顽固的意识形态偏见。他们的想法还停留在冷战思维、零和博弈的旧框框里,这不符合国际社会共识和时代发展潮流。发展起来的中国，始终是经济全球化和全球治理体系变革的坚定支持者、积极参与者和重要贡献者。

中国坚持和平发展，促进世界经济发展更加平衡、更加健康。中国坚持走和平发展道路，推动经济社会持续健康发展，用几十年时间走完了发达国家几百年走过的工业化历程，为世界上那些既希望加快发展又希望保持自身独立性的国家和民族提供了全新选择。同时，中国推进开放、包容、普惠、平衡、共赢的经济全球化，带动了周边及贸易伙伴的发展，目前已成为130多个国家的主要贸易伙伴，连续多年对世界经济增长的贡献率超过30%。中国在力所能及的范围内，向其他发展中国家提供了大量支持和帮助。中国积极同世界主要国家建立经济协调机制，就世界贸易、财政金融、汇率等问题进行协商、展开对话，推动完善全球经济治理体系，成为世界经济的稳定器和强大引擎。

中国秉持共商共建共享的全球治理观，为完善全球治理贡献独特智慧和力量。中国始终奉行独立自主的和平外交政策，坚持国家不分大小、强弱、贫富一律平等，在国际事务中秉持公道、伸张正义，尊重各国人民自主选择发展道路的权利。中国秉持共商共建共享的全球治理观，主张全球治理体系变革并不是推倒重来，也不是另起炉灶，而是与时俱进、创新完善。中国高举和平、发展、合作、共赢的旗帜，积极参与国际事务，在谋求自身发展的同时，参与全球发展合作。中国提出的"一带一路"倡议和构建人类命运共同体主张，已经写入联合国组织的多个决议，得到国际社会的广泛认同。第七十一届联合国大会主席彼得·汤姆森认为，构建人类命运共同体理念是"人类在这个星球上的唯一未来"。

中国倡导平等、互鉴、对话、包容的文明观，为完善全球治理提供文化基础。文明多样性是人类社会的基本特征，各种文明都有其独特魅力，不同文明应取长补短，在共存共处中共同进步。中国倡导以多样共存超越文明优越，以和谐共生超越文明冲突，以交融共享超越文明隔阂，以繁荣共进超越文明固化。中国一直重视加强中华文明与世界不同文明间的交流互鉴，召开亚洲文明对话大会，为促进亚洲及世界各国文明开展平等对话、交流互鉴、相互启迪提供新平台，通过文化交流带动世界各国的合作与发展，致力于建设持久和平、普遍安全、共同繁荣、开放包容、清洁美丽的世界。

己立立人，己达达人，共谋发展，兼济天下。习近平总书记指出"中国共产党是为中国人民谋幸福的政党，也是为人类进步事业而奋斗的政党，中国共产党始终把为人类做出新的更大的贡献作为自己的使命""中国将继续发挥负责任大国作用，积极参与全球治理体系改革和建设，不断贡献中国智慧和力量"，彰显了负责任大国的世界担当。随着以经济实力为基础的综合国力的日益增强和对外交往的日益深化，中国将更加积极地参与全球治理，不断推动国际体系的发展与完善，并以行动实践为重塑现有全球治理体系做出更大贡献。

## ◎ 中国特色的世界意义

中国特色社会主义是前无古人的伟大历史创举，正如习近平总书记指出："我们始终坚持解放思想、实事求是、与时俱进、求真务实，坚持马克思主义指导地位不动摇，坚持科学社会主义基本原则不动摇，勇敢推进理论创新、实践创新、制度创新、文化创新以及各方面创新，不断赋予中国特色社会主义以鲜明的实践特色、理论特色、民族特色、时代特色，形成了中国特色社会主义道路、理论、制度、文化，以不可辩驳的事实彰显了科学社会主义的鲜活生命力，社会主义的伟大旗帜始终在中国大地上高高飘扬！"党开创的中国特色社会主义为发展中国家走向现代化贡献了可资借鉴的中国经验、中国方案、中国智慧。

为世界呈现中国方案。制度保障实践。制度越先进，保障越有力。中国特色社会主义现代化制度，具有强大的自我完善能力，是当代中国发展进步的根本制度保障，是中国共产党对人类更好社会制度的战略设计和成功探索，为发展中国家根据本国国情创建先进社会制度提供了参考方案。以内容而论，这一方案主要包括以社会主义民主制度建设为核心的政治现代化方案、以社会主义市场经济体制为核心的经济现代化方案、以文化自信建设为核心的文化现代化方案、以美丽中国建设为核心的生态现代化方案、以和谐社会建设为核心的社会现代化方案等。其中，中国特色社会主义民主制度是中国方案的总关键，因为有效的政治制度保障，是发展中国家实现现代化的首要条件。

坚持民主制度的本土化发展。世界现代化的一般规律是以创新为动力，以经济上的工业化和政治上的民主化为核心，由此推动社会的全面发展和进步。但是对于发展中国家来说，由于底子薄、基础弱，一方面急切地希望快速实现现代化；另一方面却往往难以规避发展与稳定的两难。而不顾国情地移植西方民主制度的"民主化"，不仅未能帮助他们跳出这种两难境地，反而导致政治上的混乱和衰败，致使国家失去有效的社会动员和政治调控的能力，现代化进程随之被中断。中国共产党没有生搬硬套外国政治制度模式，而是立足基本国情，坚持和发展了中国特色社会主义民主制度。

坚持先进政治力量的领导。中国特色社会主义最本质的特征和最大优势是中国共产党领导。中国之所以能够避开现代化的发展陷阱，就是因为坚持党总揽全局、协调各方的领导核心地位，同时，深入推进全面依法治国和全面从严治党，积极探索国家治理体系和治理能力的现代化。党拥有9000多万名党员，经过严密的组织建设，形成了一个步调一致的有机整体，具有强大的组织力、动员力、革命力和战斗力。民主集中制是中国共产党的根本组织制度和领导制度，其优势在于实现了民主与集中的辩证统一，有利于集中力量办大事，服务人民办好事，提高效率办成事。正是因为具有这些优势，坚持党对一切工作的领导，不断加强和改善党的领导，成为中国特色社会主义现代化建设的首要根本经验。

为世界展现中国智慧。理论指导实践。理论越成熟，前途越光明。一直以来，现代化理论主要以欧美资本主义现代化作为标准，将现代化等同于"资本主义化"或者"全盘西化"。因此，发展中国家要想既保留自身文明特色，又走向现代化，就必须创新现代化理论。中国共产党人以马克思主义为指导，不断进行理论的创新，展现了具有批判性、建设性、价值性和战略性的中国智慧。

以科学的理论进行批判。资本主义本质上具有两对与生俱来的对抗性矛盾，一是社会内部的阶级对立、阶级压迫；二是为抢夺资源和势力范围而发起的战争。有了这样的对立存在，任何国家的现代化进程几乎都会遇到难以克服的社会矛盾以及持续不断的社会冲突。中国特色社会主义现代化以马克思主义为指导，既坚持生产资料公有制的主体地位，从根本上消除了资本主义原有的对抗性，又在理念和实践上批判地借鉴了资本主义现代化的成果。

以理论的创新实现超越。中国共产党在现代化发展的不同阶段，根据不同的时代主题，不断进行理论创新，深化对社会主义现代化的规律性认识，保证发展理念的与时俱进。创新、协调、绿色、开放、共享的新发展理念，聚焦于中国现代化进程中的突出矛盾和问题，即发展动力问题、发展不平衡问题、人与自然和谐问题、内外联动问题、社会公平正义问题，使社会主义现代化的内涵更加丰富和全面。

以理想的追求传播价值。中国坚持现代化的社会主义性质，意味着将实现人的自由而全面的发展作为现代化的价值取向，将向共产主义社会过渡作为现代化的最高理想和最终目标。中国的现代化离不开世界人民的支持。因此，中国始终坚持走和平发展道路，积极推动构建人类命运共同体，引领世界现代化向"开放、包容、普惠、平衡、共赢"升级。

以目标的动态调整战略。现代化是一个动态的过程，因此要根据形势的变化，科学合理地设计现代化的目标和战略。自20世纪70年代以来，从"四个现代化""基本实现现代化""建成富强民主文明的社会主义国家"到"建成富强民主文明和谐美丽的社会主义现代化强国"，中国社会主义现代化的目标不断扩展，战略步骤也随之不断调整，经历了"两步走""三步走"、新"三步走"和新"两步走"的历史演进。

为世界提供中国经验。如何选择现代化道路，是包括中国在内的所有发展中国家面临的一道难题。习近平总书记指出："独特的文化传统，独特的历史命运，独特的基本国情，注定了我们必然要走适合自己特点的发展道路。"中国特色社会主义现代化道路的成功经验，就是从中国的基本国情、历史积淀、文化传统出发，坚持人民利益至上，将现代化道路选择的主动权掌握在自己手中。

以基本国情为基石。国情决定道路，道路决定命运。中国特色社会主义现代化道路最鲜明的特色，就是从社会主义初级阶段这个最大国情、最大实际出发，坚持社会主义与现代化的一体化发展，即坚持社会主义发展的现代化目标，始终根据中国现代化的进程和目标要求来推进社会主义建设，同时，坚持现代化的社会主义属性，始终从现代化建设的推进来考虑社会主义制度在中国的巩固和发展。

以民族历史为根脉。现代化普遍被认为是对传统的扬弃。但是，历史是一条不能中断的河流。任何国家的现代化都不可能完全脱离传统。中国特色社会主义现代化道路，虽然直接产生于新中国成立后的持续探索，特别是改革开放的伟大实践，但它上承中华民族5000多年的悠久文明，中接近代以来 180 多年的救国、建国、强国探索，下启中华民族伟大复兴的接力奋斗，因而具有深厚的历史渊源和文化根脉。

以人民为中心。习近平总书记指出："人民群众既是历史的创造者，也是历史的见证者，既是历史的'剧中人'，也是历史的'剧作者'。"中国特色社会主义现代化道路始终坚持"以人民为中心"，一切为了人民，一切依靠人民，确保现代化的过程由人民参与、现代化的成效由人民评判、现代化的成果由人民共享，在激发人民的创造力、提高人民幸福感的同时，也得到了人民的衷心支持和拥护。

以改革开放为动力。改革开放是中国特色社会主义现代化道路的显著特征和内在动力。全面深化改革促进了社会主义制度和体制的自我完善，为现代化建设注入蓬勃的生机和活力。全方位开放则使中国的现代化摆脱了封闭半封闭状态的束缚，与世界现代化紧密联系在一起，这既有利于中国从世界汲取发展动力，也让中国发展更好地惠及世界。

中国特色社会主义是一篇大文章。新一代中国共产党人以高度的历史自觉和坚定的政治自信，在奋斗和担当中守正创新，在中华民族伟大复兴的历史征程中不断谱写出新时代坚持和发展中国特色社会主义新篇章，不断推动中国特色社会主义实现伟大飞跃，也为世界和平发展做出新的更大贡献。

## ◎ 改革开放的世界贡献

习近平总书记指出："40 多年来，中国人民始终敞开胸襟、拥抱世界，积极做出了中国贡献。""今天，中国人民完全可以自豪地说，改革开放这场中国的第二次革命，不仅深刻改变了中国，也深刻影响了世界！"改革开放 40 多年来，中国主动顺应时代潮流，对内启动改革，对外实行开放，从而在改革与开放的互动中促进了自身的发展。中国在改革开放过程中取得的成功经验,符合世界大势和时代潮流,不仅对坚持和发展新时代中国特色社会主义具有指导意义,也是中国向世界各国提供的切实可行和行之有效的发展样本、发展方案。

改革开放深刻改变了中国,也深刻影响了世界。经过改革开放40多年的接力奋斗,中国大踏步赶上了时代,中华民族迎来了从站起来、富起来到强起来的伟大飞跃,实现了从世界体系边缘到世界舞台中央的华丽转身,这是一件具有世界意义的重大历史事件,是世界发展进程中的辉煌篇章。

改革开放为世界经济稳定繁荣贡献中国动力。改革开放以来,中国一直以低成本的要素为世界生产各类商品,成为制造业和出口第一大国,物美价廉的"中国制造"产品提高了世界许多国家人民的生活质量。同时,中国日益扩大和升级的国内消费成为拉动世界经济增长的重要引擎。2001年到2017年,中国货物贸易进口额年均增长13.5%,高出全球平均水平6.9个百分点,成为全球第二大进口国;服务贸易同期增速达到16.7%,占全球服务贸易进口总额的近10%;2017年,中国社会消费品零售总额达到36.6万亿元,占全球零售总额的约25%。无论在供给侧还是需求侧,中国都是世界经济增长的重要动力。40多年来,我国贸易伙伴日趋多元,市场主体更加活跃,动力转换和结构调整也在加快,从贸易大国迈向贸易强国的步伐更加坚定。今天,我国已经成为世界第二大经济体,对世界经济增长的贡献超过了30%,是世界经济增长的主要稳定器和动力源。中国改革开放为世界经济稳定繁荣做出了重要贡献,这种贡献突出体现在,中国在历次大的国际金融危机中都发挥了稳定和促进世界经济发展的作用。中国用短短几十年的时间走完了西方发达国家100多年甚至几百年走过的路。中国奇迹的样本意义是其他国家难以比肩的。中国是一个非常独特的样本,超大国土空间、超长历史纵深、超大人口规模、超深厚的文化传统、超复杂的民族宗教结构;中国奇迹,是10亿人口量级、10万亿美元量级的大国奇迹,这是人类迄今为止绝无仅有的历史景象。中国奇迹震撼世界,中国共产党的治理优势、社会主义的制度优势、中国社会的发展优势在世界舞台中央集中绽放。

改革开放为全球治理贡献中国方案。中国共产党始终把为人类做出新的更大的贡献作为自己的使命。改革开放以来,中国主动参与全球治理体系改革和建设,是现行国际体系的参与者、建设者、贡献者,是国际合作的倡导者和国际多边主义的积极参与者。习近平总书记指出,中国秉持共商共建共享的全球治理观,倡导国际关系民主化;呼吁各国人民同心协力,构建人类命运共同体,建设持久和平、普遍安全、共同繁荣、开放包容、清洁美丽的世界。中国将继续发挥负责任大国作用,积极参与全球治理体系改革和建设,不断贡献中国智慧、中国力量;推动构建人类命运共同体,致力于构建新型国际关系。"一带一路"建设开辟了我国参与和引领全球开放合作的新境界,是中国共产党深刻思考人类前途命运以及中国和世界发展大势,为促进全球共同繁荣、打造人类命运共同体所做出的重大战略决策。在应对贫困方面为世界做出重大贡献,2019年,1109万农村贫困人口脱贫,连续7年减贫1000万人以上;贫困发生率为0.6%,比上年下降1.1个百分点,向着消除绝对贫困迈出一大步。为应对气候变化做出积极贡献,认真履行《巴黎协定》,显示出应对气候变化和推动低碳转型的信心和决心。

改革开放成功开辟人类社会发展的中国道路。中国改革开放的伟大实践和巨大成就表明,世界上既没有唯一的发展模式,也没有一成不变的发展模式,每个国家都应根据自己的历史和国情,选择适合自己的社会制度和发展道路。第一,毫不动摇坚持和完善党的领导,把党建设得更加坚强有力。中国的改革开放是在中国共产党的领导下进行的。始终坚持中国共产党的领导,是中国特色社会主义事业取得成功的根本保证。党坚定发挥总揽全局、协调各方的作用，这是中国各项事业能够稳定、协调、快速推进的根本保证，也是中国能够在推进"一带一路"建设、解决贫困、应对气候变化等领域做出突出贡献的主要原因。第二，坚持社会主义市场经济改革方向，使市场在资源配置中起决定性作用，更好发挥政府作用。第三，坚持对外开放，走和平发展、互利共赢的道路。习近平总书记强调："中国开放的大门不会关闭，只会越开越大。中国推动更高水平开放的脚步不会停滞！中国推动建设开放型世界经济的脚步不会停滞！中国推动构建人类命运共同体的脚步不会停滞！"改革开放40多年来，中国人民自力更生、发奋图强、砥砺前行，依靠自己的辛勤和汗水书写了国家和民族发展的壮丽史诗。同时，中国坚持打开国门搞建设，实现了从封闭半封闭到全方位开放的伟大历史转折。开放已经成为当代中国的鲜明标识。中国自古以来奉行先义后利、重义轻利的义利观，和而不同、兼收并蓄的文明观。从全球视野来看，中国发展的过程，是一个不断为人类社会发展贡献中国智慧的过程。中国的发展必将给世界带来更多福祉和更多借鉴。

中国在对外开放中推进互利共赢。当今世界正在经历新一轮大发展大变革大调整，人类面临的不稳定不确定因素依然很多。但和平与发展仍然是世界各国人民的共同心声，只有坚持和平发展、携手合作，才能真正实现共赢、多赢。中国在对外开放中坚持各国共同发展，坚持走开放融通、互利共赢之路，中国积极推动构建以合作共赢为核心的新型国际关系，推动形成人类命运共同体和利益共同体。正如习近平总书记指出的："中国进行改革开放，顺应了中国人民要发展、要创新、要美好生活的历史要求，契合了世界各国人民要发展、要合作、要和平生活的时代潮流。中国改革开放必然成功，也一定能够成功！"大道之行，天下为公。中国的改革开放道路不仅给世界带来一个和平发展、繁荣昌盛、民族复兴的中国，而且给人类带来了切切实实的贡献和福祉，更重要的是给当下的世界以及人类的未来带来了深层的智慧启迪以及发展的新希望，其蕴含的"和平、发展、开放、包容、合作、共赢"等价值理念，将引领时代潮流和人类文明进步的方向。进入新时代，中国改革开放再出发，将继续以宽广的胸怀、勇敢的担当，不断为人类进步贡献中国智慧、中国方案和中国力量。

## ◎ 减贫奇迹的世界镜鉴

消除贫困，自古以来就是人类梦寐以求的理想。"小康不小康，关键看老乡"，打赢脱贫攻坚战，消除绝对贫困，全面建成小康社会，2020年是收官之年。这是中国共产党对中国人民的郑重承诺，更是向全世界的庄严宣示。作为世界上最大的发展中国家，中国一直是世界减贫事业的积极倡导者和有力推动者，谱写了人类反贫困历史的崭新篇章。中国在扶贫脱贫领域取得的成就和经验，为全球减贫事业贡献了中国智慧和中国方案，赢得了国际社会高度评价和普遍认可，国际社会对中国减贫方案是高度赞扬的，对中国脱贫攻坚取得的成就都是肯定的。联合国秘书长古特雷斯表示，精准扶贫方略是帮助贫困人口、实现2030年可持续发展议程设定的宏伟目标的唯一途径，中国的经验可以为其他发展中国家提供有益借鉴。在共建"一带一路"国际合作中，许多发展中国家和国际组织希望分享中国减贫经验。

中国成为世界上减贫人口最多的国家，成为消除贫困的典范、全球减贫的主要贡献者。作为世界上人口最多的发展中国家，中国实现消除绝对贫困的目标，其本身的意义远远超出中国自身，是为人类文明发展和进步做出的巨大贡献。其意义表现为：第一，中国为7.5亿人口消除绝对贫困，贫困人口大幅减少，贫困发生率明显下降，贫困地区农民生活水平显著提高，贫困地区基础设施条件明显改善，社会事业得到较快发展，基础教育水平明显提高，医疗卫生条件得到巨大改善、服务能力不断增强，基本实现"小病不出村、大病不出县"，社会保障投入力度不断加大，社会保障制度不断完善，社会保障水平不断提高，解决了中华民族几千年来始终未能解决的贫困问题，实现了中国人民苦苦追求的解决贫困、实现小康的伟大梦想，足以载入中华民族乃至人类社会发展史册。第二，中国脱贫攻坚伟大实践中形成和确立的党的精准扶贫思想，指导着中国脱贫攻坚取得新胜利，继续为中国解决不平衡不充分发展的矛盾、治理相对贫困、促进共享发展、实现共同富裕发挥指引作用，成为世界脱贫攻坚实践中宝贵的精神财富。第三，中国脱贫攻坚的成功实践，形成的中国道路和中国方案，为全球发展中国家消除贫困、脱贫攻坚提供了难得的案例，为广大发展中国家的贫困治理提供了可资借鉴的经验。第四，中国脱贫攻坚的成功直接惠及世界。消除贫困作为人类的共同使命，也是世界各国的发展目标。中国消除了绝对贫困，就可以在自己力所能及的范围内援助发展中国家。中国共向166个国家和国际组织提供了近4000亿元人民币援助，派遣60多万援助人员，先后7次宣布无条件免除重债穷国和最不发达国家对华到期政府无息贷款债务，向亚洲、非洲、拉丁美洲和加勒比地区、大洋洲的69个国家提供医疗援助，先后为120多个发展中国家落实千年发展目标提供帮助。中国通过"一带一路"倡议，让国际减贫合作成果惠及更多的国家和人民，同时不附带任何条件，用参与的方式充分考虑受援国老百姓的需求，让受援国政府充分参与到减贫合作项目的管理中，使其有平等感和拥有感，促进民心相通。中国脱贫攻坚战的成功，是中华民族为世界文明发展做出的巨大贡献，具有彪炳史册的意义。中国脱贫的巨大成就启示我们：中国特色社会主义好，中国共产党能，中华民族完全能够为人类做出较大的贡献。

始终坚持党对扶贫减贫事业的集中统一领导。中国共产党是领导各项事业前进的核心力量，中国的扶贫减贫事业始终是在党的领导下进行的。党的政治领导为扶贫减贫事业提供了坚强政治保证，增强了扶贫减贫事业的方向感和聚合力；党的组织保障为扶贫减贫事业提供了严谨缜密的组织结构和制度框架，确保扶贫减贫事业的统一性、高效性；党的优良传统和品质，确保扶贫减贫事业既勇于开拓创新、锐意进取，又敢于坚持真理、修正错误。新中国成立至今，我们党在不同时期制定了"救济式扶贫""放权搞活""以工代赈""开发式扶贫""精准扶贫"等扶贫工作方针，不仅推动扶贫开发取得巨大成就，也丰富了中国特色扶贫开发道路和理论体系。

始终坚持以人民为中心的扶贫开发理念。一方面，我们党作为马克思主义政党，一直强调以人民为中心的发展思想，把人民作为贫困治理的根本动力、参与主体和受益群体，在坚持农村土地集体所有制前提下，通过创新农业经营管理体制，实施所有权与承包经营权相分离的家庭联产承包责任制，最大限度地激发了广大贫困人口参与生产发展的积极性、主动性和创造性，从根本上解决了十几亿人的温饱问题，总体上实现了小康。另一方面，我们党把实现人民共同富裕和每个人的全面自由发展作为最高价值目标，坚持在扶贫过程中保障人民平等发展权利、维护社会公平正义，使贫困人口获得感、幸福感、安全感更有保障、更可持续。

始终坚持充分体现基本国情。新中国的减贫历程充分证明，必须坚持从基本国情出发，什么时候脱离这个国情、脱离这个实际，就会犯错误、走弯路，甚至遭遇严重挫折。新中国成立之初，生产力发展水平较低，大面积灾荒加剧了贫困程度，党和国家根据当时国情将扶贫减贫的重心放在了解决温饱问题上。从1978年到2012年，随着生产力的不断发展，党和国家将扶贫减贫的重心战略转移到推动贫困地区和贫困农户脱贫致富上，通过普惠性的政策措施，使大部分地区和群众受益。党的十八大以来，党中央审时度势明确把发展作为解决贫困的根本途径，将扶贫减贫摆在治国理政的突出位置，作为全面建成小康社会的底线任务纳入"五位一体"总体布局和"四个全面"战略布局，并全面实施精准扶贫精准脱贫方略，实现了从"大水漫灌式"的全面扶贫到"滴灌式"的精准扶贫转变。

始终坚持"减贫组合拳"综合治理贫困。新中国的扶贫减贫事业始终将马克思辩证唯物主义作为基本遵循，探寻治理贫困的科学方法。坚持顶层设计与具体举措相结合，从宏观、中观和微观层面对减贫方案进行了科学设计，不仅在战略上明确了扶贫开发的基本方向，而且在路径上促进了减贫举措的落地实施。坚持保障性扶贫和开发式扶贫相结合，把扶贫开发作为脱贫致富重要手段的同时，兼顾将政策兜底作为摆脱贫困的根本保障，既保障扶贫对象基本生活又强化贫困群众在扶贫开发中的主体作用，实现了多维度、多领域的扶贫协同。坚持政府主导、多元主体参与相结合，构建多元主体的社会扶贫体系，不但有利于调动各参与主体主观能动性，而且有助于凝聚形成协同减贫的合力，实现扶贫主体间的高度集成和良性互动。

2019年3名经济学家因减贫研究成果获诺贝尔经济学奖。评审委员会的声明表示，目前人类面临的最紧迫问题之一是减轻各种形式的全球贫困。可以说，反贫困是一个综合性问题，不仅要解决饮食、医疗、教育等导致贫困的相关问题，更要为从根本上消除贫困提供制度保障。在中国特色脱贫攻坚制度体系中，有一个以国强民富、扶贫脱贫为目标的执政党，有一个以人民为中心的治理体系，坚持中央统筹、省负总责、市（地）县抓落实的管理体制，层层签订责任书，明确目标，增强责任，强化落实。这些制度成果，为发展中国家反贫困提供了可供参考借鉴的中国方案，为全球减贫事业贡献了中国智慧。

## ◎ 人类共同发展的贡献者

进入新时代，面对人类处于大发展大变革大调整时期、中国与世界关系发生深刻变化的新形势，以习近平同志为核心的党中央在外交领域越来越积极主动，提出一系列新理念新思想新战略，为人类共同发展贡献了中国智慧。国际社会越来越重视中国声音，世界发展也烙上越来越鲜明的中国印记。

新形势：中国站在同世界深度互动的新起点上。党的十八大后，习近平总书记多次指出：中国与世界的关系正在发生深刻变化，中国与世界的互联互动空前紧密。中国已经站在同世界深度互动、向世界深度开放的新起点上。如何理解这个新起点？我们不妨从历史的大视野来看。世界各国之间的相互联系，客观上是随着资本主义的发展，随着世界贸易、世界市场、世界历史的形成而不断发展的。经过改革开放40多年的发展，虽然中国是世界上最大发展中国家的国际地位没有改变；但中国前所未有地走近世界舞台中央，中国与世界的关系发生历史性变化。一方面，中国经济持续快速健康发展，综合国力显著提升，2010年后已成为世界第二大经济体，国际地位和影响力不断提升。特别是国际金融危机爆发后，中国成为世界经济的重要引擎，对世界经济的贡献不断提高。另一方面，我国同世界的互动越来越紧密，机遇共享、命运与共的关系日益凸显。20世纪直至21世纪初，美国等西方国家被认为是经济全球化的主要推手。然而在今天，中国反而成为世界上推动贸易和投资自由化、便利化的最大引领。中国不仅是国际体系的参与者和受益者，而且成为建设者和贡献者。站在中国与世界深度互动的新起点上，中国有责任、有义务、有能力为促进世界共同发展，提供中国理念、中国智慧、中国方案。

新理念：构建人类命运共同体。党的十八大后，以习近平同志为核心的党中央提出践行正确义利观、建立以合作共赢为核心的新型国际关系、构建人类命运共同体的重要理念。这一理念，顺应了时代要求和各国人民的共同愿望。冷战结束后，世界向政治多极化、经济全球化和区域经济一体化方向发展。各国联系日益紧密，相互依存空前加深，人类生活在同一个地球村里，越来越成为我中有你、你中有我的命运共同体。求和平、谋发展，成为各国人民的普遍愿望；促合作、图共赢，成为时代的滚滚潮流。2008年的国际金融危机的爆发对经济全球化造成深刻冲击，各种形式的国际贸易保护主义明显抬头；但这并没有改变经济全球化的趋势，各国在应对危机和促进复苏的进程中，经济联系日益紧密，利益交融不断加深。从人类历史发展进程看，经济全球化虽然会遭遇挫折，但却是不可逆转的大势。"世界潮流，浩浩荡荡，顺之则昌，逆之则亡"。世界的发展变化要求我们以新的理念来应对。正如习近平总书记所指出的："要跟上时代前进步伐，就不能身体已进入21世纪，而脑袋还停留在过去，停留在殖民扩张的旧时代里，停留在冷战思维、零和博弈老框框内。"在今天，任何国家的发展都不可能建立在损害别国发展的基础之上，传统的零和思维行不通了。我们应该顺应大势，将合作共赢作为处理国际事务的核心价值理念和基本政策取向，把本国利益同各国共同利益结合起来，努力形成双赢、多赢、共赢局面。在这种情势下，中国提出要践行正确义利观、建立以合作共赢为核心的新型国际关系、构建人类命运共同体等理念，不仅占领了道义制高点，而且顺应了时代潮流，符合各国利益，受到国际社会普遍赞誉。

新机制：推动全球治理体制变革。从历史的大视野看，近百年来，人类历史和世界格局经历了两次大的革命性的变化。第一次发生在第二次世界大战后，亚非拉民族解放运动风起云涌，一大批国家摆脱了帝国主义的殖民统治，赢得了民族独立，深刻改变了世界格局。第二次发生在冷战格局解体后特别是进入21世纪以来，世界多极化趋势日益明显，新兴市场国家和一大批发展中国家快速发展，国际影响力不断增强，国际力量对比发生近代以来最具革命性的深刻变化。这种深刻变化，为全球治理体制变革提供了可能，也使得全球治理体制变革成为不可改变的大方向。当今世界，随着经济全球化的深入发展，全球性挑战不断增多，很多问题和挑战已非一国或少数几个大国所能应对，需要各国加强协调、通力合作来应对。随着全球性挑战增多，加强全球治理、推进全球治理体制变革已成为客观需要。2008年国际金融危机后，二十国集团取代八国集团，成为加强全球经济治理的重要平台，就是这一客观需要的明证。综合可能和需要两方面，以习近平同志为核心的党中央明确提出，全球治理体制变革正处在历史转折点上，我们要积极推动全球治理体制变革。推动各国在国际经济合作中权利平等、机会平等、规则平等，推进全球治理规则民主化、法治化，努力使全球治理体制更加平衡地反映大多数国家的意愿和利益。常言说，小智治事，大智治制。推进全球治理体制变革，为构建人类命运共同体提供了坚实的制度保障。没有全球治理体制的变革，国际事务还是少数几个大国说了算，那样是不可能构建人类命运共同体的。

新倡议：推进"一带一路"建设。近年来，世界经济复苏低迷，增长乏力。中国成为世界第二大经济体，以自身的发展成为推动全球增长的主要动力。作为负责任大国的领导人，习近平总书记在一系列国际场合积极为世界经济"把把脉""找病灶""抓药方"。致力推动人类共同发展，从理念上说，要树立人类命运共同体的理念；从机制上说，要积极推动全球治理体制变革；从思路上说，要建设创新型、开放型、联动型、包容型世界经济，这是对症世界经济增长乏力、发展不平衡、不可持续、贸易保护主义抬头等病灶的有效药方。中国提出的"一带一路"倡议,正是推动建设"四型"世界经济的重要抓手,是贯彻构建人类命运共同体理念、促进人类共同发展的重大战略。"一带一路"建设既是我国在新的历史条件下,以更加积极主动的姿态走向世界,全面谋划全方位对外开放的重大战略,符合我国经济发展内生性要求。同时,也顺应了时代要求和各国加快发展的愿望,是我国为解决当前世界和区域经济面临的问题提出的中国方案。在当前世界经济持续低迷的情况下,推进"一带一路"建设,可以通过提高有效供给来催生新的需求,有利于稳定当前世界经济形势,实现世界经济再平衡。与以往的各种方案相比,"一带一路"建设这一"药方"新在哪里呢?最突出和最主要的就是坚持弘扬共建共商共享理念,充分体现了构建人类命运共同体的理念和推动全球治理体制变革的大方向。首先,从出发点来说,它是为了推动共同发展,是要建设各国共享的百花园,而不是营造自己的后花园,不是要建立自己的势力范围。其次,从建设过程来看,它强调要对接各国发展战略,坚持共商共建、互利共赢。它不是中国自拉自唱的独角戏,而是寻求利益融合点、形成各国共同发展的大合唱。最后,从结果看,它重点面向亚欧非大陆,同时向所有朋友开放。它源自中国,但惠及世界、造福全球,是中国为推动世界经济发展提供的公共产品和有效药方。

新中国成立以来,在中国共产党领导下,中国政府一贯将推动人类共同发展作为自己的崇高使命。进入新时代,中国提出构建人类命运共同体、推进全球治理体制变革、推进"一带一路"建设等,从理念、机制、战略等多个方面,为人类共同发展提供了大思路、大手笔,贡献了中国智慧、中国方案。中国发展离不开世界,世界繁荣也需要中国。我们将继续推动建设开放型世界经济,推动构建人类命运共同体;中国人民不仅能创造新的更大奇迹,更能为世界共同繁荣做出新的更大贡献。